DIREITO ELEITORAL

COLEÇÃO ELEMENTOS DO DIREITO | 20

Coordenação
MARCO ANTONIO ARAUJO JR.
DARLAN BARROSO

Diretora Responsável
MARISA HARMS

Diretora de Operações de Conteúdo
JULIANA MAYUMI ONO

Editores: Cristiane Gonzalez Basile de Faria, Danielle Oliveira, Iviê A. M. Loureiro Gomes e Luciana Felix

Assistente Editorial: Karla Capelas

Produção Editorial
Coordenação
JULIANA DE CICCO BIANCO

Analistas Editoriais: Amanda Queiroz de Oliveira, Andréia Regina Schneider Nunes, Danielle Rondon Castro de Morais, Flávia Campos Marcelino Martines, George Silva Melo, Luara Coentro dos Santos, Maurício Zednik Cassim e Rodrigo Domiciano de Oliveira

Analistas de Qualidade Editorial: Maria Angélica Leite e Samanta Fernandes Silva

Assistentes Documentais: Beatriz Biella Martins, Karen de Almeida Carneiro, Roberta Alves Soares Malagodi e Victor Bonifácio

Administrativo e Produção Gráfica
Coordenação
CAIO HENRIQUE ANDRADE

Analista Administrativo: Antonia Pereira

Assistente Administrativo: Francisca Lucélia Carvalho de Sena

Analista de Produção Gráfica: Rafael da Costa Brito

Capa: Chrisley Figueiredo

Dados Internacionais de Catalogação na Publicação (CIP)
(Câmara Brasileira do Livro, SP, Brasil)

Spitscovsky, Celso
 Direito eleitoral / Celso Spitzcovsky. – 2. ed. rev. atual. e ampl. – São Paulo : Editora Revista dos Tribunais, 2014. – (Coleção elementos do direito ; v. 20 / coordenação Marco Antonio Araujo Jr., Darlan Barroso)

 ISBN 978-85-203-5458-2

 1. Direito eleitoral 2. Direito eleitoral – Brasil I. Araujo Junior, Marco Antonio. II. Barroso, Darlan. III. Título. IV. Série.

14-07950 CDU-342.8(81)

Índices para catálogo sistemático: 1. Brasil : Direito eleitoral 342.8(81)

COLEÇÃO **ELEMENTOS DO DIREITO** | 20

▸ CELSO SPITZCOVSKY

DIREITO ELEITORAL

PREPARE-SE PARA CONCURSOS

✓ Estude os temas mais exigidos da matéria
✓ Leitura prática – Textos objetivos e abordagem atualizada
✓ Quadros e destaques para facilitar a fixação e o aprendizado
✓ Estrutura moderna – Boa visualização do texto, resumos e esquemas

2.ª edição revista, atualizada e ampliada

coordenação
MARCO ANTONIO ARAUJO JR.
DARLAN BARROSO

THOMSON REUTERS
REVISTA DOS TRIBUNAIS

COLEÇÃO ELEMENTOS DO DIREITO 20

DIREITO ELEITORAL

2.ª edição
revista, atualizada e ampliada

CELSO SPITZCOVSKY

Coordenação
MARCO ANTONIO ARAUJO JR.
DARLAN BARROSO

1.ª edição, 1.ª tiragem: abril de 2013;
2.ª tiragem: julho de 2013.

Este livro também pode ser adquirido na versão eBook.
visite: **livrariart.com.br**

© desta edição [2014]
EDITORA REVISTA DOS TRIBUNAIS LTDA.
MARISA HARMS
Diretora responsável

Visite nosso *site*
www.rt.com.br

CENTRAL DE RELACIONAMENTO RT
(atendimento, em dias úteis, das 8 às 17 horas)
Tel. 0800-702-2433

e-mail de atendimento ao consumidor
sac@rt.com.br

Rua do Bosque, 820 – Barra Funda
Tel. 11 3613-8400 – Fax 11 3613-8450
CEP 01136-000 – São Paulo, SP – Brasil

TODOS OS DIREITOS RESERVADOS. Proibida a reprodução total ou parcial, por qualquer meio ou processo, especialmente por sistemas gráficos, microfílmicos, fotográficos, reprográficos, fonográficos, videográficos. Vedada a memorização e/ou a recuperação total ou parcial, bem como a inclusão de qualquer parte desta obra em qualquer sistema de processamento de dados. Essas proibições aplicam-se também às características gráficas da obra e à sua editoração. A violação dos direitos autorais é punível como crime (art. 184 e parágrafos, do Código Penal), com pena de prisão e multa, conjuntamente com busca e apreensão e indenizações diversas (arts. 101 a 110 da Lei 9.610, de 19.02.1998, Lei dos Direitos Autorais).

Impresso no Brasil [08 – 2014]
Universitário (texto)
Fechamento desta edição [07.08.2014]

ISBN 978-85-203-5458-2

Aos meus pais, não só pela oportunidade da vida,
mas também por terem me ensinado os valores para enfrentá-la.

A você, Sil, maior prova de que o verdadeiro amor é eterno.

A você, Debi, por ter iluminado nossas vidas
com sua alegria contagiante.

Às minhas irmãs e aos meus cunhados e sobrinhos,
pelo convívio fraterno.

Às tias Nilce e Nininha e à minha sogra, Dorothy,
pessoas queridas de muitas jornadas, por tudo o que me ensinaram.

Ao Prof. Damásio de Jesus, pelo incentivo constante
e pelos exemplos de retidão, lealdade e perseverança,
inspirando todos que com ele convivem.

À advogada e amiga Marisa Germano Bortolin, um agradecimento
especial pela sua importante e decisiva colaboração para esta
1.ª edição, não só através de sugestões para a elaboração do texto,
mas, também, em relação ao minucioso trabalho de revisão,
incluindo-se as perguntas que aparecem ao final de cada capítulo,
bem como a elaboração de quadros sinóticos.

Aos advogados e amigos Murilo Sechieri Costa Neves,
Fábio Nilson Soares de Moraes, Felipe Mello de Almeida
e Marcos Seixas Franco do Amaral.

Aos amigos Shayene Aparecida Garcia, Iraê Tabajara da Cruz,
Fernando Henrique Anadão Leandrin,
cuja amizade o tempo não vai apagar.

A todos os funcionários do Complexo Jurídico Damásio de Jesus,
por todo o apoio que sempre me ofereceram.

A Leda, com todo o meu carinho, pelo exemplo que deixou
e pela saudade que ficará para sempre (*in memoriam*).

Nota da Editora

Visando ampliar nosso horizonte editorial para oferecer livros jurídicos específicos para a área de Concursos e Exame de Ordem, com a mesma excelência das obras publicadas em outras áreas, a Editora Revista dos Tribunais apresenta a nova edição da coleção *Elementos do Direito*.

Os livros foram reformulados tanto do ponto de vista de seu conteúdo, como na escolha e no desenvolvimento de projeto gráfico mais moderno que garantisse ao leitor boa visualização do texto, dos resumos e esquemas.

Além do tradicional e criterioso preparo editorial oferecido pela RT, para a coleção foram escolhidos coordenadores e autores com alto cabedal de experiência docente voltados para a preparação de candidatos a cargos públicos e bacharéis que estejam buscando bons resultados em qualquer certame jurídico de que participem.

Apresentação da Coleção

Com orgulho e honra apresentamos a coleção *Elementos do Direito*, fruto de cuidadoso trabalho, aplicação do conhecimento e didática de professores experientes e especializados na preparação de candidatos para concursos públicos e Exame de Ordem. Por essa razão, os textos refletem uma abordagem objetiva e atualizada, importante para auxiliar o candidato no estudo dos principais temas da ciência jurídica que sejam objeto de arguição nesses certames.

Os livros apresentam projeto gráfico moderno, o que torna a leitura visualmente muito agradável, e, mais importante, incluem quadros, resumos e destaques especialmente preparados para facilitar a fixação e o aprendizado dos temas recorrentes em concursos e exames.

Com a coleção, o candidato estará respaldado para o aprendizado e para uma revisão completa, pois terá à sua disposição material atualizado de acordo com as diretrizes da jurisprudência e da doutrina dominantes sobre cada tema, eficaz para aqueles que se prepararão para concursos públicos e exame de ordem.

Esperamos que a coleção *Elementos do Direito* continue cada vez mais a fazer parte do sucesso profissional de seus leitores.

Marco Antonio Araujo Jr.
Darlan Barroso
Coordenadores

Introdução ao Direito Eleitoral

Ao contrário de outros ramos do Direito, o Eleitoral representa para muitos um grande mistério, cercado por dúvidas acerca de método de estudo, bem como da legislação básica a ser utilizada.

Dentro deste contexto, optou-se, para efeitos didáticos, pela divisão do conteúdo do programa de Direito Eleitoral em duas partes distintas. A primeira parte, denominada constitucional, envolve matérias que possuem previsão diretamente na Constituição Federal. De início, serão analisados os princípios constitucionais eleitorais, que muito embora tenham validade para toda a Administração Pública, possuem ênfase maior em relação ao Direito Eleitoral.

Na sequência, será abordada a questão relacionada aos direitos políticos, instrumentos de manifestação direta da soberania popular, requisitos de elegibilidade, avaliando-se o que é necessário, juridicamente, para que alguém se coloque como candidato a mandato eletivo, hipóteses de inelegibilidade, igualmente conhecidas por direitos políticos negativos (previstos dentro e fora da Constituição Federal: Lei Complementar 64/1990 e Lei Complementar 135/2010), hipóteses de perda e suspensão dos direitos políticos, partidos políticos (criação, autonomia, funcionamento), organização da Justiça Eleitoral (órgãos que a integram), garantias da Magistratura Eleitoral, merecendo destaque algumas diferenças importantes em relação à Magistratura como um todo, a exemplo da vitaliciedade, e ao Ministério Público no campo eleitoral.

A segunda parte desta obra será dedicada à análise de temas infraconstitucionais, em que se procurará seguir a sequência proposta pelo legislador, em especial, a Lei 9.504/1997, abordando-se os seguintes temas: as convenções partidárias, registro de candidatura, campanha eleitoral, parte financeira da campanha, destacando-se origem dos recursos, sua destinação, a responsabilidade pela movimentação financeira dentro da campanha, pesquisas eleitorais, direito de resposta em matéria eleitoral, propaganda eleitoral e condutas vedadas aos agentes públicos durante a campanha.

Ademais, será feito um estudo de questões relacionadas ao dia das eleições, o que é ou não possível se fazer nesse dia; sistemas de eleição dos candidatos (sistema proporcional e majoritário), em seguida, prestação de contas à Justiça Eleitoral, diplomação dos candidatos eleitos e, por derradeiro, a posse dos eleitos.

De outra parte, em relação à matéria processual eleitoral, serão abordadas as ações eleitorais, os recursos eleitorais, finalizando com a questão relacionada aos crimes em matéria eleitoral.

Sumário

NOTA DA EDITORA.. 7

APRESENTAÇÃO DA COLEÇÃO 9

INTRODUÇÃO AO DIREITO ELEITORAL... 11

1. FONTES DO DIREITO ELEITORAL... 25
    1.1   FONTES DIRETAS.. 25
        1.1.1   Constituição Federal 25
        1.1.2   Leis 25
        1.1.3   Resoluções... 26
        1.1.4   Súmulas 27
        1.1.5   Consultas 27
        1.1.6   A questão das Medidas Provisórias.......................... 28
    1.2   FONTES INDIRETAS 28

2. PRINCÍPIOS CONSTITUCIONAIS ELEITORAIS 29
    2.1   IMPORTÂNCIA 29
    2.2   ESPÉCIES 29
        2.2.1   Princípio democrático.. 29
        2.2.2   Princípio dos sistemas eleitorais 31
                2.2.2.1   Sistema majoritário 31

2.2.2.2 Sistema proporcional 32

2.2.3 Princípio do pluralismo político 34

2.2.3.1 Pluralidade de ideias 34

2.2.3.2 Pluralidade em relação à criação de partidos políticos 36

2.2.4 Princípio da segurança das relações jurídicas em matéria eleitoral 37

2.2.5 Princípio da moralidade 41

2.2.6 Princípio federativo 42

2.2.7 Princípio da celeridade processual 43

3. HERMENÊUTICA 47

3.1 PRINCÍPIO DA INTERPRETAÇÃO SISTEMÁTICA 47

3.2 PRINCÍPIO DA MÁXIMA EFETIVIDADE 48

3.3 INTERPRETAÇÃO CONFORME A CONSTITUIÇÃO 48

4. DIREITOS POLÍTICOS 51

4.1 DEFINIÇÃO 51

4.2 REFLEXOS 51

4.3 INSTRUMENTOS QUE VIABILIZAM O EXERCÍCIO DA DEMOCRACIA DIRETA 51

4.3.1 Sufrágio 52

4.3.2 Voto 54

4.3.3 Plebiscito 56

4.3.4 Referendo 57

4.3.5 Iniciativa popular de leis 59

4.4 DEMOCRACIA REPRESENTATIVA 60

4.4.1	Condições de elegibilidade previstas na Constituição Federal	61
	4.4.1.1 Noções gerais............	61
	4.4.1.2 Nacionalidade brasileira............	62
	4.4.1.3 Plenitude dos direitos políticos............	63
	4.4.1.4 Alistamento eleitoral............	63
	4.4.1.5 Domicílio eleitoral na circunscrição............	65
	4.4.1.6 Filiação partidária............	66
	4.4.1.7 Idade mínima............	67
4.4.2	Condições de elegibilidade previstas na Lei 9.504/1997............	68
	4.4.2.1 Ata da convenção do partido............	69
	4.4.2.2 Autorização do candidato............	69
	4.4.2.3 Prova de filiação partidária............	69
	4.4.2.4 Declaração de bens............	70
	4.4.2.5 Comprovação da condição de eleitor............	70
	4.4.2.6 Certidão de quitação eleitoral............	70
	4.4.2.7 Certidões criminais............	72
	4.4.2.8 Fotografia do candidato............	72
	4.4.2.9 Propostas defendidas pelos candidatos............	72
4.4.3	Hipóteses de inelegibilidade contidas na Constituição Federal	73
	4.4.3.1 Inelegibilidade dos inalistáveis e analfabetos	73
	4.4.3.2 Inelegibilidade relacionada à reeleição............	75
	4.4.3.3 Inelegibilidade referente às autoridades elencadas para concorrer a outros cargos............	76

		4.4.3.4	Inelegibilidade reflexa	77
		4.4.3.5	Inelegibilidade dos militares	78
		4.4.3.6	Inelegibilidade por crime de responsabilidade	80
		4.4.3.7	Inelegibilidade por improbidade	81
	4.4.4	Hipóteses de inelegibilidade que se encontram na legislação infraconstitucional		83
		4.4.4.1	Fundamento	83
		4.4.4.2	Limites	83
		4.4.4.3	LC 64/1990	84
		4.4.4.4	Conteúdo da LC 135/2010	91
4.5	PERDA E SUSPENSÃO DOS DIREITOS POLÍTICOS			95
	4.5.1	Cancelamento de naturalização por sentença transitada em julgado		95
	4.5.2	Incapacidade civil absoluta		96
	4.5.3	Condenação criminal com trânsito em julgado enquanto perdurarem seus efeitos		96
	4.5.4	Descumprimento de obrigações legais a todos imposta ou obrigações alternativas nos termos fixados em lei		97
	4.5.5	Condenação por improbidade administrativa		98
5. PARTIDOS POLÍTICOS				101
5.1	PERFIL CONSTITUCIONAL			101
	5.1.1	Importância		101
5.2	NATUREZA JURÍDICA			103
5.3	CRIAÇÃO			104
	5.3.1	Limites para a criação de partidos políticos		104

5.4	AUTONOMIA DOS PARTIDOS		107
	5.4.1	Quanto à sua estrutura, organização e funcionamento	108
		5.4.1.1 Autonomia para fusão	108
		5.4.1.2 Autonomia para incorporação	108
		5.4.1.3 Autonomia para coligações	108
		5.4.1.4 Autonomia para extinção	111
5.5	FIDELIDADE PARTIDÁRIA		112
5.6	PROIBIÇÃO DE UTILIZAÇÃO DOS PARTIDOS COMO ORGANIZAÇÕES PARAMILITARES		117
5.7	ACESSO GRATUITO A RÁDIO E TV		118
5.8	FUNDO PARTIDÁRIO		119

6. JUSTIÇA ELEITORAL 123

   6.1   ORGANIZAÇÃO E FUNCIONAMENTO 123

       6.1.1 Visão geral 123

       6.1.2 Supremo Tribunal Federal 124

             6.1.2.1 Composição 124

             6.1.2.2 Nomeação 124

             6.1.2.3 Competências 124

             6.1.2.4 Mandato 126

             6.1.2.5 Decisões 126

       6.1.3 Tribunal Superior Eleitoral 126

             6.1.3.1 Composição 126

             6.1.3.2 Competências 127

             6.1.3.3 Mandato 130

		6.1.3.4	Decisões	131
	6.1.4	Tribunal Regional Eleitoral		132
		6.1.4.1	Composição	132
		6.1.4.2	Competências	133
		6.1.4.3	Mandato	133
		6.1.4.4	Decisões	133
	6.1.5	Juízes singulares		135
		6.1.5.1	Composição	135
		6.1.5.2	Competências	135
		6.1.5.3	Mandato	136
		6.1.5.4	Decisões	136
	6.1.6	Juntas Eleitorais		136
		6.1.6.1	Composição	136
		6.1.6.2	Competências	137
		6.1.6.3	Mandato	138
		6.1.6.4	Decisões	138
6.2	GARANTIAS E IMPEDIMENTOS DA MAGISTRATURA			140
	6.2.1	Das garantias		140
		6.2.1.1	Vitaliciedade	141
		6.2.1.2	Inamovibilidade	141
		6.2.1.3	Irredutibilidade de subsídio	142
	6.2.2	Dos impedimentos		142
		6.2.2.1	Acumulação de cargo	143
		6.2.2.2	Percepção de custas	143
		6.2.2.3	Atividade político-partidária	143

	6.2.2.4 Percepção de auxílios ou contribuições.....	143
	6.2.2.5 Exercício da advocacia	143

7. MINISTÉRIO PÚBLICO ELEITORAL 145
    7.1 INTRODUÇÃO 145
    7.2 ATRIBUIÇÕES 145
        7.2.1 Extensão 146
    7.3 MANDATO 147
    7.4 PRINCÍPIOS.. 147
        7.4.1 Princípio da unidade 147
        7.4.2 Princípio da indivisibilidade 147
        7.4.3 Princípio da independência funcional 147
    7.5 GARANTIAS E IMPEDIMENTOS DOS MEMBROS DO MP.. 148
        7.5.1 Das garantias 148
            7.5.1.1 Vitaliciedade 148
            7.5.1.2 Inamovibilidade... 149
            7.5.1.3 Irredutibilidade de subsídio 149
        7.5.2 Dos impedimentos... 149
            7.5.2.1 Percepção de custas 150
            7.5.2.2 Exercício da advocacia 150
            7.5.2.3 Participação em sociedade comercial 150
            7.5.2.4 Acumulação de cargos e funções 150
            7.5.2.5 Exercício de atividade político-partidária... 151

8. CONVENÇÕES PARTIDÁRIAS 153
    8.1 DEFINIÇÃO... 153
    8.2 MOMENTO... 153

9. REGISTRO DAS CANDIDATURAS 157

10. CAMPANHA ELEITORAL 163
    10.1 INTRODUÇÃO 163
    10.2 DA ARRECADAÇÃO E DA APLICAÇÃO DE RECURSOS 163
        10.2.1 Requisitos para a arrecadação e gastos 163
    10.3 ORIGEM DO FINANCIAMENTO DA CAMPANHA 166
        10.3.1 Fontes vedadas pela legislação eleitoral 166
            10.3.1.1 Governos ou entidades estrangeiras 167
            10.3.1.2 Órgãos ou pessoas da Administração Pública 167
            10.3.1.3 Concessionários ou permissionários de serviços públicos... 168
            10.3.1.4 Entidades de classe ou sindicato 168
            10.3.1.5 Entidades religiosas 168
            10.3.1.6 Terceiro setor 169
            10.3.1.7 Entidades esportivas.................................. 169
        10.3.2 Gastos eleitorais permitidos 169

11. PESQUISAS ELEITORAIS 173
    11.1 REQUISITOS PARA REGISTRO NA JUSTIÇA ELEITORAL 173

12. PROPAGANDA ELEITORAL 177
    12.1 VEDAÇÕES EM GERAL RELACIONADAS À PROPAGANDA ELEITORAL 179
    12.2 VEDAÇÕES ESPECÍFICAS 182
        12.2.1 Propaganda através de comícios 182
        12.2.2 Showmício.. 183
        12.2.3 Propaganda através de adereços 184

12.2.4 Propagandas em bens públicos e em bens de uso comum 184

12.2.5 Propaganda em áreas verdes 186

12.2.6 Propaganda feita através de bonecos, cavaletes, cartazes e mesas 186

12.2.7 Propaganda em bens particulares 187

12.2.8 Propaganda veiculada através de folhetos e adesivos 188

12.2.9 Propaganda veiculada através de carros de som 189

12.2.10 Propaganda através de *outdoor* 190

12.2.11 Propaganda através de trios elétricos 191

12.2.12 Propaganda pela internet 191

12.2.13 Propaganda na imprensa 194

12.2.14 Propaganda no rádio e na televisão 195

12.3 DA PROPAGANDA NO HORÁRIO ELEITORAL GRATUITO .. 196

12.4 DEBATES ELEITORAIS 200

13. DIREITO DE RESPOSTA EM MATÉRIA ELEITORAL 203

13.1 PERFIL CONSTITUCIONAL 203

13.2 DIREITO DE RESPOSTA NO CAMPO ELEITORAL 205

13.2.1 Momento 208

13.2.2 Legitimidade 208

13.2.3 Fato gerador 208

13.2.4 Prazos 209

14. CONDUTAS VEDADAS AOS AGENTES PÚBLICOS 211

14.1 OBJETIVO 211

14.2 EXTENSÃO 211

14.3 VEDAÇÕES 212

15. ELEIÇÕES... 217

    15.1 PROIBIÇÕES E AUTORIZAÇÕES ESTABELECIDAS PELA LEGISLAÇÃO ELEITORAL PARA O DIA DAS ELEIÇÕES 217

    15.2 CRITÉRIOS PARA A ELEIÇÃO.. 220

16. PRESTAÇÃO DE CONTAS PARA A JUSTIÇA ELEITORAL 223

    16.1 QUEM TEM A OBRIGAÇÃO DE PRESTAR CONTAS PARA A JUSTIÇA ELEITORAL? 223

    16.2 O QUE DEVE CONSTAR DA PRESTAÇÃO DE CONTAS? 224

    16.3 PRAZO PARA QUE A PRESTAÇÃO DE CONTAS SEJA ENTREGUE PARA A JUSTIÇA ELEITORAL 227

    16.4 DA DECISÃO A SER PROFERIDA PELA JUSTIÇA ELEITORAL DIANTE DAS CONTAS APRESENTADAS PELOS CANDIDATOS 227

17. DIPLOMAÇÃO DOS CANDIDATOS.. 231

    17.1 DEFINIÇÃO 231

    17.2 REFLEXOS DA DIPLOMAÇÃO.. 233

18. DA POSSE... 237

    18.1 DEFINIÇÃO 237

    18.2 MOMENTO 237

    18.3 REFLEXOS... 237

    18.4 IMPEDIMENTOS 238

    18.5 PRERROGATIVAS.. 238

19. AÇÕES ELEITORAIS.. 241

    19.1 REPRESENTAÇÃO ELEITORAL 241

19.2 AÇÃO DE IMPUGNAÇÃO DE REGISTRO DE CANDIDATURA 242

19.3 AÇÃO DE INVESTIGAÇÃO JUDICIAL ELEITORAL (AIJE)...... 242

19.4 AÇÃO POR CAPTAÇÃO IRREGULAR DE SUFRÁGIO 243

19.5 AÇÃO DE IMPUGNAÇÃO DE MANDATO ELETIVO (AIME) 244

19.6 RECURSO CONTRA A DIPLOMAÇÃO 245

20. RECURSOS EM MATÉRIA ELEITORAL 247

    20.1 NOÇÕES INTRODUTÓRIAS 247

    20.2 MODALIDADES 248

    20.3 ORGANOGRAMA 250

21. CRIMES ELEITORAIS 251

    21.1 NOÇÕES GERAIS 251

    21.2 CLASSIFICAÇÃO 251

    21.3 NATUREZA JURÍDICA 252

    21.4 MODALIDADES 252

        21.4.1 Crimes relativos à formação do corpo eleitoral 252

        21.4.2 Crimes que atentam contra a formação e funcionamento dos partidos 252

        21.4.3 Crimes que atentam contra a propaganda eleitoral .. 252

        21.4.4 Crimes contra a honra em matéria eleitoral 253

        21.4.5 Crimes praticados no dia da eleição 253

        21.4.6 Crimes contra a garantia do resultado das eleições .. 253

        21.4.7 Crimes contra a fé pública eleitoral 253

Fontes do Direito Eleitoral

As fontes do Direito Eleitoral apresentam-se divididas em dois grupos distintos, sendo eles as diretas e as indiretas.

1.1 FONTES DIRETAS

1.1.1 Constituição Federal

A Constituição, por óbvio, surge aqui como principal fonte do Direito Eleitoral, até mesmo em razão da posição hierárquica por ela ocupada em nosso ordenamento jurídico, vale dizer, como fundamento de validade para todas as demais normas.

Em relação ao programa de Direito Eleitoral, alguns temas, como já noticiado anteriormente, encontram fundamento diretamente na Constituição, a exemplo da questão relacionada aos princípios constitucionais eleitorais; direitos políticos; partidos políticos; organização da Justiça Eleitoral e Ministério Público Eleitoral.

De outra parte, verificam-se também normas esparsas, surgindo como exemplo aquelas que estabelecem, no art. 54, I e II, da CF/1988 impedimentos para os parlamentares a partir da diplomação e da posse.

Portanto, em vista da posição hierárquica ocupada pela Constituição, não se pode cogitar de nenhuma incompatibilidade entre as diretrizes por ela estabelecidas e aquelas preconizadas pela legislação infraconstitucional.

1.1.2 Leis

Em primeiro lugar, cumpre observar que a legislação disciplinadora do campo eleitoral foi toda ela editada pela União, tendo em vista a competência que lhe foi atribuída pela Constituição, em seu art. 22, I.

Diante desse cenário, conclui-se pela configuração de inconstitucionalidade por invasão de competência se outra esfera de governo editar qualquer norma em relação a este ramo do Direito, a menos que tenha recebido delegação da União, a teor do disposto no art. 22, parágrafo único, da CF/1988.

Assim sendo, importante agora apontar as principais leis disciplinadoras das regras que comandam todo o Direito Eleitoral, a começar pela Lei 9.504/1997, da qual surgem as regras relacionadas à convenção partidária, registro de candidatura, campanha eleitoral, regras sobre as eleições, prestação de contas à Justiça Eleitoral e diplomação.

De outra parte, o Código Eleitoral (Lei 4.737/1965) disciplina, entre outras matérias, a questão relacionada à organização da Justiça Eleitoral, recursos em matéria eleitoral e competências do Ministério Público Eleitoral.

Importante destacar também a Lei Orgânica dos Partidos Políticos (Lei 9.096/1995), que disciplina, entre outros itens, a questão relacionada à natureza dessas agremiações, os requisitos necessários para o seu registro perante o Tribunal Superior Eleitoral, regras sobre filiação partidária, sobre os seus estatutos, bem como de participação no fundo partidário e também na propaganda nos meios de comunicação.

Merece também destaque a LC 64/1990, que, com base nas diretrizes estabelecidas no art. 14, § 9.º, da CF/1988, relaciona hipóteses de inelegibilidades que foram atualizadas pela LC 135/2010, também conhecida por Lei da Ficha Limpa.

1.1.3 Resoluções

Esta espécie normativa é editada pelo Tribunal Superior Eleitoral, com força de lei, para regulamentar matéria eleitoral. Seu fundamento legal resulta da conjugação das previsões contidas no art. 1.º, parágrafo único, combinado com o art. 23, IX, ambos do Código Eleitoral e, ainda, o art. 105 da Lei 9.504/1997.

Nesse sentido, oportuno registrar que o citado art. 105 da Lei 9.504/1997 traz limites de variadas ordens para a edição dessas resoluções pelo TSE, razão pela qual se apresenta importante a reprodução de seu *caput*:

> "Art. 105. Até o dia 5 de março do ano da eleição, o Tribunal Superior Eleitoral, atendendo ao caráter regulamentar e sem restringir direitos ou estabelecer sanções distintas das previstas nesta Lei, poderá expedir todas as instruções necessárias para sua fiel execução, ouvidos, previamente, em audiência pública, os delegados ou representantes dos partidos políticos."

A leitura do dispositivo reproduzido permite concluir que a edição dessas resoluções não se apresenta de forma livre pelo TSE. Ao contrário, vislumbra-se no dispositivo reproduzido, além do limite de ordem temporal, outro de caráter formal relacionado à realização de audiência pública com as características ali relacionadas.

1.1.4 Súmulas

Representam importante fonte do Direito Eleitoral, uma vez que são editadas para uniformizar o entendimento do Tribunal sobre determinada matéria, não apresentando caráter vinculante.

Nesse contexto, importante anotar a constante alteração do conteúdo dessas súmulas, em razão da relevante mudança na composição dos órgãos que integram a Justiça Eleitoral, tendo em vista que nesse ramo do Direito o mandato é por prazo determinado, a teor do disposto no art. 121, § 2.º, da CF/1988.

Assim sendo, tendo o mandato duração de dois anos, admitida uma prorrogação, compreensível que, alterando-se a composição dos órgãos que integram a Justiça Eleitoral, este aspecto gere reflexos para a linha de pensamento prevalecente nos Tribunais.

Assim é que, nada obstante a existência de apenas algumas dezenas de Súmulas editadas pelo Tribunal Superior Eleitoral, algumas delas já foram objeto de cancelamento.

Por fim, importante notar que os Tribunais Regionais Eleitorais não editam Súmulas, mas apenas cumprem o conteúdo daquelas editadas pelo TSE, a teor do disposto no art. 30, XVI, do Código Eleitoral.

1.1.5 Consultas

Essa espécie normativa representa a possibilidade de direcionamento, para os Tribunais Eleitorais, de questionamentos acerca de dúvidas ou polêmicas relacionadas a um determinado tema.

Esta indagação dirigida aos Tribunais Eleitorais apresenta-se balizada por algumas regras, destacando-se, desde logo, a proibição de envolver casos concretos em relação à matéria eleitoral.

Dizendo de outra forma, as consultas devem ser feitas, em tese, para que os Tribunais sobre elas se manifestem no exercício de competência administrativa. O fundamento legal *em relação ao TSE* encontra-se no art. 23,

XII, do Código Eleitoral, que além de vedar consultas sobre casos concretos, estabelece, ainda, a legitimidade para a elaboração dessas consultas.

Assim é que, no referido dispositivo legal, visualiza-se dois tipos de legitimados a consultar o TSE: (i) autoridade com jurisdição federal ou (ii) órgão nacional de partido político.

Por outro lado, em relação aos *Tribunais Regionais Eleitorais*, o fundamento legal se apresenta no art. 30, VIII, do Código Eleitoral, onde se destaca a legitimidade atribuída para a autoridade pública ou para partidos políticos para a elaboração dessas consultas.

1.1.6 A questão das Medidas Provisórias

Não se apresentam elas como fontes do Direito Eleitoral, ainda que sua aprovação, por força da previsão estabelecida no art. 62 da CF/1988, implique em sua conversão em lei ordinária.

Não se trata de conclusão gratuita, eis que resultante de expressa vedação constitucional estabelecida no art. 62, § 1.º, I, *a*, da CF/1988.

1.2 FONTES INDIRETAS

A exemplo de outros ramos do Direito, também se apresentam como fontes indiretas a doutrina, a jurisprudência, bem como os princípios gerais do direito.

Nesse particular, oportuno reafirmar a importância assumida pela jurisprudência como fonte do Direito, tendo em vista as constantes modificações levadas a efeito na estrutura dos órgãos da Justiça Eleitoral, resultantes da previsão constitucional de mandato com prazo determinado, a teor do disposto no art. 121, § 2.º, da CF/1988, conforme já noticiado anteriormente.

Princípios Constitucionais Eleitorais

2.1 IMPORTÂNCIA

O conhecimento dos princípios específicos em matéria eleitoral auxilia sobremaneira à compreensão de todos os demais itens a serem analisados na sequência, pois surgem como desdobramento lógico das regras importantes que comandam o Direito Eleitoral.

Outrossim, o conhecimento desses princípios se revela importante também no campo da interpretação, uma vez que surgem como parâmetros para a resolução de situações concretas.

Dentro desse contexto, além daqueles que comandam toda a atividade administrativa (tanto aqueles explicitados no art. 37, *caput*, da CF/1988, quanto os que se apresentam de forma implícita), importante destacar a existência de princípios específicos em matéria eleitoral, sendo que estes é que serão objeto de nossa atenção.

2.2 ESPÉCIES

2.2.1 Princípio democrático

O conteúdo do princípio democrático encontra-se definido no *caput* do art. 1.º da Constituição Federal, o qual estabelece:

> "Art. 1.º A República Federativa do Brasil, formada pela união indissolúvel dos Estados e Municípios e do Distrito Federal, constitui-se em *Estado Democrático de Direito* e tem como fundamentos [...]" (g.n.)

De acordo com o exposto no artigo acima, a Constituição Federal considera o Brasil um Estado Democrático de Direito. Sendo assim, imediatamente se pode constar que o povo aparece como titular do poder.

Desta forma, surge como consequência lógica que toda a atividade do Estado só se legitima se objetivar a preservação dos interesses da coletividade. Tal informação encontra-se ratificada no parágrafo único, do art. 1.º da CF/1988, nos seguintes termos:

> "Art. 1.º [...]
> Parágrafo único. Todo o poder emana do povo, que o exerce por meio de representantes eleitos ou diretamente, nos termos desta Constituição."

Por outro lado, a leitura do referido dispositivo permite também concluir que se configura no Brasil simultaneamente uma democracia representativa e uma democracia direta, eis que poderá o povo exercer o poder diretamente, nas hipóteses previstas na Constituição Federal, ou por meio de representantes eleitos.

Diante desse cenário, cumpre, de início, registrar que os instrumentos através dos quais o povo atua diretamente, sem nenhum tipo de intermediário. Sem prejuízo de um aprofundamento do tema em capítulo específico, oportuna a referência, desde logo, a esses instrumentos que viabilizam a democracia direta, previstos no art. 14 da CF/1988, cuja redação a seguir se reproduz:

> "Art. 14. A soberania popular será exercida pelo sufrágio universal e pelo voto direto e secreto, com valor igual para todos, e, nos termos da lei, mediante:
> I – plebiscito;
> II – referendo;
> III – iniciativa popular [...]."

Em outras palavras, no referido dispositivo, encontram-se relacionados os instrumentos de manifestação direta de soberania popular, através dos quais o povo, como já se disse, exerce diretamente a soberania sem nenhum intermediário.

De outra parte, oportuno um registro inicial em relação à democracia representativa, apresentando-se destaques especiais em relação aos limites impostos pela própria Constituição, relacionados no § 3.º do art. 14, acerca das condições de elegibilidade. Assim é que se verifica quando da leitura desse dispositivo, que não será qualquer pessoa que poderá concorrer a mandato eletivo, conforme será abordado em capítulo específico.

Em outras palavras, há limites para a obrigação de votar e também para se candidatar a mandatos eletivos. Por outro lado, importante destacar também a lista de hipóteses de inelegibilidades, conhecidas como direitos políticos negativos, uma vez que representam as situações nomeadas pela Constituição em que não se poderá cogitar de candidaturas para mandatos eletivos. Encontram-se elas previstas nos §§ 4.º a 8.º do art. 14 da CF/1988, sem prejuízo das hipóteses de inelegibilidades relacionadas em sede de legislação infraconstitucional (LC 64/1990, atualizada pela LC 135/2010), em razão da autorização oferecida pelo § 9.º do art. 14 da Lei Maior.

2.2.2 Princípio dos sistemas eleitorais

Surge como consequência lógica de o Brasil ser uma democracia representativa, de acordo com a previsão estabelecida no art. 1.º, parágrafo único, da CF/1988. Partindo-se deste pressuposto, oportuno investigar os sistemas que regulam a forma de eleição daqueles que pretendem representar os interesses do povo. Nesse sentido, aparecem dois sistemas representativos por excelência:

2.2.2.1 Sistema majoritário

Pelo sistema majoritário, atribui-se o mandato ao candidato mais votado na circunscrição, ou seja, aquele que tiver obtido maior quantidade de votos válidos estará eleito. Tal sistema, em regra, aplica-se para as eleições para o Poder Executivo, abrangendo os cargos de Presidente da República, governadores e prefeitos. Na Constituição Federal, verifica-se tal informação no art. 77, §§ 2.º e 3.º:

> "Art. 77. [...]
> § 2.º Será considerado eleito Presidente o candidato que, registrado por partido político, obtiver a maioria absoluta de votos, não computados os em branco e os nulos.
> § 3.º Se nenhum candidato alcançar maioria absoluta na primeira votação, far-se-á nova eleição em até vinte dias após a proclamação do resultado, concorrendo os dois candidatos mais votados e considerando-se eleito aquele que obtiver a maioria dos votos válidos."

No segundo turno das eleições, quem dos dois candidatos mais votado obtiver a maioria simples dos votos válidos estará eleito.

Além do Executivo, o critério majoritário é utilizado para apenas uma Casa Legislativa, qual seja o Senado Federal. Isto porque esta é a Casa que representa os interesses dos Estados e do Distrito Federal. É o que estabelece o art. 46 da CF/1988:

> "Art. 46. O Senado Federal compõe-se de representantes dos Estados e do Distrito Federal, eleitos segundo o *princípio majoritário*.
> § 1.º Cada Estado e o Distrito Federal elegerão três Senadores, com mandato de oito anos [...]." (g.n.)

Dentro desse contexto, não é possível que existam diferenças jurídicas entre os Estados, de maneira que no Senado a representação de todos é idêntica (3 representantes), independente das diferenças econômicas e políticas existentes entre eles. Para todas as demais casas legislativas o critério será o proporcional.

2.2.2.2 Sistema proporcional

Por este critério, atribui-se maior importância à quantidade de votos atribuída à legenda e não ao candidato.

Como já se disse, em regra, tal critério se aplica ao Legislativo, exceção feita ao Senado Federal. Dentro da Constituição Federal, a referência para tal critério aparece no art. 45 para a Câmara dos Deputados (estendendo-se, por simetria, às Assembleias Legislativas e Câmara de Vereadores). Confira-se:

> "Art. 45. A Câmara dos Deputados compõe-se de representantes do povo, eleitos, *pelo sistema proporcional*, em cada Estado, em cada Território e no Distrito Federal.
> § 1.º O número total de Deputados, bem como a representação por Estado e pelo Distrito Federal, será estabelecido por lei complementar, proporcionalmente à população, procedendo-se aos ajustes necessários, no ano anterior às eleições, para que nenhuma daquelas unidades da Federação tenha menos de oito ou mais de setenta Deputados.
> § 2.º Cada Território elegerá quatro Deputados." (g.n.)

Por tal critério, portanto, o que se privilegia é a quantidade de votos obtidos pela legenda. Diante desse cenário, assume enorme importância o chamado quociente eleitoral, cuja previsão encontra-se no art. 106 da Lei 4.737/1965 (Código Eleitoral). Confira-se:

> "Art. 106. Determina-se o quociente eleitoral dividindo-se o número de votos válidos apurados pelo de lugares a preencher em cada

circunscrição eleitoral, desprezada a fração se igual ou inferior a meio, equivalente a um, se superior."

A leitura do dispositivo reproduzido permite concluir que o atingimento do quociente eleitoral depende de dois fatores básicos:

a) a quantidade de votos válidos obtidos e;

b) a quantidade de vagas disponibilizadas.

Dentro desse cenário, pode-se compreender melhor a importância atribuída aos partidos e coligações através desse sistema, deixando-se em segundo plano os votos atribuídos ao candidato.

Assim sendo, fácil se compreender a razão de ser de inúmeras distorções que podem se verificar nesse sistema, uma vez que candidatos que tenham obtido expressiva votação podem não se eleger em vista da quantidade de votos obtida pelo partido ou coligação.

Em contrapartida, também é possível imaginar-se que um candidato que tenha obtido votação pífia consiga se eleger por conta da votação obtida pela legenda em que concorreu.

Dentro desse contexto, imagine-se que para uma determinada eleição, tenha se fixado, em vista dos parâmetros oferecidos pelo art. 106 do Código Eleitoral, o quociente eleitoral em cem mil votos. Isso significa que cada vez que um partido alcançar este patamar elege um representante. Dentro desse contexto, suponha-se que o partido "A" tenha conquistado 500 mil votos nas urnas, de forma que, por lógica, terá direito a 5 cadeiras na Casa Legislativa. Suponha, ainda, que o primeiro colocado tenha conseguido 400 mil votos.

Isso significa, então, que tal candidato encontra-se eleito. Imagine-se, contudo, que o quinto candidato mais votado do partido tenha obtido mil votos. Ainda que a quantidade de votos tenha sido diminuta, igualmente se encontra eleito. Isso porque se a legenda conseguiu 5 cadeiras e ele foi o quinto mais votado, não importa, por esse critério proporcional, a quantidade de votos que ele obteve. Tem-se, aqui, o que se denomina em direito eleitoral de "puxador de votos".

Assim, quanto mais votos na legenda, maior número de cadeiras a agremiação terá direito. Nas eleições do ano de 2010, viu-se isso acontecer com o candidato "Tiririca", que com a quantidade de votos que obteve, assegurou para a sua legenda um número significativo de vagas na Câmara dos Deputados. Nesse sentido, importante registrar tratar-se apenas de um exemplo, entre tantos outros que já integram a história eleitoral do país, como os casos envolvendo os falecidos Doutor Enéas e também Clodovil Hernandes. Nesse sentido, passa-se a perceber a importância de candidatos famosos, conhecidos por "puxadores de votos", para integrar a legenda para amealhar votos junto aos eleitores.

De outra parte, pelo sistema proporcional, as distorções podem acontecer em outro sentido. Com efeito, imagine-se agora um partido "B" que tenha obtido 99 mil votos na eleição. Seguindo pela mesma lógica, é possível verificar que ele não conquistou nenhuma cadeira, pois não passou nenhuma vez pelo quociente eleitoral de 100 mil. Diante desse cenário, imagine que o primeiro colocado desse partido tenha obtido 95 mil votos. Mesmo com esta votação expressiva, ele não conseguirá se eleger, uma vez que, repita-se uma vez mais, o partido ou coligação pelo qual concorreu, não conquistou, pelos votos que recebeu, nenhuma vaga.

Assim, é possível verificar as distorções que este sistema eleitoral permite, de forma que aquele quinto candidato, com mil votos, está eleito, enquanto o candidato do partido "B" com 95 mil votos não obterá sucesso nas eleições.

2.2.3 Princípio do pluralismo político

Tal princípio está localizado no art. 1.º, V, da CF/1988, aparecendo, então, como um dos fundamentos da República Federativa brasileira. Confira-se:

> "Art. 1.º A República Federativa do Brasil, formada pela união indissolúvel dos Estados e Municípios e do Distrito Federal, constitui-se em Estado Democrático de Direito e tem como fundamentos:
> [...]
> V – o pluralismo político."

A previsão constitucional desse princípio permite concluir que a Constituição em vigor encerrou a fase política do país do bipartidarismo, que acabava por excluir a possibilidade de uma série de correntes políticas se abrigarem em uma agremiação política para concorrer às eleições.

De resto, esta previsão acaba por gerar desdobramentos que se apresentam em duas vertentes distintas:

2.2.3.1 Pluralidade de ideias

Aparece na CF/1988, no art. 5.º, IV, em que se assegura a livre manifestação do pensamento, apenas sendo proibido o anonimato. Confira-se:

"Art. 5.º [...]
IV – é livre a manifestação do pensamento, sendo vedado o anonimato."

A leitura do dispositivo reproduzido permite concluir que a Constituição acabou por privilegiar a liberdade de pensamento, mas com responsabilidade. Esta diretriz revela-se importante para a proteção daqueles atingidos por um pensamento emitido, para que possam lançar mão, na esfera administrativa ou judicial, dos instrumentos colocados à sua disposição, tais como o direito de resposta ou, eventualmente, a responsabilização pela caracterização de algum crime contra a honra.

Nesse sentido, de forma a privilegiar esta pluralidade de ideias, a Constituição, em seu art. 5.º, VIII, estabeleceu que ninguém será privado de seus direitos por conta de tendências filosóficas, políticas ou religiosas que tenha adotado. Confira-se:

"Art. 5.º [...]
VIII – ninguém será privado de direitos por motivo de crença religiosa ou de convicção filosófica ou política, salvo se as invocar para eximir-se de obrigação legal a todos imposta e recusar-se a cumprir prestação alternativa, fixada em lei."

Assim é que situações que se verificaram ao longo de nossa história constitucional não teriam mais lugar diante das previsões estabelecidas pela Constituição Federal. A título de exemplo, de se registrar que durante muito tempo o comunismo no Brasil era considerado crime e, inclusive, muitas barbáries foram praticadas por conta dessa opção política que muitos tomaram. Nesse sentido, um precedente importante e histórico ocorreu no STF, na vigência do Estado Novo, em plena Segunda Guerra Mundial, quando houve o envio de Olga Benário Prestes (de origem judia), casada com o presidente do Partido Comunista no Brasil, Luís Carlos Prestes, à Alemanha Nazista, sob o pretexto de que sua permanência no país representaria um grande perigo para a segurança nacional.

Aliás, este caso assumiu também importância histórica, por representar o único precedente ao nível dos nossos Tribunais, em que se impetrou HC para garantir o direito de permanecer presa, para não ser enviada para a Alemanha. Os Ministros do STF pouco se importaram, o que lhes obrigou, tempos depois, a fazer uma *mea culpa*, editando decisão, segundo a qual "ser comunista não é crime". Outrossim, de forma a fortalecer essa pluralidade de pensamentos, corolário da pluralidade política, foi que a CF/1988, no art. 5.º, IX, proibiu a censura, da seguinte forma:

"Art. 5.º [...]
IX – é livre a expressão da atividade intelectual, artística, científica e de comunicação, independentemente de censura ou licença."

Ademais, é importante atentar para o fato de que esta mesma diretriz alcança os meios de comunicação social (rádio, televisão e os espetáculos públicos em geral), de acordo com a previsão estabelecida no art. 220, *caput* e § 2.º, da CF/1988:

"Art. 220. A manifestação do pensamento, a criação, a expressão e a informação, sob qualquer forma, processo ou veículo não sofrerão qualquer restrição, observado o disposto nesta Constituição.
[...]
§ 2.º É vedada toda e qualquer censura de natureza política, ideológica e artística [...]." (g.n.)

A leitura do dispositivo reproduzido permite concluir um reconhecimento, por parte da Constituição Federal, acerca da importância que tais meios de comunicação possuem no mundo globalizado, onde a informação assume um enorme destaque.

Dentro desse contexto, o máximo que a Constituição Federal permitiu nesses meios de comunicação é que a Administração faça, no exercício do poder de polícia, uma classificação indicativa dos programas de rádio e televisão, conforme dispõe o art. 220, § 3.º, I, da CF/1988:

"Art. 220. [...]
§ 3.º Compete à lei federal:
I – regular as diversões e espetáculos públicos, cabendo ao Poder Público informar sobre a natureza deles, as faixas etárias a que não se recomendem, locais e horários em que sua apresentação se mostre inadequada."

2.2.3.2 Pluralidade em relação à criação de partidos políticos

A pluralidade partidária representa uma grande conquista da democracia brasileira, porque até meados da década de 80, como já noticiado, tínhamos no país apenas dois partidos: um de situação e outro de oposição, o que limitava, sobremaneira, o encaixe das diversas vertentes políticas.

A ênfase dada a esta pluralidade partidária, encontra-se demonstrada também pela previsão estabelecida no art. 17 da CF/1988, nos seguintes termos:

"Art. 17. É livre a criação, fusão, incorporação e extinção de partidos políticos, resguardados a soberania nacional, o regime democrático, o pluripartidarismo, os direitos fundamentais da pessoa humana e observados os seguintes preceitos:
I – caráter nacional;
II – proibição de recebimento de recursos financeiros de entidade ou governo estrangeiros ou de subordinação a estes;
III – prestação de contas à Justiça Eleitoral;
IV – funcionamento parlamentar de acordo com a lei."

O dispositivo supramencionado, sem prejuízo de uma análise mais detalhada feita no capítulo relacionado aos partidos políticos, assegura a livre criação destas agremiações, desde que respeitadas as diretrizes que ali aparecem, quais sejam a soberania nacional, regime democrático, entre outras. Assim sendo, não se pode admitir partidos que tragam em seus estatutos discriminações de qualquer natureza, pois se estaria violando direitos fundamentais.

Outrossim, não se faz possível imaginar no Brasil partidos concorrendo às eleições, financiados por governos ou ONGs estrangeiras, pois comprometeria a soberania nacional, conforme dispõe o inc. II do art. 17 da CF/1988.

Dentro desse contexto, o que se procura através desse pluripartidarismo é assegurar espaço para debate entre as diversas correntes políticas. O grande problema é que no Brasil isso foi levado muito a sério, de maneira que existem hoje inúmeros partidos, sendo muitos deles inclusive criados apenas a interesse dos partidos maiores, refletindo a questão de espaço assegurado nos debates. São as chamadas "legendas de aluguel".

2.2.4 Princípio da segurança das relações jurídicas em matéria eleitoral

Este princípio, que tem por objetivo assegurar a estabilidade das relações jurídicas no campo eleitoral, tem como fundamento inicial a previsão estabelecida no art. 5.º, XXXVI, da CF/1988:

"Art. 5.º [...]
XXXVI – a lei não prejudicará o direito adquirido, o ato jurídico perfeito e a coisa julgada."

A leitura do dispositivo reproduzido permite concluir que o objetivo idealizado pela Constituição foi o de garantir a solidez de situações jurídicas já consolidadas ao longo do tempo e, como corolário, oferecer concretude ao Estado de Direito.

Outrossim, de forma a demonstrar a importância atribuída ao tema, a Constituição Federal, no art. 60, § 4.º, IV, o incluiu entre as chamadas cláusulas pétreas, imutáveis. Confira-se:

> "Art. 60. [...]
> § 4.º Não será objeto de deliberação a proposta de emenda tendente a abolir:
> [...]
> IV – os direitos e garantias individuais." [dentre eles temos o direito adquirido, ato jurídico perfeito e coisa julgada]

A aplicabilidade de tal princípio em matéria eleitoral encontra-se na previsão estabelecida no art. 16 da CF/1988, cuja redação foi dada pela EC 4/1993, a um ano, portanto, das eleições presidenciais realizadas em outubro de 1994. Confira-se:

> "Art. 16. A lei que alterar o processo eleitoral entrará em vigor na data de sua publicação, não se aplicando à eleição que ocorra até um ano da data de sua vigência."

A leitura do referido dispositivo constitucional demonstra a intenção de se assegurar estabilidade para as relações jurídicas no campo eleitoral, na medida em que qualquer alteração que se promova no processo eleitoral deve ser veiculada por meio de lei, aprovada um ano antes das eleições.

Por outro lado, quando se lê no referido dispositivo que a lei entra em vigor de imediato, quer isto significar, em outras palavras, que não existe espaço para a *vacatio legis* no campo eleitoral. Em síntese, a obrigatoriedade de aprovação da legislação eleitoral um ano antes da realização do pleito, permite aos que pretendam se candidatar ter conhecimento prévio das regras que vão permear todo o processo eleitoral, evitando surpresas de última hora.

Dentro desse contexto, sabendo-se que as eleições são marcadas sempre para o primeiro domingo do mês de outubro, por força da previsão estabelecida no art. 77 da CF/1988, as regras que vão comandar esse processo devem estar aprovadas em outubro do ano anterior.

De resto, exatamente em respeito a este princípio, foi que o STF, em março de 2011, decidiu pela inaplicabilidade para as eleições presidenciais de 2010, da LC 135/2010 (Lei da Ficha Limpa). Com efeito, a referida legislação foi aprovada em junho de 2010, portanto, a menos de um ano da realização das eleições daquele ano.

A importância desta decisão aumenta ainda mais, uma vez que a referida legislação, em sua essência, impediu o registro de candidaturas daqueles que já tivessem contra si uma condenação imposta por um órgão colegiado do Poder Judiciário, ainda que sem o trânsito em julgado da decisão. O acerto desta decisão da Suprema Corte foi inquestionável, uma vez que, ao assim dispor, a referida legislação acabou por alterar as regras do processo eleitoral, gerando insegurança entre os candidatos.

Nesse sentido, tendo em vista a importância desta decisão, transcrevemos, na sequência, a ementa do RE 633.703/MG, relatado pelo Min. Gilmar Mendes:

> "Lei Complementar 135/10, denominada Lei da Ficha Limpa – Inaplicabilidade às eleições gerais de 2010 – Princípio da anterioridade eleitoral (art. 16 da CF/1988). I. O princípio da anterioridade eleitoral como garantia do devido processo legal eleitoral."

No referido voto, o eminente Ministro asseverou: "O art. 16 da Constituição, ao submeter a alteração legal do processo eleitoral à regra da anualidade, constitui uma garantia fundamental para o pleno exercício de direitos políticos".

Por derradeiro, importante consignar que esta orientação oferecida pelo STF teve como precedente modificação introduzida pela EC 52/2006 ao art. 17, § 1.º, da CF/1988, que encerrou o período de verticalização em relação às coligações partidárias.

Com efeito, até 2006, as decisões tomadas acerca de coligações partidárias, pelos órgãos nacionais dos partidos, deveriam ser obrigatoriamente acatadas pelas instâncias estadual, municipal e distrital, o que acabava por lhes retirar a autonomia para a tomada de decisões em vista da realidade política local.

Com a referida alteração, esta vinculação desaparece. Confira-se:

> "Art. 17. [...]
> § 1.º É assegurada aos partidos políticos autonomia para definir sua estrutura interna, organização e funcionamento e para adotar os critérios de escolha e o regime de suas coligações eleitorais, *sem obrigatoriedade de vinculação entre as candidaturas em âmbito nacional, estadual, distrital ou municipal*, devendo seus estatutos estabelecer normas de disciplina e fidelidade partidária." (g.n.)

A leitura do dispositivo reproduzido demonstra que a alteração promovida ocorreu através da EC 52, aprovada em 8 de março de 2006, portanto, a menos de doze meses das eleições presidenciais daquele ano.

A importância deste precedente está em que a Suprema Corte decidiu que a referida alteração só entraria em vigor para as eleições a serem realizadas a partir de 2008.

Da mesma forma, em razão da importância deste precedente, reproduzimos a ementa da decisão proferida pelo STF quando do julgamento da ADIn 3.685-8, promovida pelo Conselho Federal da OAB:

> "Ação direta de inconstitucionalidade – Art. 2.º da EC 52, de 08.03.2006. Aplicação imediata da nova regra sobre coligações partidárias eleitorais, introduzida no texto do art. 17, § 1.º, da CF/1988 – Alegação de violação ao princípio da anterioridade da lei eleitoral (CF. Art. 16) e às garantias individuais da segurança jurídica e do devido processo legal (CF. Art. 5.º, *caput* e LIV) – Limites materiais à atividade do legislador constituinte reformador – Arts. 60, § 4.º, IV e 5.º, § 2.º, da CF/1988."

Dentro desse contexto, a mesma situação pôde ser observada em 2013, em outubro, quando da aprovação da Lei 12.875/2013,[1] que promoveu alterações na Lei 9.096/1995 e na Lei 9.504/1997, estabelecendo novas regras em relação aos partidos políticos.

Com efeito, o TSE concluiu pela sua inaplicabilidade para as eleições presidenciais de 2014, tendo em vista que sua aprovação teve lugar a menos de um ano da realização do pleito eleitoral.

De resto, a mesma situação restou configurada em relação à Lei 12.891/2013,[2] aprovada em dezembro e denominada de minirreforma eleitoral, uma vez que promoveu alterações nas Leis 4.737/1965, 9.096/1995 e 9.504/1997, a menos de um ano das eleições.

Naquele momento, a discussão travada em relação à aplicabilidade imediata ou não da referida legislação prendeu-se ao conteúdo das alterações promovidas.

---

1. Importante lembrar, conforme visto no Capítulo 2, Item 2.2.4 (Princípio da segurança das relações jurídicas em matéria eleitoral), que o TSE e o STF já decidiram que as Leis 12.875 e 12.891, ambas de 2013, não têm aplicabilidade para as eleições de 2014, tendo em vista que elas interferem no processo eleitoral e foram aprovadas a menos de um ano da realização das eleições.
2. Idem.

Nesse sentido, enquanto alguns se inclinavam pela sua aplicabilidade imediata, tendo em vista que as alterações eram tão somente de natureza administrativa, outros concluíram que esta aplicabilidade imediata não se apresentava, por força de as alterações interferirem no processo eleitoral.

Em vista do impasse gerado, o TSE, em decisão proferida em junho de 2014, já, portanto, durante o período de realização das convenções partidárias, concluiu pela inaplicabilidade imediata da referida legislação em homenagem a esse princípio.

2.2.5 Princípio da moralidade

O tema relacionado à moralidade foi extremamente destacado pela CF/1988. Assim é que se apresenta como princípio constitucional da Administração Pública, a teor do disposto no art. 37, *caput*, da CF/1988, que a seguir se reproduz:

> "Art. 37. A administração pública direta e indireta de qualquer dos Poderes da União, dos Estados, do Distrito Federal e dos Municípios obedecerá aos princípios de legalidade, impessoalidade, moralidade, publicidade e eficiência e, também, ao seguinte."

Diante desse cenário, importante registrar que, em matéria eleitoral, a questão da moralidade assume um perfil específico. Isso porque surge como uma hipótese de inelegibilidade voltada à proteção do mandato eletivo, tendo em vista a vida pregressa do candidato, a teor do disposto no art. 14, § 9.º, da CF/1988, com a redação oferecida pela EC de Revisão 4/1994. Confira-se:

> "Art. 14. [...]
> § 9.º Lei complementar estabelecerá outros casos de inelegibilidade e os prazos de sua cessação, a fim de proteger a probidade administrativa, a moralidade para exercício de mandato considerada vida pregressa do candidato, e a normalidade e legitimidade das eleições contra a influência do poder econômico ou o abuso do exercício de função, cargo ou emprego na administração direta ou indireta."

A leitura do dispositivo reproduzido deixa entrever a intenção da Constituição de proibir aqueles que já tenham condenação contra si, possam se candidatar a representantes do povo.

Aliás, importante destacar que a redação conferida a este dispositivo pela EC de Revisão 4/1994 foi responsável pela edição da LC 135/2010 (Lei da Ficha Limpa) que, como já se disse, para a preservação do futuro mandato, proibiu candidaturas daqueles que já tenham condenação, mesmo sem o trânsito em julgado da decisão.

Dentro desse contexto, assume importância o fato de que a inelegibilidade para a preservação da moralidade administrativa foi introduzida apenas a partir de 1994, o que justifica a inexistência de qualquer previsão a respeito na LC 64/1990, conhecida por Lei das Inelegibilidades.

De resto, como se verá no momento oportuno, ao se tratar da questão das inelegibilidades, a LC 64/1990 agora contempla hipóteses resultantes de condenação por órgão colegiado, de acordo com as inovações estabelecidas pela LC 135/2010, com lastro na redação atual do dispositivo constitucional.

2.2.6 Princípio federativo

Este princípio encontra-se estabelecido no art. 1.º, *caput*, do Texto Constitucional. Confira-se:

> "Art. 1.º A República Federativa do Brasil, formada pela união indissolúvel dos Estados e Municípios e do Distrito Federal, constitui-se em Estado Democrático de Direito e tem como fundamentos."

A importância atribuída a este princípio revela-se através da sua inclusão no elenco de cláusulas pétreas, a teor do disposto no art. 60, § 4.º, I, da CF/1988. Desta forma, tem-se que nem por emenda constitucional poderá este tema ser enfraquecido.

Outrossim, oportuno dizer que o Brasil é uma federação desde a Constituição de 1891, sendo esta a primeira Constituição Republicana.

Assim sendo, percebe-se que, na mesma Constituição referenciada, introduziu-se no País a República e a Federação, assim permanecendo até os dias de hoje.

De outra parte, oportuno o oferecimento de uma definição desta forma de Estado, para uma melhor compreensão do tema.

Assim é que, sem a pretensão de qualquer sorte de aprofundamento, por fugir ao objeto desta obra, pode-se definir *federação* como uma *forma de Estado* caracterizada pela existência de duas ou mais esferas de governo, inexistindo hierarquia entre elas, mas com campos diferentes de atuação, estabelecidos pela Constituição.

Tal definição, que se aplica para todo e qualquer modelo federativo, teve sua origem na Constituição norte-americana, espalhando-se, depois, por diversos outros países.

No Brasil, a definição oferecida aplica-se à perfeição, uma vez que se registra a existência de quatro esferas de governo, a saber, a federal, estadual, municipal e distrital, não existindo hierarquia entre elas, mas campos diferentes de competência, fixados pela Constituição. Isso significa que se a Constituição Federal de 1988 definiu o campo de atuação de cada uma das esferas, quer dizer que uma não pode invadir o campo de competência reservado para a outra, sob pena de inconstitucionalidade. Assim, nem a União pode invadir o campo reservado aos Municípios, nem os Estados podem interferir nos Municípios e assim por diante.

Dessa forma, conclui-se que só há hierarquia entre as normas constitucionais e as demais que se encontram abaixo dela, sendo que entre elas não se cogita da existência de hierarquia, mas, tão somente, campos diferentes de atuação.

Dentro desse contexto, a referência a esse princípio para o Direito Eleitoral se justifica, uma vez que a competência para legislar sobre a matéria foi atribuída pela Constituição, de forma privativa, à União, conforme o disposto no art. 22, inc. I. Confira-se:

> "Art. 22. Compete privativamente à União legislar sobre:
> I – direito civil, comercial, penal, processual, eleitoral, agrário, marítimo, aeronáutico, espacial e do trabalho [...]."

A leitura do dispositivo permite concluir que Estados, Municípios e o Distrito Federal não são competentes para legislar sobre o tema.

Desta forma, toda a legislação eleitoral tem sua origem na esfera federal, citando-se, apenas a título de exemplificação, as Leis 9.504/1997 (Lei das Eleições); 4.737/1965 (Código Eleitoral); 9.096/1995 (Lei Orgânica dos Partidos Políticos); LC 64/1990 (Lei das Inelegibilidades).

2.2.7 Princípio da celeridade processual

Este princípio encontra inicialmente fundamento no art. 5.º, LXXVIII, da CF/1988, cuja redação a seguir se reproduz:

"Art. 5.º [...]
LXXVIII – a todos, no âmbito judicial e administrativo, são assegurados a razoável duração do processo e os meios que garantam a celeridade de sua tramitação."

Assim, desde a promulgação da EC 45/2004, encontra-se entre os direitos fundamentais a regra segundo a qual todos têm direito à duração razoável do processo (quer judicial ou administrativo). No entanto, em que pese a fixação dessa diretriz, a matéria continua envolta em uma série de discussões, em razão de sua subjetividade.

Desta forma é que se justifica dúvida relacionada ao que poderia ser considerado como "prazo razoável" de duração de um processo, matéria que dependeria, pois, de regulamentação.

Diante desse cenário, a regulamentação para o campo eleitoral surgiu através da Lei 9.504/1997, em especial em seu art. 97-A, que estabelece como prazo limite para a duração de uma ação eleitoral o de 1 ano contado a partir da propositura da ação. Confira-se:

"Art. 97-A. Nos termos do inciso LXXVIII do art. 5.º da Constituição Federal, considera-se duração razoável do processo que possa resultar em perda de mandato eletivo o período máximo de 1 (um) ano, contado da sua apresentação à Justiça Eleitoral.
§ 1.º A duração do processo de que trata o *caput* abrange a tramitação em todas as instâncias da Justiça Eleitoral.
§ 2.º Vencido o prazo de que trata o *caput*, será aplicável o disposto no art. 97, sem prejuízo de representação ao Conselho Nacional de Justiça."

Dentro desse contexto, se alguma dúvida ainda pudesse subsistir em relação a esse prazo-limite, vale dizer, se incluiria todas as instâncias da Justiça Eleitoral (incluindo-se a instância do STF), foi ela dissipada pelo mesmo dispositivo, conforme se verifica da diretriz estabelecida no art. 97-A, § 1.º, da Lei 9.504/1997.

Outrossim, da leitura do referido dispositivo, importante destacar, ainda, a possibilidade de oferecimento de uma representação na hipótese de descumprimento desse prazo. Assim, se o responsável pelo descumprimento for o juiz de primeira instância, a representação será dirigida ao Tribunal Regional Eleitoral (uma instância acima). Se quem não cumpriu esse prazo for o Tribunal Regional Eleitoral, a representação será oferecida perante o

Tribunal Superior Eleitoral. Isso sem prejuízo da possibilidade de representação ao Conselho Nacional de Justiça.

Assim, portanto, talvez o Direito Eleitoral se apresente como um dos únicos ramos do Direito a regulamentar a questão relacionada à celeridade processual, lembrando-se, também, de forma a contribuir para esta diretriz, que os prazos para que as partes se manifestem em um processo, revelam-se extremamente exíguos, e contados, muitas vezes, em horas e a partir do início da campanha eleitoral, incluindo-se os finais de semana.

Hermenêutica

As regras de hermenêutica são regras de interpretação em matéria eleitoral, as quais ora aparecem dentro da própria Constituição e ora aparecem em sede de legislação infraconstitucional.

É claro que princípios de interpretação de regras da Constituição em geral também se aplicarão aqui, tendo em vista que todo o Direito Eleitoral está focado em direitos políticos, os quais se encontram disciplinados no art. 14 da CF/1988, localizado no Título II, que trata dos direitos e garantias fundamentais.

Dentro desse contexto, destacamos, apenas a título de exemplificação, três dos principais princípios de interpretação.

3.1 PRINCÍPIO DA INTERPRETAÇÃO SISTEMÁTICA

Esse princípio impede que se analise uma regra da Constituição Federal de forma isolada do contexto em que ela está inserida.

A título de exemplo, no art. 14, § 9.º, da CF/1988, há a previsão da possibilidade do legislador ordinário criar outras hipóteses de inelegibilidades para preservar a probidade administrativa, a moralidade administrativa e para garantir a legitimidade e a normalidade das eleições, contra abusos de poder econômico e político.

Por sua vez, a LC 135/2010, conhecida como Lei da Ficha Limpa, trouxe em sua essência hipóteses de inelegibilidade resultantes de condenação proferida por órgão colegiado, ainda que sem o trânsito em julgado da sentença.

Ao assim prescrever, incidiu o legislador em aparente inconstitucionalidade, uma vez que a diretriz ali estabelecida confronta com a regra geral da presunção de inocência estipulada no art. 5.º, LVII, da CF/1988.

Diante desse impasse, levando a efeito uma interpretação sistemática, nossa Suprema Corte houve por bem afastar para o campo eleitoral a referida previsão, por entender que a configuração de inelegibilidade não representa nenhuma sanção, mas, tão somente, uma restrição para o exercício da capacidade eleitoral passiva.

Desta forma, concluiu pela constitucionalidade do disposto na LC 135/2010, afastando a incidência do art. 5.º, LVII, da CF/1988, em razão do disposto no art. 14, § 9.º, vale dizer, para a preservação da moralidade dos mandatos eletivos, tendo em vista a vida pregressa do candidato.

3.2 PRINCÍPIO DA MÁXIMA EFETIVIDADE

Por força deste princípio, deve o intérprete, em caso de dúvida entre duas interpretações possíveis para um mesmo dispositivo, privilegiar aquela que ofereça a ele o máximo de efetividade possível.

Isso vale para qualquer regra inserida na Constituição, mas em especial para aquelas que se encontram entre os direitos e garantias fundamentais.

Dentro desse contexto, tem-se que, em caso de dúvida sobre a elegibilidade de alguma pessoa que pretenda concorrer a um mandato eletivo, a título de exemplo, sobre sua condição de alfabetizado, deve-se procurar a interpretação que lhe assegure a possibilidade de participação na campanha eleitoral.

3.3 INTERPRETAÇÃO CONFORME A CONSTITUIÇÃO

Por esta regra de interpretação, entre diversas possibilidades que se apresentam, deve-se oferecer a uma norma infraconstitucional, e a legislação eleitoral está toda ela dentro desse contexto, o sentido que melhor a compatibilize com a Constituição.

Assim sendo, procurando oferecer aplicabilidade a esse princípio no campo do Direito Eleitoral, pode-se mencionar a questão relacionada à verticalização das coligações partidárias.

Com efeito, ainda que a EC 52/2006 tenha alterado a redação do art. 17, § 1.º, da CF/1988, encerrando a fase de verticalização, oferecendo autonomia para os órgãos estaduais e municipais dos partidos deliberarem a respeito, o fato é que a Lei 9.504/1997 mantém em seu art. 7.º, § 2.º, diretriz oposta. Confira-se:

"Art. 7.º [...]

§ 2.º Se a convenção partidária de nível inferior se opuser, na deliberação sobre coligações, às diretrizes legitimamente estabelecidas pelo órgão de direção nacional, nos termos do respectivo estatuto, poderá esse órgão anular a deliberação e os atos dela decorrentes."

Assim, para manter-se a constitucionalidade do dispositivo, evitando a sua retirada do ordenamento jurídico, necessário interpretá-lo consoante a diretriz estabelecida no art. 17, § 1.º, da CF/1988.

Direitos Políticos

4.1 DEFINIÇÃO

Trata-se de um conjunto de regras que disciplinam a forma de atuação da soberania dentro de um Estado.

No Brasil, acresce-se a esta definição a atuação da soberania popular, encontrando-se fundamento para tal afirmação no art. 1.º da CF/1988, isto porque, como já visto, o Brasil é um Estado Democrático.

Desta forma, se por força da previsão estabelecida no art. 1.º, parágrafo único, da Constituição, o poder foi entregue ao povo, por óbvio, a soberania tem de ser popular.

4.2 REFLEXOS

Em razão da previsão estabelecida no art. 1.º, parágrafo único, da CF/1988, pode-se concluir que a soberania popular pode ser exercida de duas maneiras distintas: (a) através de representantes eleitos, e (b) diretamente, nos termos previstos pela Constituição.

Desta forma, entende-se que, no Brasil, temos simultaneamente uma democracia direta e uma representativa, entendendo alguns, ainda, estarmos diante de uma democracia semidireta.

Nesse sentido, por imposição lógica, surge agora necessidade de se verificar quais os instrumentos para o exercício da democracia direta previstos na Constituição, e quais as condições necessárias para que alguém possa se candidatar a um mandato eletivo, representando os interesses da população.

4.3 INSTRUMENTOS QUE VIABILIZAM O EXERCÍCIO DA DEMOCRACIA DIRETA

No art. 14 da CF/1988, estão elencados os instrumentos que permitem ao povo atuar diretamente, sem qualquer tipo de intermediário. Confira-se:

"Art. 14. A soberania popular será exercida pelo sufrágio universal e pelo voto direto e secreto, com valor igual para todos, e, nos termos da lei, mediante:
I – plebiscito;
II – referendo;
III – iniciativa popular."

A leitura do dispositivo constitucional reproduzido permite ao intérprete concluir que todas as figuras ali relacionadas apresentam de comum entre si, o fato de surgirem como instrumentos viabilizadores da chamada *democracia direta*.

Dentro deste contexto, cumpre agora passar em revista cada uma dessas figuras, buscando em cada uma delas as características específicas.

4.3.1 Sufrágio

É o direito subjetivo que tem o cidadão de participar da vida política do País, por intermédio do direito de votar e ser votado, expressões conhecidas por capacidade eleitoral ativa e passiva.

Esse sufrágio é universal, uma vez que a Constituição Federal atribuiu à população como um todo a possibilidade de participação da vida política do País.

Ao assim estabelecer, eliminou aspectos restritivos que apareciam em Constituições anteriores, em que o sufrágio era restrito ao critério financeiro, o que ocorreu à época da Constituição Imperial de 1824.

Com efeito, naquele período só teria direito à participação na vida política do País aquele indivíduo que comprovasse renda anual mínima superior a determinado valor.

Referida prescrição tinha por claro objetivo intenção de impedir que as camadas menos abastadas da população pudessem participar da vida política do País e, como consequência, assumir o poder.

De outra parte, importante também registrar que até a Constituição de 1934, mulheres não tinham o direito ao voto e nem de serem votadas. Percebe-se, diante disso, o salto que o Brasil deu em 70 anos, uma vez que saiu de uma situação em que a mulher não tinha a possibilidade de participação na vida política do País, para um cenário totalmente diverso, em que no ano de 2010, tivemos 2 candidatas mulheres para o cargo de Presidente da República, sendo que uma delas saiu vitoriosa.

Outrossim, ainda que seja o sufrágio universal, oportuno registrar que a Constituição Federal acabou trazendo algumas limitações a esse sufrágio, quanto ao direito de votar e ser votado.

Assim, as limitações ao sufrágio quanto ao direito de votar encontram-se localizadas no art. 14, § 1.º, da CF/1988, a seguir reproduzido:

> "Art. 14. [...]
> [...]
> § 1.º O alistamento eleitoral e o voto são:
> I – obrigatórios para os maiores de dezoito anos;
> II – facultativos para:
> a) os analfabetos;
> b) os maiores de setenta anos;
> c) os maiores de dezesseis e menores de dezoito anos."

Já as limitações ao sufrágio quanto ao direito de ser votado, encontram-se localizadas no art. 14, § 3.º, da CF/1988, em que aparecem relacionadas as condições de elegibilidade:

> "Art. 14. [...]
> [...]
> § 3.º São condições de elegibilidade, na forma da lei:
> I – a nacionalidade brasileira;
> II – o pleno exercício dos direitos políticos;
> III – o alistamento eleitoral;
> IV – o domicílio eleitoral na circunscrição;
> V – a filiação partidária;
> VI – a idade mínima de:
> a) trinta e cinco anos para Presidente e Vice-Presidente da República e Senador;
> b) trinta anos para Governador e Vice-Governador de Estado e do Distrito Federal;
> c) vinte e um anos para Deputado Federal, Deputado Estadual ou Distrital, Prefeito, Vice-Prefeito e juiz de paz;
> d) dezoito anos para Vereador."

A importância desse tema encontra-se também materializada ao nível da legislação infraconstitucional, mais especificamente no Código Eleitoral, em seu art. 234, o qual estabeleceu entre as garantias eleitorais a impossibilidade a alguém impedir ou embaraçar o exercício do sufrágio, sob pena de caracterização de crime eleitoral. Este delito está assim definido:

> "Art. 297. Impedir ou embaraçar o exercício do sufrágio:
> Pena – detenção até seis meses e pagamento de 60 a 100 dias-multa."

Ainda sobre esse tema, importante registrar que de acordo com o mesmo diploma legal, 5 dias antes e 48 horas depois das eleições, como regra geral, ninguém poderá ser detido ou preso, a não ser na hipótese de caracterização de flagrante. É o que se pode concluir pela leitura dos arts. 236 e 298 do Código Eleitoral, cujas redações a seguir são reproduzidas:

> "Art. 236. Nenhuma autoridade poderá, desde 5 (cinco) dias antes e até 48 (quarenta e oito) horas depois do encerramento da eleição, prender ou deter qualquer eleitor, salvo em flagrante delito ou em virtude de sentença criminal condenatória por crime inafiançável, ou, ainda, por desrespeito a salvo-conduto.
> § 1.º Os membros das mesas receptoras e os fiscais de partido, durante o exercício de suas funções, não poderão ser detidos ou presos, salvo o caso de flagrante delito; da mesma garantia gozarão os candidatos desde 15 (quinze) dias antes da eleição.
> § 2.º Ocorrendo qualquer prisão o preso será imediatamente conduzido à presença do juiz competente que, se verificar a ilegalidade da detenção, a relaxará e promoverá a responsabilidade do coator."

> "Art. 298. Prender ou deter eleitor, membro de mesa receptora, fiscal, delegado de partido ou candidato, com violação do disposto no art. 236:
> Pena – reclusão até quatro anos."

4.3.2 Voto

Trata-se do instrumento através do qual se exerce o direito de sufrágio, ressaltando-se que pela previsão estabelecida no art. 14 da CF/1988, o voto do eleitor deve ser direto e secreto.

De início, por força da previsão constitucional, cumpre esclarecer que essas características do voto se apresentam para aquele levado a efeito pelo eleitor, não se aplicando, pois, para aqueles proferidos por parlamentares.

Destarte, não se pode perder de vista que aqueles que titularizam mandato eletivo o fazem representando o titular do poder, que é o povo.

Diante desse cenário, tem a população o pleno direito de conhecer de que forma os seus representantes atuam, como votam, não só, mas em especial, em situações de complexidade maior.

Nesse sentido, tamanha é a importância do tema que a Constituição Federal, em seu art. 60, § 4.º, II, estabeleceu como cláusula pétrea o voto direto, secreto, universal e periódico.

Assim sendo, por força da opção feita pela Constituição, esta matéria não poderá ser enfraquecida nem mesmo mediante emenda constitucional, em razão da importância a ela atribuída.

Assim é que, a título de exemplo, revela-se impossível a alteração do disposto no art. 14, § 1.º, da CF/1988, para diminuir o universo daqueles que tem obrigatoriedade de voto, para 21 anos, por exemplo, ou para aqueles que tenham menos de 70 anos.

Com efeito, a diminuição da obrigatoriedade em relação ao Colégio Eleitoral implicaria em enfraquecimento quanto à universalidade do sufrágio, o que pela previsão estabelecida no art. 60, § 4.º, II, revela-se impossível.

Outrossim, importante observar também, que em relação à característica do voto de ser direto, apresenta-se dentro da Constituição, uma exceção relacionada à hipótese de eleição indireta para a Presidência da República. Assim é que, no art. 81, § 1.º, apresenta-se a possibilidade de eleição indireta realizada pelo Congresso Nacional, na forma da lei, quando no segundo período do mandato presidencial vagarem os cargos de Presidente e Vice-Presidente da República. Confira-se:

> "Art. 81. Vagando os cargos de Presidente e Vice-Presidente da República, far-se-á eleição noventa dias depois de aberta a última vaga.
> § 1.º Ocorrendo a vacância nos últimos dois anos do período presidencial, a eleição para ambos os cargos será feita trinta dias depois da última vaga, pelo Congresso Nacional, na forma da lei."

Dentro desse contexto, importante notar que nunca tivemos um precedente desses em nossa história constitucional, não pelo menos ao nível da Presidência da República.

No entanto, vale a pena recuperar situação em que o dispositivo constitucional esteve prestes a ser aplicado, ocorrida em dezembro de 1992. Naquela data, o eleito à Presidência da República, Fernando Collor, foi condenado, pelo Senado Federal, pela prática de crime de responsabilidade.

Como consequência desta condenação, o cargo de Presidente da República ficou vago, conforme previsão do art. 52, parágrafo único, da CF/1988.

Diante dessa situação, a teor do disposto no art. 81, § 1.º, deveria assumir o Vice, à época Itamar Franco.

Ocorre que este recusou-se assumir o cargo, em razão de suas pretensões à Presidência da República nas eleições de 1994.

A negativa do então Vice-Presidente tinha sua razão de ser, uma vez que àquele tempo ainda não havia a possibilidade de reeleição, o que só veio a ser introduzido em nosso país, por meio da EC 16/1997.

Diante de tal panorama, foi ele convencido a assumir justamente para evitar a configuração de uma tragédia institucional, uma vez que os dois cargos estariam vagos no segundo período do mandato presidencial, abrindo a possibilidade de realização de eleições indiretas pelo Congresso Nacional, na forma da lei.

A perspectiva de realização de uma eleição presidencial de forma indireta implicaria em grande retrocesso, em vista das primeiras eleições democráticas ocorridas em 1989, depois de um obscuro período ditatorial.

Além do mais, a realização da eleição com esse perfil também apresentava problema de outra natureza, uma vez que a legislação exigida pelo art. 81, § 1.º, da CF/1988, não tinha ainda sido aprovada pelo Congresso Nacional, mesma realidade ainda enfrentada atualmente.

Por derradeiro, importante também registrar a existência de precedentes ao nível estadual e municipal, citando-se como exemplo aquele verificado em 2011, no Município de Campinas, interior de São Paulo, em que condenados por crime de responsabilidade, o Prefeito e o Vice-Prefeito eleitos em 2008.

Diante do impasse, seguindo regras estabelecidas na Lei Orgânica do Município, a Câmara dos Vereadores promoveu eleição indireta para o restante do mandato, resultando na eleição do Presidente da Câmara.

4.3.3 Plebiscito

Trata-se de forma de consulta direta à população em caráter originário, uma vez que recai sobre determinada matéria sem que exista qualquer diretriz anterior sobre ela.

A título de exemplo, cite-se o plebiscito realizado alguns anos após da promulgação da Constituição, para que o povo escolhesse sobre a forma e o sistema de governo.

Em outras palavras, se o país iria permanecer como república presidencialista ou se iria se transformar em monarquia parlamentarista, tudo de acordo com a previsão estabelecida no art. 2.º do ADCT, conforme se verifica a seguir:

> "Art. 2.º No dia 7 de setembro de 1993 o eleitorado definirá, através de plebiscito, a forma (república ou monarquia constitucional) e o sistema de governo (parlamentarismo ou presidencialismo) que devem vigorar no País.
>
> § 1.º Será assegurada gratuidade na livre divulgação dessas formas e sistemas, através dos meios de comunicação de massa cessionários de serviço público.
>
> § 2.º O Tribunal Superior Eleitoral, promulgada a Constituição, expedirá as normas regulamentadoras deste artigo."

A realização deste plebiscito se deveu ao inconformismo de muitos constituintes que à época da elaboração da Constituição Federal ficaram irresignados com o resultado das votações, em especial dos capítulos relacionados aos Poderes Legislativo e Executivo.

Com efeito, depois de ampliarem em larga escala as competências do Congresso Nacional, bem como da Câmara e do Senado, com o intuito de adoção de um sistema parlamentarista, acabaram por aprovar em seguida a manutenção do sistema presidencialista.

O plebiscito resultou na manutenção da república presidencialista, porém, de forma curiosa, mantendo-se inúmeras prerrogativas para o Legislativo, próprias de um sistema parlamentarista.

Outro exemplo de plebiscito a ser mencionado foi o realizado para que a população do Estado do Pará, em 2011, decidisse pelo seu desmembramento, sendo que o *não* acabou vencendo.

4.3.4 Referendo

Trata-se de forma de consulta direta à população, a exemplo do que se verificou com o plebiscito, mas que apresenta um caráter derivado, uma vez que a matéria submetida à apreciação do povo já encontra uma deliberação, uma diretriz anterior.

Aliás, a própria etimologia da palavra já induz a esta conclusão, uma vez que referendar surge como sinônimo de confirmar, ratificar ou não decisão anterior já tomada.

Em outras palavras, se não há qualquer diretriz anterior, não há o que referendar. Assim, a própria expressão *referendo* pressupõe deliberação pretérita.

De resto, a diferença entre as duas figuras encontra-se disciplinada no art. 2.º da Lei 9.709/1998. Confira-se:

> "Art. 2.º Plebiscito e referendo são consultas formuladas ao povo para que delibere sobre matéria de acentuada relevância, de natureza constitucional, legislativa ou administrativa.
> § 1.º O plebiscito é convocado com anterioridade a ato legislativo ou administrativo, cabendo ao povo, pelo voto, aprovar ou denegar o que lhe tenha sido submetido.
> § 2.º O referendo é convocado com posterioridade a ato legislativo ou administrativo, cumprindo ao povo a respectiva ratificação ou rejeição."

Cite-se, a título de exemplo, aquele em que o povo brasileiro foi consultado para que pudesse decidir pela permanência ou não das diretrizes previstas no Estatuto do Desarmamento por meio do referendo popular.

Por derradeiro, cumpre consignar que a realização destas consultas depende de autorização do Congresso Nacional, conforme dispõe o art. 49, XV, da CF/1988, cuja redação a seguir se reproduz:

> "Art. 49. É da Competência exclusiva do Congresso Nacional:
> [...]
> XV – autorizar referendo e convocar plebiscito."

A regulamentação do tema foi oferecida pela Lei 9.709/1998, consoante se verifica dos dispositivos abaixo relacionados:

> "Art. 3.º Nas questões de relevância nacional, de competência do Poder Legislativo ou do Poder Executivo, e no caso do § 3.º do art. 18 da CF/1988, o plebiscito e o referendo são convocados mediante decreto legislativo, por proposta de um terço, no mínimo, dos membros que compõem qualquer das Casas do Congresso Nacional, de conformidade com esta Lei."

> "Art. 10. O plebiscito ou referendo, convocado nos termos da presente Lei, será considerado aprovado ou rejeitado por maioria simples, de acordo com o resultado homologado pelo TSE."

4.3.5 Iniciativa popular de leis

Trata-se de importante instrumento viabilizador da democracia direta, em que o povo, sem qualquer tipo de intermediário, ganha a possibilidade de apresentar projetos de lei para a Câmara dos Deputados, Casa Legislativa que representa os interesses do povo.

A importância desta inovação trazida pela Constituição está em que não fica mais a população refém dos seus representantes em Casas Legislativas, nas hipóteses de omissão.

De outra parte, importante registrar que em uma tentativa de conferir a esses projetos maior legitimidade, a Constituição, em seu art. 61, § 2.º, acabou por estabelecer exigências difíceis de serem alcançadas, em especial em um país com falta de tradição democrática como o nosso. Confira-se:

> "Art. 61. [...]
> [...]
> § 2.º A iniciativa popular pode ser exercida pela apresentação à Câmara dos Deputados de projeto de lei subscrito por, no mínimo, um por cento do eleitorado nacional, distribuído pelo menos por cinco Estados, com não menos de três décimos por cento dos eleitores de cada um deles."

A leitura do dispositivo constitucional reproduzido oferece uma ideia das dificuldades para a utilização desse importante instrumento de viabilização da democracia direta.

Não se trata de conclusão gratuita, mas, ao contrário, respaldada pelos fatos, uma vez que desde 1988, quando da promulgação da Constituição, até os dias de hoje, apenas dois projetos de lei foram aprovados dessa maneira.

Assim é que o primeiro exemplo refere-se à Lei 9.840/1999, que alterou a Lei 9.504/1997 (Lei das Eleições), ali incluindo o art. 41-A, que caracteriza como crime a obtenção de votos mediante oferecimento de vantagens ao eleitor, sendo absolutamente irrelevante se a vantagem foi ou não aceita pelo ele. Confira-se:

> "Art. 41-A. Ressalvado o disposto no art. 26 e seus incisos, constitui captação de sufrágio, vedada por esta Lei, o candidato doar, oferecer, prometer, ou entregar, ao eleitor, com o fim de obter-lhe o voto, bem ou vantagem pessoal de qualquer natureza, inclusive emprego ou função pública, desde o registro da candidatura até o dia da eleição,

inclusive, sob pena de multa de mil a cinquenta mil Ufir, e cassação do registro ou do diploma, observado o procedimento previsto no art. 22 da LC 64, de 18 de maio de 1990.

§ 1.º Para a caracterização da conduta ilícita, é desnecessário o pedido explícito de votos, bastando a evidência do dolo, consistente no especial fim de agir.

§ 2.º. As sanções previstas no *caput* aplicam-se contra quem praticar atos de violência ou grave ameaça a pessoa, com o fim de obter-lhe o voto.

§ 3.º A representação contra as condutas vedadas no *caput* poderá ser ajuizada até a data da diplomação.

§ 4.º O prazo de recurso contra decisões proferidas com base neste artigo será de 3 (três) dias, a contar da data da publicação do julgamento no Diário Oficial."

O segundo exemplo teve lugar no ano de 2010, quando, por iniciativa popular, foi aprovada a LC 135/2010, conhecida pela Lei da Ficha Limpa.

Referida legislação criou, com lastro na previsão contida no art. 14, § 9.º, da Constituição, uma série de hipóteses de inelegibilidades, com intuito de preservar a moralidade para o exercício do mandato, tendo em vista a vida pregressa do candidato.

Assim é que, entre outras hipóteses, tornou inelegível aqueles que já tenham contra si condenação proferida por órgão colegiado, no Judiciário, ainda que a sentença não tenha seu trânsito em julgado.

Neste particular, importante relembrar as duas decisões proferidas pelo STF em relação a esta matéria, a primeira declarando a inaplicabilidade desta legislação para as eleições presidenciais de 2010, tendo em vista ter sido aprovada em junho daquele ano, vale dizer, a menos de um ano das eleições.

Como já mencionado no item relacionado ao princípio da segurança das relações jurídicas, a Corte Suprema tomou essa decisão por entender que restava atingido o princípio da anterioridade em matéria eleitoral, estabelecido no art. 16 da CF/1988.

A segunda decisão, tomada em fevereiro de 2012, adentrou ao mérito da LC 135/2010, para concluir pela sua constitucionalidade e, como consequência, pela sua aplicação para as eleições subsequentes.

4.4 DEMOCRACIA REPRESENTATIVA

Em sequência ao plano de desenvolvimento inicialmente apresentado, estabelecidos os comentários acerca dos instrumentos viabilizadores da chamada democracia direta, passamos agora a analisar as condições previstas pela Constituição Federal, em que o povo exerce o poder por intermédio de seus representantes, conforme a previsão estabelecida no art. 1.º, parágrafo único.

Nosso estudo terá o seu início mediante a análise das condições de elegibilidade relacionadas no art. 14, § 3.º, da CF/1988.

4.4.1 Condições de elegibilidade previstas na Constituição Federal

4.4.1.1 Noções gerais

Como mencionado, essas condições de elegibilidade aparecem relacionadas no art. 14, § 3.º, nos termos a seguir reproduzidos:

> "Art.14. [...]
> § 3.º São condições de elegibilidade, na forma da lei."

A leitura do dispositivo reproduzido permite concluir tratar-se de uma norma de eficácia contida, uma vez que gera efeitos de imediato, mas admite regulamentação posterior nos termos previstos em lei.

Em outras palavras, além das condições de elegibilidade que serão em seguida analisadas, permitiu a Constituição que o legislador pudesse não só melhor detalhá-las, mas também inovar em relação a esta matéria, papel que foi exercido, em especial, pela Lei 9.504/1997, em seu art. 11.

De outra parte, estabelecidos os comentários iniciais quanto à natureza jurídica do dispositivo, passamos agora a enfrentar as condições propriamente ditas na forma estabelecida pelos 6 incisos do dispositivo em comentário:

> "Art. 14. [...]
> [...]
> I – a nacionalidade brasileira;
> II – o pleno exercício dos direitos políticos;
> III – o alistamento eleitoral;
> IV – o domicílio eleitoral na circunscrição;
> V – a filiação partidária;
> VI – a idade mínima de:
> a) trinta e cinco anos para Presidente e Vice-Presidente da República e Senador;
> b) trinta anos para Governador e Vice-Governador de Estado e do Distrito Federal;

c) vinte e um anos para Deputado Federal, Deputado Estadual ou Distrital, Prefeito, Vice-Prefeito e juiz de paz;

d) dezoito anos para Vereador."

4.4.1.2 Nacionalidade brasileira

Ao relacionar a condição de brasileiro como requisito de elegibilidade, a Constituição excluiu desde logo os estrangeiros.

Assim sendo, observe-se que hoje o estrangeiro, em que pese a impossibilidade de se candidatar a mandato eletivo, tem, sim, a possibilidade de titularizar cargos ou empregos dentro da Administração Pública, conforme o disposto no art.37, I, da CF/1988, *in verbis*:

> "Art. 37. A administração pública direta e indireta de qualquer dos Poderes da União, dos Estados, do Distrito Federal e dos Municípios obedecerá aos princípios de legalidade, impessoalidade, moralidade, publicidade e eficiência e, também, ao seguinte:
> I – os cargos, empregos e funções públicas são acessíveis aos brasileiros que preencham os requisitos estabelecidos em lei, assim como aos estrangeiros, na forma da lei."

Assim, como regra geral, qualquer brasileiro pode se eleger como candidato a mandatos eletivos, tanto natos (previsão estabelecida no art. 12, I, da CF/1988), como naturalizados (art. 12, II, da CF/1988), a menos que se configure alguma das hipóteses estabelecidas no art. 12, § 3.º, da CF/1988, que a seguir se reproduz:

> "Art. 12. [...]
> [...]
> § 3.º São privativos de brasileiro nato os cargos:
> I – de Presidente e Vice-Presidente da República;
> II – de Presidente da Câmara dos Deputados;
> III – de Presidente do Senado Federal;
> IV – de Ministro do STF;
> V – da carreira diplomática;
> VI – de oficial das Forças Armadas;
> VII – de Ministro de Estado da Defesa."

A leitura do dispositivo legal reproduzido permite verificar a tentativa da Constituição de privilegiar a linha sucessória da Presidência da República, em especial nos quatro primeiros incisos.

Por fim, não se pode olvidar que brasileiro naturalizado, por força deste dispositivo constitucional, pode se candidatar a deputado ou senador, de forma que o que não pode é alcançar a presidência da Casa (Câmara dos Deputados ou Senado Federal).

4.4.1.3 Plenitude dos direitos políticos

Esta condição de elegibilidade diz respeito à capacidade para votar e ser votado, requisito que, a exemplo do anterior, precisa estar comprovado no momento do registro da candidatura, conforme previsão estabelecida no art. 11 da Lei 9.504/1997.

Assim sendo, esta condição deverá estar configurada até o dia 5 de julho do ano das eleições, data limite para o registro daqueles que pretendem se candidatar a mandatos eletivos.

Insta salientar que esse detalhe já se mostrou de extrema importância para as eleições municipais realizadas em 2000.

Assim é que, naquele pleito eleitoral, o ex-presidente Fernando Collor tentou se candidatar à Prefeitura de São Paulo, experimentando a impugnação do registro de sua candidatura pela Justiça Eleitoral, uma vez que ele não se encontrava na plenitude de seus direitos políticos.

Com efeito, ainda que tivesse ampla capacidade eleitoral ativa, o mesmo não pôde se dizer em relação à capacidade passiva, tendo em vista a impossibilidade de se votar.

Isto porque, em dezembro de 1992, foi ele condenado pelo Senado Federal por crime de responsabilidade, o que implicou na impossibilidade de se candidatar a qualquer mandato eletivo por 8 anos, de acordo com a sanção estabelecida pela Constituição, em seu art. 52, parágrafo único.

Como a sanção foi imposta em dezembro de 1992, ficou ele inabilitado até dezembro de 2000, inviabilizando o registro de sua candidatura em julho de 2000.

Diante desta decisão da Justiça Eleitoral, o ex-presidente ainda tentou revertê-la, alegando que se fosse vencedor das eleições, apenas tomaria posse no dia 01.01.2001, momento em que a sanção a ele imposta já teria se encerrado, linha de argumentação que não prevaleceu, com base no disposto no art. 11 da Lei 9.504/1997.

4.4.1.4 Alistamento eleitoral

Alistamento eleitoral é o ato por meio do qual o indivíduo se qualifica perante a Justiça Eleitoral, cumpridas as exigências estabelecidas no art. 42 do Código Eleitoral. Confira-se:

"Art. 42. O alistamento se faz mediante a qualificação e inscrição do eleitor.

Parágrafo único. Para o efeito da inscrição, é domicílio eleitoral o lugar de residência ou moradia do requerente, e, verificado ter o alistando mais de uma, considerar-se-á domicílio qualquer delas."

Outrossim, oportuno registrar ser este credenciamento perante a Justiça Eleitoral, obrigatório para aqueles que tenham entre 18 e 70 anos de idade, na forma prevista pelo art. 14, § 1.º, da CF/1988.

De outra parte, importante também observar que a mesma Constituição, agora no § 2.º do art. 14, aponta para aqueles que guardam a condição de inalistáveis: os estrangeiros e durante o serviço militar obrigatório, os conscritos.

Percebe-se, portanto, que como condição de elegibilidade, o credenciamento perante a Justiça Eleitoral se apresenta como pré-requisito para que se possa cogitar da viabilidade de uma candidatura.

Ainda sobre esse tema, importante comentar acerca das hipóteses que representam o cancelamento do alistamento eleitoral, previstas na Lei 4.737/1965, em seu art. 71. Confira-se:

"Art. 71. São causas de cancelamento:
I – a infração dos arts. 5.º e 42;
II – a suspensão ou perda dos direitos políticos;
III – a pluralidade de inscrição;
IV – o falecimento do eleito;
V – deixar de votar em 3 (três) eleições consecutivas."

Da leitura do dispositivo legal reproduzido, destacamos a hipótese contida no inc. V, em razão das repercussões que acaba produzindo.

Com efeito, o cancelamento do alistamento eleitoral só terá lugar se o credenciado deixar de votar em três eleições seguidas, não justificar a ausência e nem efetivar o pagamento da multa imposta pela Justiça Eleitoral.

Dentro desse contexto, importante lembrar que para a legislação eleitoral, cada turno é considerado uma eleição à parte.

O descumprimento de todas essas exigências faz incidir sobre o eleitor, as sanções impostas no art. 7.º, § 3.º, do Código Eleitoral, cuja redação a seguir se reproduz:

"Art. 7.º O eleitor que deixar de votar e não se justificar perante o juiz eleitoral até 30 (trinta) dias após a realização da eleição, incorrerá na multa de 3 (três) a 10 (dez) por cento sobre o salário-mínimo da região, imposta pelo juiz eleitoral e cobrada na forma prevista no art. 367.
[...]
§ 3.º Realizado o alistamento eleitoral pelo processo eletrônico de dados, será cancelada a inscrição do eleitor que não votar em 3 (três) eleições consecutivas, não pagar a multa ou não se justificar no prazo de 6 (seis) meses, a contar da data da última eleição a que deveria ter comparecido."

4.4.1.5 Domicílio eleitoral na circunscrição

Trata-se de condição de elegibilidade estabelecida pela Constituição, com o objetivo de criar um vínculo mais estreito entre os candidatos e os eleitores que serão por ele representados.

Com efeito, exigir do candidato a comprovação de domicílio eleitoral, traz uma proximidade maior entre representante e representados, de acordo com a previsão estabelecida no art. 42, parágrafo único, do Código Eleitoral:

"Art. 42. O alistamento se faz mediante a qualificação e inscrição do eleitor.
Parágrafo único. Para o efeito da inscrição, é domicílio eleitoral o lugar de residência ou moradia do requerente, e, verificado ter o alistando mais de uma, considerar-se-á domicílio qualquer delas."

Outrossim, importante consignar ter a Constituição estabelecido não ser suficiente a simples configuração do domicílio eleitoral, eis que exigiu sua confirmação no âmbito da circunscrição em que ocorrerá o pleito eleitoral.

Assim é que, aqueles que pretendem se candidatar a mandato eletivo municipal, devem comprovar domicílio eleitoral, nos termos do art. 42 da Lei 4.737/1965, na circunscrição do Município.

Da mesma forma, os que pretendem se candidatar a mandatos estaduais, como governador, deputado estadual, deverão comprovar domicílio eleitoral na circunscrição do Estado.

Por derradeiro, aqueles que pretendem se candidatar à Presidência ou à Vice-Presidência da República deverão comprovar domicílio eleitoral no País.

Dentro desse contexto, importante notar que a jurisprudência em matéria eleitoral tem exigido, para efeito de comprovação desta condição de elegibilidade, a apresentação de contas de água, luz, gás, telefone, não sendo suficiente a comprovação da propriedade ou da posse de um imóvel.

Essas exigências, que se apresentam em particular para eleições municipais, tem por objetivo evitar candidaturas oportunistas daqueles que não possuem nenhum vínculo com o eleitorado.

Outrossim, lançando mão da competência que lhe foi atribuída pelo art. 14, § 3.º, da Constituição, o legislador ordinário houve por bem implementar uma outra exigência, agora de natureza temporal.

Assim é que, a Lei das Eleições (Lei 9.504/1997), em seu art. 9.º, *caput*, estabelece prazo para que o domicílio eleitoral seja fixado. Confira-se:

> "Art. 9.º Para concorrer às eleições, o candidato deverá possuir domicílio eleitoral na respectiva circunscrição *pelo prazo de, pelo menos, um ano antes do pleito* e estar com a filiação deferida pelo partido no mesmo prazo." (g.n.)

A implementação deste requisito apenas consolida a tendência de se impedir candidaturas daqueles que não tenham o mínimo de vínculo com o eleitorado, a quem pretendem seduzir.

4.4.1.6 Filiação partidária

Mediante esta condição de elegibilidade, a CF/1988 demonstra, de uma forma cristalina, a importância que atribuiu aos partidos políticos dentro de uma democracia representativa.

Com efeito, por intermédio desta diretriz, acaba por eliminar a possibilidade de candidaturas avulsas, previsão que inclusive levou nossa Suprema Corte a concluir, em outubro de 2007, que o mandato eletivo pertence ao partido e não ao parlamentar.

Assim sendo, a partir dessa decisão tem-se que, como regra geral, se o parlamentar muda de partido, perde ele o mandato, a menos que invoque justa causa, nos termos estabelecidos em Resolução proferida pelo TSE, que será analisada com mais detalhes no momento oportuno.

Ainda sobre este tema, mesmo diante do silêncio da Constituição, o legislador ordinário houve por bem estabelecer prazo limite para que alguém possa se filiar a um partido.

Assim é que a Lei 9.504/1997, em seu art. 9.º, *in fine*, supriu esta lacuna, estabelecendo o prazo de 1 ano antes das eleições, sendo que a mesma previsão se encontra na Lei 9.096/1995 (Lei Orgânica dos Partidos Políticos), em seu art. 18. Confira-se:

> "Art. 9.º Para concorrer às eleições, o candidato deverá possuir domicílio eleitoral na respectiva circunscrição *pelo prazo de, pelo menos, um ano antes do pleito e estar com a filiação deferida pelo partido no mesmo prazo.*"
> "Art. 18. Para concorrer a cargo eletivo, o eleitor deverá estar filiado ao respectivo partido pelo menos um ano antes da data fixada para as eleições, majoritárias ou proporcionais." (g.n.)

De resto, exatamente por força desta condição de elegibilidade, é que pode se concluir pela necessidade do partido ter a sua existência confirmada, não só pela legislação civil, mas também pelo Tribunal Superior Eleitoral, neste prazo, vale dizer, um ano antes das eleições, sob pena de não ter a possibilidade de concorrer.

4.4.1.7 Idade mínima

Por meio desta condição de elegibilidade, a Constituição Federal, em seu art. 14, § 3.º, VI, exige a comprovação de idade mínima para que alguém possa concorrer ao mandato eletivo.

Assim é que, se o intuito for o de concorrer para o cargo de Presidente da República ou Senador, a idade mínima é de 35 anos; para Governador, a idade exigida é de 30 anos; para Deputado Federal, Estadual ou Prefeito, exige-se 21 anos, enquanto para Vereador, 18 anos.

Dentro desse contexto, cumpre observar que a matéria também foi objeto de regulamentação pela Lei 9.504/1997, em seu art. 11, § 2.º, que estabelece a necessidade de comprovação da idade no momento da posse. Confira-se:

> "Art. 11. Os partidos e coligações solicitarão à Justiça Eleitoral o registro de seus candidatos até as dezenove horas do dia 5 de julho do ano em que se realizarem as eleições.
> [...]
> § 2.º A idade mínima constitucionalmente estabelecida como condição de elegibilidade é verificada tendo por referência a data da posse."

Assim, se a candidatura for para cargo no Poder Executivo, a posse se realizará no dia primeiro de janeiro do ano seguinte ao das eleições, consoante previsão estabelecida no art. 77 da CF/1988.

De outra parte, em se tratando de mandato no Legislativo, a data da posse acaba variando conforme a esfera de governo.

Assim é que, para os integrantes do Congresso Nacional, a data prevista aponta para o mês de fevereiro do ano seguinte ao das eleições.

Já ao nível estadual e municipal, a referida data encontra-se prevista na Constituição Estadual e na Lei Orgânica, respectivamente.

4.4.2 Condições de elegibilidade previstas na Lei 9.504/1997

Como visto anteriormente, quando da leitura do art. 14, § 3.º, da CF/1988, as condições de elegibilidade não se limitam àquelas ali relacionadas, uma vez que aberta a possibilidade de criação de outras pelo legislador ordinário.

Dentro desse contexto, importante relembrar que essa matéria foi disciplinada também pela Lei 9.504/1997, em especial pelo seu art. 11, que será objeto de comentários.

Em primeiro lugar, oportuno destacar que o registro da candidatura é o momento, dentro do calendário eleitoral, em que aqueles que tiveram o seu nome aprovado na convenção partidária, realizada no mês de junho, procuram oficializar a sua candidatura.

De outra parte, oportuno consignar que a competência para registrar candidaturas pertence à Justiça Eleitoral.

Quanto ao prazo máximo para que aqueles que tiveram seu nome aprovado em convenção partidária promovam o registro de sua candidatura, aponta a Lei 9.504/1997, o dia 5 de julho do ano das eleições.

Outrossim, para que este registro seja deferido pela Justiça Eleitoral, algumas exigências tem de ser preenchidas, sendo elas previstas, como já dito, no art. 11 da Lei 9.504/1997, cuja redação a seguir se reproduz:

> "Art. 11. Os partidos e coligações solicitarão à Justiça Eleitoral o registro de seus candidatos até as dezenove horas do dia 5 de julho do ano em que se realizarem as eleições.
> § 1.º O pedido de registro deve ser instruído com os seguintes documentos:
> I – cópia da ata a que se refere o art. 8.º;
> II – autorização do candidato, por escrito;
> III – prova de filiação partidária;
> IV – declaração de bens, assinada pelo candidato;

V – cópia do título eleitoral ou certidão, fornecida pelo cartório eleitoral, de que o candidato é eleitor na circunscrição ou requereu sua inscrição ou transferência de domicílio no prazo previsto no art. 9.º;

VI – certidão de quitação eleitoral;

VII – certidões criminais fornecidas pelos órgãos de distribuição da Justiça Eleitoral, Federal e Estadual;

VIII – fotografia do candidato, nas dimensões estabelecidas em instrução da Justiça Eleitoral, para efeito do disposto no § 1.º do art. 59;

IX – propostas defendidas pelo candidato a Prefeito, a Governador de Estado e a Presidente da República."

A leitura do dispositivo legal reproduzido demonstra a preocupação do legislador com a legitimidade e a legalidade das candidaturas daqueles que pretendem assumir o papel de representantes do povo.

4.4.2.1 Ata da convenção do partido

Assim é que, a primeira exigência relacionada aponta para a necessidade de instrução do pedido de registro com a ata da convenção do partido em que o seu nome foi aprovado.

Essa exigência justifica-se na medida em que, como se sabe, candidaturas avulsas estão proibidas em nosso ordenamento jurídico.

Outrossim, importante relembrar que é exatamente mediante a realização destas convenções que os partidos apontam aqueles que irão representá-los no pleito eleitoral.

Por óbvio, estas decisões deverão ser reduzidas a termo, constando de ata que deve ser registrada, para que posteriormente possa instruir pedidos de registro de candidatura.

4.4.2.2 Autorização do candidato

A segunda exigência refere-se à necessidade do pedido de candidatura vir instruído com autorização do candidato por escrito, para que não se tenha nenhuma dúvida quanto à sua intenção de concorrer a um mandato eletivo.

4.4.2.3 Prova de filiação partidária

A prova de filiação partidária não inova em relação às disposições contidas no art. 14, § 3.º, da CF/1988, e apenas confirma a importância por ela atribuída a essas agremiações dentro de uma democracia representativa.

4.4.2.4 Declaração de bens

Esta exigência se faz presente para que a Justiça Eleitoral possa apurar qual o patrimônio declarado pelo candidato no momento do registro de sua candidatura.

Essa constatação assumirá enorme importância para que possa se fazer um acompanhamento desta variação patrimonial, em especial a partir do instante em que tomar posse no mandato eletivo, e durante todo o período em que estiver à frente dele.

Com efeito, se verificada durante esse período alteração patrimonial incompatível com a remuneração percebida como titular de mandato eletivo, pode-se configurar a prática de ato de improbidade administrativa, por enriquecimento ilícito, a teor do disposto no art. 9.º da Lei 8.429/1992.

4.4.2.5 Comprovação da condição de eleitor

Esta condição de elegibilidade resulta da previsão estabelecida no art. 14, § 3.º, da CF/1988, quanto ao alistamento eleitoral.

Sua comprovação se dá mediante a instrução do pedido de registro da candidatura com cópia do título eleitoral ou certidão, fornecida pelo cartório eleitoral.

Por meio desse documento, comprova-se que o candidato é eleitor na circunscrição ou requereu sua inscrição ou transferência de domicílio no prazo de um ano antes do pleito.

4.4.2.6 Certidão de quitação eleitoral

A exigência desta condição de elegibilidade tem por objetivo aferir se o candidato encontra-se ou não em débito ou não com a Justiça Eleitoral.

Esta regularidade em relação à Justiça Eleitoral, revela-se extremamente ampla, passando pelo alistamento, pelo atendimento das convocações e, ainda, pela inexistência de débitos.

Esta matéria é disciplinada nos §§ 7.º, 8.º, 9.º e 11 do art. 11 da Lei 9.504/1997 e pela importância de que se reveste, justifica sua reprodução. Confira-se:

"Art. 11.
[...]
§ 7.º A certidão de quitação eleitoral abrangerá exclusivamente a plenitude do gozo dos direitos políticos, o regular exercício do voto, o atendimento a convocações da Justiça Eleitoral para auxiliar os trabalhos relativos ao pleito, a inexistência de multas aplicadas, em caráter definitivo, pela Justiça Eleitoral e não remitidas, e a apresentação de contas de campanha eleitoral.
§ 8.º Para fins de expedição da certidão de que trata o § 7.º, considerar-se-ão quites aqueles que:
I – condenados ao pagamento de multa, tenham, até a data da formalização do seu pedido de registro de candidatura, comprovado o pagamento ou o parcelamento da dívida regularmente cumprido;
II – pagarem a multa que lhes couber individualmente, excluindo-se qualquer modalidade de responsabilidade solidária, mesmo quando imposta concomitantemente com outros candidatos e em razão do mesmo fato.
§ 9.º A Justiça Eleitoral enviará aos partidos políticos, na respectiva circunscrição, até o dia 5 de junho do ano da eleição, a relação de todos os devedores de multa eleitoral, a qual embasará a expedição das certidões de quitação eleitoral.
[...]
§ 11. A Justiça Eleitoral observará, no parcelamento a que se refere o § 8.º deste artigo, as regras de parcelamento previstas na legislação tributária federal."

A leitura do dispositivo, em especial a parte final do § 7.º, permite concluir que, para efeito de registro de candidatura, exige-se, tão somente, a apresentação de contas para a Justiça Eleitoral.

Esse aspecto merece destaque, uma vez que, curiosamente, o legislador não exige a aprovação das contas, mas tão somente a sua apresentação.

Esta previsão abriu oportunidade para que partidos políticos contestassem resolução do TSE, em que se exigia como condição para o registro das candidaturas a aprovação de contas eleitorais.

Assim sendo, esta previsão legal acaba por abrir a possibilidade daqueles que tiveram contas rejeitadas, de registrarem suas candidaturas, o que acaba por contrariar o princípio da moralidade em matéria eleitoral.

De toda sorte, nos dispositivos reproduzidos, verifica-se também a possibilidade de parcelamento dos débitos contraídos junto à Justiça Eleitoral, à semelhança do que se verifica no campo tributário, vale dizer, um parcelamento por até 60 meses.

4.4.2.7 Certidões criminais

A leitura do art. 11, permite entrever a obrigação do candidato apresentar, por ocasião do registro de sua candidatura, certidões criminais fornecidas pelos órgãos de distribuição da Justiça Eleitoral, Federal e Estadual.

Esta exigência, que já tinha a sua importância, teve ela ampliada a partir da decisão proferida pelo STF, em fevereiro de 2012, considerando constitucional as previsões estabelecidas na LC 135/2010, conhecida por Lei da Ficha Limpa.

Com efeito, importante relembrar, conforme já noticiado anteriormente, que a referida legislação tornou inelegível o candidato que já tenha condenação pelo Poder Judiciário, proferida por um órgão colegiado, ainda que sem o trânsito em julgado da sentença.

Assim sendo, por meio desta decisão, nossa Suprema Corte houve por bem privilegiar a moralidade para o exercício do mandato, por força vida pregressa dos candidatos, em respeito ao art. 14, § 9.º, da CF/1988, afastando a previsão da presunção de inocência, estabelecida no art. 5.º, LVII, da Lei Maior.

4.4.2.8 Fotografia do candidato

Essa condição de elegibilidade tem por objetivo permitir uma perfeita identificação do candidato pelo eleitor.

Com efeito, a foto apresentada pelo candidato é aquela que irá identificá-lo no momento de realização da votação, conforme o disposto no art. 59, § 1.º, da Lei 9.504/1997. Confira-se:

> "Art. 59. [...]
> § 1.º A votação eletrônica será feita no número do candidato ou da legenda partidária, devendo o nome e fotografia do candidato e o nome do partido ou a legenda partidária aparecer no painel da urna eletrônica, com a expressão designadora do cargo disputado no masculino ou feminino, conforme o caso."

4.4.2.9 Propostas defendidas pelos candidatos

Trata-se de condição de elegibilidade exigida tão somente para os candidatos a cargos majoritários, vale dizer, a Prefeito, Governador de Estado e a Presidente da República.

4.4.3 Hipóteses de inelegibilidade contidas na Constituição Federal

São conhecidas por direitos políticos negativos e são situações que, se configuradas, impedem a candidatura de qualquer pessoa para um mandato eletivo. Tais hipóteses de inelegibilidade aparecem relacionadas dentro e fora da Constituição Federal, uma vez que a Lei Maior apenas as relaciona em caráter meramente exemplificativo, abrindo a possibilidade para que outras sejam criadas pelo legislador infraconstitucional.

Não se trata de conclusão gratuita, uma vez que resultante da previsão estabelecida no art. 14, § 9.º, da própria Constituição, que abre a possibilidade de criação de novas hipóteses de inelegibilidade, desde que preenchidas as exigências ali relacionadas.

Confira-se:

> "Art. 14. [...]
> § 9.º Lei complementar estabelecerá outros casos de inelegibilidade e os prazos de sua cessação, a fim de proteger a probidade administrativa, a moralidade para o exercício do mandato, considerada a vida pregressa do candidato, e a normalidade e legitimidade das eleições contra a influência do poder econômico ou o abuso do exercício de função, cargo ou emprego na administração direta ou indireta."

A leitura do dispositivo reproduzido autoriza algumas conclusões importantes, a começar, como já dito, pela possibilidade de criação de novas hipóteses de inelegibilidade.

Outrossim, que esta criação depende do cumprimento das exigências ali relacionadas, algumas de natureza formal (possibilidade de criação apenas por meio de lei complementar) e outras de natureza material, uma vez que deverão ser preservadas as diretrizes ali estabelecidas, vale dizer, a probidade administrativa, a moralidade administrativa, tendo em vista a vida pregressa do candidato e a normalidade e a legitimidade das eleições contra abusos de poder econômico e político.

Feitas essas considerações preliminares, passaremos agora a estabelecer comentários acerca das hipóteses que se encontram expressamente previstas na Constituição, a teor do disposto no art. 14, §§ 4.º a 8.º.

4.4.3.1 Inelegibilidade dos inalistáveis e analfabetos

Esta hipótese de inelegibilidade encontra-se prevista no art. 14, § 4.º, da CF/1988, cuja redação a seguir se reproduz "São inelegíveis os inalistáveis e os analfabetos".

A leitura do dispositivo reproduzido permite detectar duas variantes de inelegibilidade, a primeira relacionada aos inalistáveis e a última envolvendo os analfabetos.

Em relação aos inalistáveis, importante relembrar que o alistamento eleitoral, vale dizer, o credenciamento perante a Justiça Eleitoral, encontra-se entre as condições de elegibilidade estabelecidas no art. 14, § 3.º, da Lei Maior.

Assim, portanto, sendo o alistamento eleitoral condição de elegibilidade, nada mais lógico do que concluir pela inelegibilidade daqueles que sequer podem se credenciar perante a Justiça Eleitoral.

De toda sorte, a própria Constituição se encarregou de relacionar quem seriam os inalistáveis, na forma estabelecida no art. 14, § 2.º, cuja redação a seguir se reproduz: "Não podem alistar-se como eleitores os estrangeiros e, durante o período do serviço militar obrigatório, os conscritos".

Em relação aos estrangeiros, sua condição de inalistável também apresenta-se lógica, uma vez que não mantém eles nenhuma ligação jurídica com o Estado brasileiro enquanto ostentarem essa condição.

De outra parte, a inalistabilidade também recai sobre os conscritos, ou seja, aqueles que se encontram confinados nos quartéis, durante o período do serviço militar obrigatório.

Por fim, resta a questão relacionada ao analfabeto, que, nada obstante tenha a possibilidade de votar, vale dizer, exercer a capacidade eleitoral ativa (art. 14, § 1.º, II, *a*, da CF/1988), não pode ser votado, conforme dispõe o dispositivo constitucional em análise. Confira-se:

> "Art. 14. [...]
> [...]
> § 1.º O alistamento eleitoral e o voto são:
> I – obrigatórios para os maiores de dezoito anos;
> II – facultativos para:
> a) os analfabetos;
> [...]."

Estas previsões constitucionais bem demonstram a dificuldade da configuração da condição de analfabeto, que deve ser disciplinada de acordo com as características apresentadas por cada caso concreto.

De qualquer forma, a proibição de candidatura dos analfabetos resulta da impossibilidade deles se expressarem perante o Colégio Eleitoral.

A título de exemplo, pode-se mencionar o caso envolvendo o então candidato a Deputado Federal para as eleições de 2010, o humorista conhecido pelo codinome de "Tiririca", que teve a sua condição de alfabetizado contestada pelo Ministério Público Eleitoral, que solicitou para a Justiça Eleitoral até que se submetesse a realização de um ditado para que pudesse comprovar que tinha condições mínimas para exercer o mandato eletivo.

Para este caso, a Justiça Eleitoral concluiu que tinha ele amplas condições, permitindo que fosse diplomado e tomasse posse para o referido mandato.

Neste particular, importante registrar a existência da Súmula 15, editada pelo TSE, em 1996. Confira-se: Súmula 15: "O exercício de cargo eletivo não é circunstância suficiente para, em recurso especial, determinar-se a reforma da decisão mediante a qual o candidato foi considerado analfabeto".

4.4.3.2 Inelegibilidade relacionada à reeleição

Trata-se de previsão contida no art. 14, § 5.º, da CF/1988, cuja redação é a seguir reproduzida:

> "Art. 14. [...]
> [...]
> § 5.º O Presidente da República, os Governadores de Estado e do Distrito Federal, os Prefeitos e quem os houver sucedido ou substituído no curso dos mandatos poderão ser reeleitos para um único período subsequente."

Tal hipótese representa condição de inelegibilidade, somente para as autoridades ali relacionadas, vale dizer, aquelas ocupantes de mandatos no Executivo, bem como para aqueles que os tiverem sucedido ou substituído no curso dos mandatos.

Em outras palavras, aqueles que titularizam mandatos no Legislativo, não se submetem a esta vedação estabelecida pela Constituição.

Dentro desse contexto, tal hipótese representa condição de inelegibilidade, pois, a *contrario sensu*, já tiverem as autoridades ali relacionadas conquistado um mandato, se tornam inelegíveis.

Tal hipótese de inelegibilidade foi incluída pela EC 16, de maio de 1997, aprovada no último ano do primeiro mandato do Presidente Fernando Henrique Cardoso.

De outra parte, importante registrar que para as autoridades que pretendem se candidatar à reeleição, a Constituição curiosamente não estabeleceu nenhum prazo de desincompatibilização.

Desta forma, os candidatos não terão a necessidade de se afastar da máquina administrativa que comandam, abrindo-se a possibilidade de utilização dela em benefício da própria campanha.

Não por outra razão, desde sua introdução em 1997, nenhum candidato à reeleição para a Presidência da República, saiu derrotado no pleito eleitoral.

Por fim, importante notar que a vedação estabelecida no dispositivo ora comentado abrange também aqueles que tiverem substituído ou sucedido uma das autoridades ali relacionadas, no curso do mandato.

Neste particular, importante relembrar situação verificada no início deste século, envolvendo candidato a governador do Estado de São Paulo, que acabou se tornando paradigma pela Justiça Eleitoral.

Assim é que, em 1994, o então candidato Mário Covas se elegeu governador do Estado de SP, tendo como vice em sua chapa, Geraldo Alckmin.

Em 1998, os dois, já sob a égide da EC 16/1997, se candidatam à reeleição, saindo-se vitoriosos para o segundo mandato.

No curso deste segundo mandato, o então governador Mário Covas falece, sendo sucedido por Geraldo Alckmin.

Para as eleições de 2002, o então governador pleiteou a possibilidade de se candidatar para um terceiro mandato, argumentando que nos dois pleitos anteriores tinha sido eleito como vice, o que foi acolhido pela Justiça Eleitoral.

4.4.3.3 Inelegibilidade referente às autoridades elencadas para concorrer a outros cargos

Esta hipótese de inelegibilidade encontra-se relacionada no art. 14, § 6.º, da CF/1988, cuja redação a seguir se reproduz:

> "Art. 14 [...]
> [...]
> § 6.º Para concorrerem a outros cargos, o Presidente da República, os Governadores de Estado e do Distrito Federal e os Prefeitos devem renunciar aos respectivos mandatos até seis meses antes do pleito."

A leitura do dispositivo reproduzido permite concluir tratar-se de hipótese de inelegibilidade que atinge tão somente as autoridades ali relacionadas, que já sejam titulares de um mandato eletivo e pretendam se candidatar a outros mandatos.

A restrição imposta pela Constituição diz respeito à necessidade de desincompatibilização do mandato titularizado, seis meses antes das eleições.

A necessidade de desincompatibilização mostra, em primeiro lugar, a curiosa lógica adotada pela Constituição, uma vez que, como já visto, não estabeleceu a mesma previsão para a hipótese de reeleição, conforme verificado no item anterior.

Em outras palavras, é como se a Constituição entendesse que o uso da máquina administrativa só terá lugar para aqueles que pretendem se candidatar a outro mandato, não se apresentando para aqueles que se candidatam à reeleição.

De toda sorte, esse prazo elástico de seis meses estabelecido pela Constituição traz enormes problemas para os candidatos, tendo em vista o calendário fixado pela legislação eleitoral.

Com efeito, os partidos escolhem seus representantes às eleições por meio da realização de convenções que, na forma da Lei 9.504/1997, são realizadas no período compreendido entre 10 e 30 de junho do ano das eleições, vale dizer, a quatro meses tão somente do pleito eleitoral.

Assim sendo, muitos candidatos a outros cargos eletivos teriam que se desincompatibilizar dos seus mandatos, mesmo sem a certeza da escolha do seu nome em convenção partidária.

Não por outra razão, este impasse levou à elaboração, por conta das eleições presidenciais de 2010, de consulta para o TSE, acerca da possibilidade de realização pelos partidos, das chamadas prévias eleitorais, bem como em relação à data para sua realização.

A Justiça Eleitoral respondeu de forma afirmativa à questão formulada, deixando o prazo para a sua realização por conta de iniciativa de cada partido político.

4.4.3.4 Inelegibilidade reflexa

Esta hipótese de inelegibilidade encontra-se prevista no art. 14, § 7.º, da CF/1988, cuja redação a seguir se reproduz:

> "Art. 14. [...]
> [...]
> § 7.º São inelegíveis, no território de jurisdição do titular, o cônjuge e os parentes consanguíneos ou afins, até o segundo grau ou por adoção,

do Presidente da República, de Governador de Estado ou Território, do Distrito Federal, de Prefeito ou de quem os haja substituído dentro dos seis meses anteriores ao pleito, salvo se já titular de mandato eletivo e candidato à reeleição."

A leitura do dispositivo reproduzido permite concluir que enquanto as outras hipóteses de inelegibilidade resultam de condição pessoal de cada candidato, esta resulta de laços de parentesco, de consanguinidade com as autoridades ali arroladas.

Assim é que, para evitar favorecimentos gratuitos, a Constituição Federal de 1988 proibiu candidaturas daqueles que tenham laços com as autoridades ali relacionadas, no território de jurisdição delas.

Assim, se alguém pretende se candidatar a vereador no Município de SP, mas sua esposa titulariza mandato de prefeita, tal condição resulta em inelegibilidade.

Outrossim, no caso de alguém ter a Presidenta da República como esposa, esta condição resultará em inelegibilidade para qualquer mandato eletivo, tendo em vista ser o seu território de jurisdição todo o país.

De outra parte, importante registrar que esta hipótese de inelegibilidade experimentou, ao longo do tempo, diversas tentativas de burla envolvendo dissolução de sociedade conjugal para viabilizar candidaturas.

Estas tentativas, por terem se multiplicado ao longo do tempo, obrigaram ao STF a editar a Súmula Vinculante 18, a qual dispõe: "A dissolução da sociedade ou do vínculo conjugal, no curso do mandato, não afasta a inelegibilidade prevista no § 7.º do art. 14 da CF/1988".

Por fim, importante registrar que a própria Constituição houve por bem estabelecer exceção à regra geral de inelegibilidade, na parte final do mesmo dispositivo ora comentado.

Assim é que estabelece o afastamento da inelegibilidade, na hipótese de já ser o candidato ocupante de um mandato eletivo e buscar uma reeleição.

Assim, se um vereador pretender se candidatar à reeleição, poderá fazê-lo ainda que sua esposa ocupe um mandato de prefeita.

4.4.3.5 Inelegibilidade dos militares

Esta hipótese de inelegibilidade encontra-se prevista no art. 14, § 8.º, da CF/1988, cuja redação a seguir se reproduz:

"Art. 14. [...]
[...]
§ 8.º O militar alistável é elegível, atendidas as seguintes condições:
I – se contar menos de dez anos de serviço, deverá afastar-se da atividade;
II – se contar mais de dez anos de serviço, será agregado pela autoridade superior e, se eleito, passará automaticamente, no ato da diplomação, para a inatividade."

A leitura do dispositivo reproduzido permite concluir que nem todos os militares poderão se candidatar a mandatos eletivos, mas apenas aqueles que puderem se alistar perante a Justiça Eleitoral.

Com efeito, importante relembrar que no mesmo art. 14, nos §§ 4.º e 2.º, a Constituição relacionou como inelegíveis os conscritos.

De outra parte, para os militares alistáveis, trouxe a Constituição a necessidade do cumprimento de exigências para a viabilização de suas candidaturas, apresentando como divisor de águas o tempo de serviço.

Assim é que, em vista desse critério, foram abertas duas possibilidades, a primeira envolvendo aqueles que tenham menos de 10 anos de serviço.

Para estes, a solução oferecida aponta para o afastamento da atividade para viabilizar a candidatura.

Já para aqueles que contarem mais de 10 anos de serviço, deverá ser agregado por uma autoridade superior e se eleito, deverá passar para a inatividade.

A propósito, para efeito de esclarecimento, o instituto da agregação encontra-se previsto no art. 80, da Lei 6.880/1980, sendo ali definido como a situação na qual o militar da ativa deixa de ocupar vaga na escala hierárquica do seu corpo, quadro, arma ou serviço, permanecendo sem número.

Ainda sobre este tema, importante destacar a configuração de impasse estabelecido pela própria CF/1988, resultante da previsão fixada no art. 142, § 3.º, V, que a seguir se reproduz: "Art. 142. [...] V – o militar, enquanto em serviço ativo, não pode estar filiado a partidos políticos".

A leitura do dispositivo reproduzido permite visualizar as dificuldades dele resultantes, tendo em vista seu descompasso com a previsão estabelecida no art. 14, § 3.º, V.

Com efeito, ali se encontra prevista regra segundo a qual a filiação partidária surge como condição de elegibilidade, precisando estar fixada 1 ano antes da realização das eleições.

Em sendo assim, como poderia o militar ser candidato, se enquanto em atividade não poderia estar filiado a partido político?

Diante desse impasse, o TSE dirimiu a questão expedindo a Res. 22.717/2008, em que se destaca o art. 16, § 1.º:

> "Art. 16. [...]
> § 1.º A condição de elegibilidade relativa à filiação partidária contida no art. 14, § 3.º, V, da CF/1988, não é exigível ao militar da ativa que pretenda concorrer a cargo eletivo, bastando o pedido de registro da candidatura após prévia escolha em convenção partidária".

Percebe-se, portanto, que esta previsão acabou por resolver o impasse criado entre os dois dispositivos da CF/1988: aquele que exige a filiação partidária e o que proíbe a filiação dos militares a partidos políticos.

Desta maneira, consagra-se aqui, em relação aos militares, uma exceção à regra geral.

Além das hipóteses de inelegibilidade até aqui consignadas, no correr do texto constitucional outras ainda se apresentam, a começar por aquela relacionada à inelegibilidade resultante de condenação por crime de responsabilidade.

4.4.3.6 Inelegibilidade por crime de responsabilidade

Encontra-se esta hipótese de inelegibilidade prevista no art. 52 da CF/1988, cuja redação a seguir se reproduz:

> "Art. 52. Compete privativamente ao Senado Federal:
> I – processar e julgar o Presidente e o Vice-Presidente da República nos crimes de responsabilidade, bem como os Ministros de Estado e os Comandantes da Marinha, do Exército e da Aeronáutica nos crimes da mesma natureza conexos com aqueles;
> II – processar e julgar os Ministros do STF, os membros do Conselho Nacional de Justiça e do Conselho Nacional do Ministério Público, o Procurador-Geral da República e o Advogado-Geral da União nos crimes de responsabilidade.
> Parágrafo único. Nos casos previstos nos incs. I e II, funcionará como Presidente o do STF, limitando-se a condenação, que somente será proferida por dois terços dos votos do Senado Federal, à perda do cargo, com inabilitação, por oito anos, para o exercício de função pública, sem prejuízo das demais sanções judiciais cabíveis."

A leitura do dispositivo reproduzido permite concluir tratar-se aqui de competência atribuída ao Senado Federal, no exercício de uma função atípica.

Com efeito, atribuiu-se, em caráter excepcional, a uma Casa Legislativa competência para o exercício da jurisdição, afastando a diretriz estabelecida no art. 5.º, XXXV, da CF/1988.

Em outras palavras, exatamente por não se tratar de crime comum, os crimes de responsabilidade não são processados e julgados pelo Poder Judiciário.

Assim, o monopólio da jurisdição tem, ao menos, aqui, uma exceção, resultante da natureza política do crime praticado.

Portanto, verifica-se aqui a configuração de outra hipótese de inelegibilidade prevista na CF/1988, uma vez que o dispositivo reproduzido estabelece, em seu parágrafo único, para tais crimes a pena de perda do cargo, bem como a inabilitação (inelegibilidade) por 8 anos para o exercício da função pública.

A título de exemplificação, foi exatamente o que aconteceu com o ex--Presidente Fernando Collor, a partir do instante que foi condenado, em dezembro de 1992, pelo Senado Federal, pela prática de crime dessa natureza.

Destarte, tornou-se ele inelegível até dezembro de 2000, quando do encerramento da pena a ele imposta pelo Senado Federal, de acordo com a previsão estabelecida no art. 52, parágrafo único.

4.4.3.7 Inelegibilidade por improbidade

A última hipótese de inelegibilidade resultante de expressa disposição constitucional, é aquela relacionada aos condenados pela prática de atos de improbidade administrativa.

Com efeito, o art. 15, V, da CF/1988, relaciona a questão da improbidade entre aquelas que implicam em restrição a direitos políticos. Confira-se:

> "Art. 15. É vedada a cassação de direitos políticos, cuja perda ou suspensão só se dará nos casos de:
> [...]
> V – improbidade administrativa, nos termos do art. 37, § 4.º."

Percebe-se, da leitura do dispositivo reproduzido, que a condenação por ato de improbidade representa hipótese de suspensão de direitos políticos, conclusão que não se revela gratuita, pois resulta da previsão estabelecida no art. 37, § 4.º, da CF/1988. Confira-se:

"Art. 37. [...]
§ 4.º Os atos de improbidade administrativa importarão a suspensão dos direitos políticos, a perda da função pública, a indisponibilidade dos bens e o ressarcimento ao erário, na forma e gradação previstas em lei, sem prejuízo da ação penal cabível."

Assim, se a condenação por ato de improbidade leva à suspensão dos direitos políticos, não estará o condenado na plenitude de seus direitos, a teor do disposto no art. 14, § 3.º, CF/1988, não podendo, pois, se candidatar.

Sem embargo, cumpre esclarecer que a CF/1988, no art. 37, § 4.º, determinou que a intensidade dessas sanções seria estabelecida por lei.

Dentro desse contexto, cumpre mencionar que este papel foi exercido pela Lei 8.429/1992, em especial em seu art. 12.

No referido dispositivo, o legislador fixou a intensidade das sanções em conformidade com a gravidade do ato praticado.

Assim, se o ato de improbidade for daqueles considerados mais graves, ou seja, os que levam a enriquecimento ilícito, a suspensão dos direitos políticos poderá variar entre 8 e 10 anos.

De outra parte, se o ato de improbidade estiver localizado no art. 10 – danos ao erário –, de gravidade intermediária, a suspensão de direitos políticos varia de 5 a 8 anos.

Por derradeiro, se a improbidade estiver localizada no art. 11, agressão aos princípios constitucionais da Administração, a suspensão poderá variar entre 3 e 5 anos.

Dentro desse contexto, a título de encerramento deste item, apresentamos para uma melhor visualização do tema, quadro comparativo envolvendo as hipóteses de inelegibilidade até aqui analisadas:

INELEGIBILIDADES	Art. 14, §§ 4.º a 8.º
§ 4.º	Inalistáveis/analfabetos
§ 5.º	Reeleição
§ 6.º	Para outros cargos
§ 7.º	Reflexa (Súmula Vinculante 18)
§ 8.º	Militares (art. 142, § 3.º, V, da CF/1988)
Art. 52, parágrafo único	Crime de responsabilidade
Art. 15, V c/c 37, § 4.º, da CF/1988	Improbidade administrativa

4.4.4 Hipóteses de inelegibilidade que se encontram na legislação infraconstitucional

Como visto, as hipóteses de inelegibilidade não se esgotam naquelas situações expressamente relacionadas pela Constituição.

Ao contrário, apresentam-se como elenco meramente exemplificativo comportando, pois, ampliação.

4.4.4.1 Fundamento

A conclusão acima extraída não se revela gratuita, eis que resultante da previsão estabelecida no art. 14, § 9.º, da CF/1988. Confira-se:

> "Art. 14. [...]
> § 9.º Lei complementar estabelecerá outros casos de inelegibilidade e os prazos de sua cessação, a fim de proteger a probidade administrativa, a moralidade para o exercício do mandato considerada a vida pregressa do candidato, e a normalidade e legitimidade das eleições contra a influência do poder econômico ou o abuso do exercício de função, cargo ou emprego na administração direta ou indireta."

4.4.4.2 Limites

A leitura do dispositivo legal reproduzido, como já visto, bem demonstra que a criação dessas hipóteses de inelegibilidade não se revela livre, uma vez que limitada pelas exigências ali estabelecidas, algumas de ordem formal e outras de ordem material.

a. Formal – Por esta exigência, novas hipóteses de inelegibilidade só poderão ser criadas através de lei complementar, vale dizer, é aquela que demanda para a sua aprovação um quórum de maioria absoluta e a utilização somente nas hipóteses expressamente previstas pela CF/1988, a teor do disposto no art. 69.

b. Material – Quanto a esse aspecto, estabelece o dispositivo constitucional sob análise, que só poderão ser criadas novas hipóteses de inelegibilidade que tenham como objetivo preservar um dos valores ali estabelecidos, vale dizer:

– Preservação da probidade administrativa;

– Preservação da moralidade administrativa para o exercício do mandato, tendo em vista a vida pregressa do candidato (sendo este o fundamento para a edição, via iniciativa popular, da Lei da Ficha Limpa, que estabelece em sua essência a inelegibilidade daqueles que já tenham contra si condenação proferida por órgão colegiado, ainda que sem o trânsito em julgado).

Neste particular, ainda, importante consignar não tratar-se aqui da mesma moralidade que se exige para a população em geral, tendo em vista cuidar-se da titularização de um mandato eletivo.

– Para assegurar a normalidade e a legitimidade das eleições contra abusos de poder econômico ou abusos de poder político.

Outrossim, importante notar que a redação do dispositivo em análise foi alterada pela EC 4/1994, que acrescentou, entre os valores a serem preservados, o da probidade administrativa e o da moralidade administrativa, que até então ali não se encontravam previstos.

Estabelecidos os comentários necessários acerca da base constitucional encontrada no art. 14, § 9.º, para a criação de outras hipóteses de inelegibilidade, cumpre agora passar em revista a legislação infraconstitucional disciplinadora do tema.

Assim é que, a principal legislação, não por outra razão denominada de Lei das Inelegibilidades, é a LC 64/1990, com as alterações promovidas pela LC 135/2010, denominada Lei da Ficha Limpa.

Com efeito, a LC 64/1990, foi editada, não se pode perder de vista, sob a égide da Constituição de 1988, mas tendo em vista a antiga redação oferecida ao art. 14, § 9.º.

Sendo assim, as hipóteses de inelegibilidade inicialmente disciplinadas por ela, contemplavam tão somente as duas diretrizes fixadas no referido dispositivo constitucional, vale dizer, a preservação da normalidade e da legitimidade das eleições contra abusos de poder econômico e político.

Diante desse cenário, as alterações promovidas pela LC 135/2010 tiveram o mérito de incluir na LC 64/1990 novas hipóteses de inelegibilidade, para a preservação dos valores que não se encontravam antes previstos na Constituição, vale dizer, a probidade administrativa e a moralidade administrativa, tendo em vista a vida pregressa do candidato.

4.4.4.3 LC 64/1990

Como visto, trata-se da principal norma a relacionar hipóteses de inelegibilidade fora da Constituição, voltadas, até junho de 2010, quando editada a Lei da Ficha Limpa, para a preservação da normalidade e legitimidade das eleições contra abusos de poder econômico e abusos de poder político.

Dentro desse contexto, e em vista dos objetivos dessa obra, passaremos a estabelecer comentários acerca de algumas das hipóteses estabelecidas pela LC 64/1990, em especial aquelas que experimentaram alterações através da LC 135/2010, ou mesmo para aquelas criadas por ela.

a. Por representação julgada procedente pela Justiça Eleitoral;

Esta hipótese, prevista no art. 1.º, I, *d*, com a redação dada pela LC 135/2010, torna inelegíveis os que tenham contra si representação julgada procedente pela Justiça Eleitoral, nos seguintes termos:

> "Art. 1.º [...]
> I – [...]
> d) os que tenham contra sua pessoa representação julgada procedente pela Justiça Eleitoral, em decisão transitada em julgado ou proferida por órgão colegiado, em processo de apuração de abuso do poder econômico ou político, para a eleição na qual concorrem ou tenham sido diplomados, bem como para as que se realizarem nos 8 (oito) anos seguintes."

A leitura do dispositivo reproduzido permite concluir que a inelegibilidade ali prevista resulta de decisão condenatória proferida pela Justiça Eleitoral, por órgão colegiado, ainda que não configurado o trânsito em julgado da sentença.

A referida hipótese, tendo em vista o disposto no art. 14, § 9.º, da CF/1988, tem por objetivo assegurar a normalidade e a legitimidade das eleições contra abusos de poder econômico ou político.

De se destacar, ainda, que o prazo de condenação também experimentou alteração, sendo ampliado para as eleições a se realizarem nos oito anos seguintes ao do pleito em que foi constatada a irregularidade.

b. Por condenação pela Justiça Criminal;

Esta hipótese, localizada no art. 1.º, I, *e*, da LC 64/1990, alterada pela LC 135/2010, considera inelegível aquele que tiver contra si uma condenação criminal, nos seguintes termos:

> "Art. 1.º [...]
> I – [...]
> e) os que forem condenados, em decisão transitada em julgado ou proferida por órgão judicial colegiado, desde a condenação até o transcurso do prazo de 8 (oito) anos após o cumprimento da pena, pelos crimes:

1. contra a economia popular, a fé pública, a administração pública e o patrimônio público;

2. contra o patrimônio privado, o sistema financeiro, o mercado de capitais e os previstos na lei que regula a falência;

3. contra o meio ambiente e a saúde pública;

4. eleitorais, para os quais a lei comine pena privativa de liberdade;

5. de abuso de autoridade, nos casos em que houver condenação à perda do cargo ou à inabilitação para o exercício de função pública;

6. de lavagem ou ocultação de bens, direitos e valores;

7. de tráfico de entorpecentes e drogas afins, racismo, tortura, terrorismo e hediondos;

8. de redução à condição análoga à de escravo;

9. contra a vida e a dignidade sexual; e

10. praticados por organização criminosa, quadrilha ou bando."

A leitura do dispositivo reproduzido deixa acentuada as mudanças promovidas pela Lei da Ficha Limpa, uma vez que a inelegibilidade ali prevista resulta tão somente de decisão proferida por órgão colegiado, ainda que sem o trânsito em julgado da sentença.

Outrossim, inova de forma significativa em relação à ampliação do elenco de crimes geradores da inelegibilidade.

Por fim, importante comentar acerca do prazo de inelegibilidade, bem mais elástico do que aquele descrito na hipótese anterior.

Com efeito, prevê o dispositivo em comentário a inelegibilidade não por oito anos tão somente, mas oito anos após o cumprimento da pena, realidade totalmente diferente.

c. Por rejeição de contas;

Esta hipótese, localizada no art. 1.º, I, g, da LC 64/1990, é daquelas que experimentaram profundas modificações em relação à redação anterior. Confira-se:

"Art. 1.º [...]

I – [...]

g) os que tiverem suas contas relativas ao exercício de cargos ou funções públicas rejeitadas por irregularidade insanável que configure ato doloso de improbidade administrativa, e por decisão irrecorrível do órgão competente, salvo se esta houver sido suspensa ou anulada pelo Poder Judiciário, para as eleições que se realizarem nos 8 (oito) anos seguintes, contados a partir da data da decisão, aplicando-se o disposto no inc. II do art. 71 da CF/1988, a todos os ordenadores de despesa, sem exclusão de mandatários que houverem agido nessa condição."

A leitura do dispositivo constitucional reproduzido permite entrever as importantes alterações introduzidas nessa questão.

Assim é que, para a configuração da hipótese de inelegibilidade ali descrita, necessária a caracterização das seguintes exigências:

1. Rejeição de contas relativas ao exercício de cargos ou funções públicas;

2. Em razão de da caracterização de uma irregularidade insanável;

3. Resultante de ato doloso de improbidade administrativa;

4. Por decisão irrecorrível do órgão competente.

Entre as exigências relacionadas pelo legislador para a configuração da hipótese de inelegibilidade, vale destacar aquela relacionada a ato doloso de improbidade administrativa.

Com efeito, percebe-se da leitura do dispositivo que a configuração da inelegibilidade só é admitida na hipótese de ato de improbidade na modalidade única dolosa.

Esse aspecto chama a atenção, uma vez que acaba por autorizar a conclusão segundo a qual a rejeição das contas, por ato de improbidade na modalidade culposa, admitida pelo art. 10 da Lei 8.429/1992, disciplinadora da matéria, não gera a inelegibilidade anunciada, o que torna, no mínimo, estranha a opção feita pelo legislador.

Destarte, não se pode perder de vista que as hipóteses de inelegibilidade só se legitimam se compatibilizadas com as diretrizes estabelecidas no art. 14, § 9.º, da CF/1988, onde se encontra a preservação da probidade administrativa, sem nenhuma restrição.

Isto porque, claro o objetivo da Constituição de inibir a possibilidade de candidaturas daqueles que já contam em sua vida pregressa inúmeros atos de desonestidade administrativa, tornando-se secundário saber se praticados na modalidade dolosa ou culposa.

Desta forma, quer nos parecer tratar-se de uma restrição indevida praticada pelo legislador, eis que importa em diminuição das hipóteses de inelegibilidade e de forma contrária ao previsto pela Constituição.

De outra parte, em relação ao órgão competente legitimado, inquestionável ser ele o Tribunal de Contas.

Neste particular, vale lembrar que o Tribunal de Contas não integra a estrutura do Poder Judiciário, sendo órgão auxiliar do Poder Legislativo.

Se assim é, as decisões por ele proferidas não tem força de coisa julgada. Trata-se, pois, de uma decisão administrativa, que poderá ser revista pelo próprio Legislativo, do qual surge ele como auxiliar, ou pelo Poder Judiciário, na hipótese de estarem eivadas de ilegalidade.

Aliás, cumpre lembrar que na própria CF/1988, em seu art. 31, § 2.º, temos o quórum necessário para que o Poder Legislativo possa desconstituir uma decisão dada pelo Tribunal de Contas: 2/3 de seus membros.

Neste particular, importante ainda destacar o prazo atribuído pelo legislador eleitoral para que o Tribunal de Contas publique a lista daqueles que tiveram suas contas por ele rejeitadas, a teor do disposto no art. 11, § 5.º, da Lei 9.504/1997. Confira-se:

"Art. 11. [...]
§ 5.º Até a data a que se refere este artigo, os Tribunais e Conselhos de Contas deverão tornar disponíveis à Justiça Eleitoral relação dos que tiveram suas contas relativas ao exercício de cargos ou funções públicas rejeitadas por irregularidade insanável e por decisão irrecorrível do órgão competente, ressalvados os casos em que a questão estiver sendo submetida à apreciação do Poder Judiciário, ou que haja sentença judicial favorável ao interessado."

De outra parte, oportuno comentar que, ainda que configuradas as condições até aqui analisadas, a inelegibilidade poderá ser suspensa se a questão for levada à apreciação pelo Poder Judiciário.

Nesse sentido, importante recuperar o conteúdo da Súmula 1 do TSE: "Proposta a ação para desconstituir a decisão que rejeitou as contas anteriormente à impugnação fica suspensa a inelegibilidade".

Sem prejuízo do verbete reproduzido, oportuno registrar que a redação ali oferecida abriu brecha para que muitos, pretensos candidatos, com o objetivo de afastar a inelegibilidade que sobre eles recaía, propunham ações perante o Poder Judiciário totalmente descabidas.

A multiplicação dessas tentativas levou o TSE a assentar que a mera propositura de ação anulatória sem a obtenção de provimento liminar ou tutela antecipada, não tem o condão de suspender a inelegibilidade.

d. Por renúncia de mandato eletivo;

Esta hipótese, criada pela LC 135/2010, em seu art. 1.º, I, *k*, torna inelegíveis os detentores de mandato eletivo que renunciarem aos seus mandatos, nos seguintes termos:

> "Art. 1.º. [...]
> I – [...]
> k) o Presidente da República, o Governador de Estado e do Distrito Federal, o Prefeito, os membros do Congresso Nacional, das Assembleias Legislativas, da Câmara Legislativa, das Câmaras Municipais, que renunciarem a seus mandatos desde o oferecimento de representação ou petição capaz de autorizar a abertura de processo por infringência a dispositivo da Constituição Federal, da Constituição Estadual, da Lei Orgânica do Distrito Federal ou da Lei Orgânica do Município, para as eleições que se realizarem durante o período remanescente do mandato para o qual foram eleitos e nos 8 (oito) anos subsequentes ao término da legislatura."

Em boa hora prescreveu o legislador esta hipótese de inelegibilidade, tendo em vista as artimanhas até então utilizadas pelos detentores de mandato eletivo, procurando, na renúncia, escapar de possível cassação que os tornaria inelegíveis.

Assim é que, o texto legal reproduzido deixa entrever a preocupação do legislador em também estabelecer um limite de ordem temporal.

Com efeito, estabelece a incidência da hipótese de inelegibilidade para aqueles que renunciarem aos seus mandatos, desde o oferecimento de representação ou petição capaz de autorizar a abertura de processo.

e. Por improbidade administrativa;

Esta hipótese de inelegibilidade representa inovação trazida pela LC 135/2010, em seu art. 1.º, I, *l*, nos seguintes termos:

> "Art. 1.º [...]
> I – [...]
> l) os que forem condenados à suspensão dos direitos políticos, em decisão transitada em julgado ou proferida por órgão judicial colegiado, por ato doloso de improbidade administrativa que importe lesão ao patrimônio público e enriquecimento ilícito, desde a condenação ou o trânsito em julgado até o transcurso do prazo de 8 (oito) anos após o cumprimento da pena."

Os termos em que esta hipótese foi descrita pelo legislador demonstram sua importância dentro de um processo eleitoral, uma vez que a inelegibilidade, para se caracterizar, deve resultar de ato doloso de improbidade administrativa, que importe lesão ao patrimônio e enriquecimento ilícito.

Nesse sentido, ao deixar de mencionar os atos de improbidade que implicam em agressão a princípios constitucionais da Administração, previstos no art. 11, da Lei 8.429/1992, tornou a questão tormentosa.

Destarte, como já explicitado anteriormente, omitiu ele a variante culposa como geradora da hipótese de inelegibilidade ali prevista.

Curiosa a opção feita pelo legislador, uma vez que também afastou a possibilidade de configuração da improbidade, também por ato doloso, naquelas hipóteses localizadas no art. 11, da Lei de Regência.

De toda sorte, também exigiu ele o reconhecimento da prática de atos dessa natureza, através de decisão proferida por órgão colegiado, sem a necessidade do trânsito em julgado da sentença.

f. Magistratura e Ministério Público.

Esta hipótese de inelegibilidade, criada pela Lei 135/2010, encontra-se localizada em seu art. 1.º, I, *q*. Confira-se:

> "Art. 1.º [...]
> I – [...]
> q) os magistrados e os membros do Ministério Público que forem aposentados compulsoriamente por decisão sancionatória, que tenham perdido o cargo por sentença ou que tenham pedido exoneração ou aposentadoria voluntária na pendência de processo administrativo disciplinar, pelo prazo de 8 (oito) anos."

A leitura do dispositivo reproduzido permite visualizar duas situações distintas que levam magistrados e promotores à inelegibilidade: aposentadoria compulsória resultante de perda do cargo por sentença ou por exoneração ou, ainda, em razão de aposentadoria voluntária na pendência de processo disciplinar.

Estas variantes estabelecidas pelo legislador, não se perca de vista, objetivam também a preservação daqueles valores estipulados no art. 14, § 9.º, da CF/1988.

De outra parte, além das hipóteses de inelegibilidade estabelecidas na LC 64/1990, resultantes de alterações promovidas pela LC 135/2010, outras ali se apresentam, que já constavam no texto original.

Assim é que, em seu art. 1.º, II, *e*, tem-se que se algum servidor for se candidatar à Presidência da República, deverá se desincompatibilizar do seu cargo 3 meses antes das eleições (prazo especial).

Por sua vez, o art. 1.º, IV, trabalha com inelegibilidades para a candidatura a Prefeito, estabelecendo um prazo de desincompatibilização de 4 meses, conforme se verifica a seguir:

> "Art. 1.º [...]
> IV – para Prefeito e Vice-Prefeito:
> a) no que lhes for aplicáveis, por identidade de situações, os inelegíveis para os cargos de Presidente e Vice-Presidente da República, Governador e Vice-Governador de Estado e do Distrito Federal, observado o prazo de 4 (quatro) meses para a desincompatibilização;
> b) os membros do Ministério Público e Defensoria Pública em exercício na comarca, nos 4 (quatro) meses anteriores ao pleito, sem prejuízo dos vencimentos integrais;
> c) as autoridades policiais, civis ou militares, com exercício no Município, nos 4 (quatro) meses anteriores ao pleito."

4.4.4.4 Conteúdo da LC 135/2010

Uma das grandes polêmicas trazidas pela Lei da Ficha Limpa é que o legislador alterou algumas hipóteses anteriormente previstas na LC 64/1990, acrescentando possibilidades de inelegibilidades resultantes de decisões judiciais sem o trânsito em julgado. Isso significa que a lei admitiu que pessoas se tornassem inelegíveis ainda que tivessem sido condenadas por decisão judicial que comporte algum tipo de recurso.

Quando a lei da ficha limpa abriu tal possibilidade, para alguns ela bateu de frente com a previsão contida no art. 5.º, LVII, da CF/1988. Tal artigo consagra o que se denomina de principio da presunção de inocência, ou seja, até decisão com trânsito em julgado o pressuposto é que a pessoa seja inocente.

Tal regra prevista se trata nada menos que um direito fundamental. O Ministro Luiz Fux, que já deu seu voto, entendeu que a lei está correta, isto porque a CF/1988 fala em presunção de inocência em caso de sentença penal condenatória, e inelegibilidade, segundo ele, não significa pena nenhuma, pois apenas impede alguém de se candidatar a mandato eletivo. Destarte, a presunção de inocência não é absoluta, porque no § 9.º do art. 14 da CF/1988, há autorização ao legislador para criar hipóteses de inelegibilidades de modo a proteger a moralidade administrativa tendo em vista a vida pregressa do candidato.

O Ministro entendeu que para esse fim tal princípio se torna relativo, cede em nome de um bem maior que é a preservação da moralidade do cargo tendo em vista o passado do candidato. Tal discussão, que foi aberta com tal voto, foi adiada por pedido de vistas.

Já se imaginava que poderia correr um novo empate no STF, então postergaram essa questão para o início de 2012, data em que toma posse a Min. Maria Rosa.

Hodiernamente, o grande problema que se coloca é que enquanto a votação não for retomada vale o que está na lei e quando a questão for decidida já se estará no ano das eleições, de forma que neste caso as regras do jogo estarão absurdamente indefinidas.

Tendo em vista as alterações de algumas das hipóteses previstas na da LC 64/1990, seis exemplos serão analisados:

1. Art. 2.º, alínea d – Em tal artigo a Lei da Ficha Limpa considera inelegíveis os que tenham contra si representação julgada procedente pela Justiça Eleitoral em decisão transitada em julgado ou proferida por órgão colegiado em processo de apuração de abuso de poder econômico ou político.

A lei tornou inelegível aquele que tenha decisão dada contra si por tribunal da Justiça Eleitoral (não pode ser por juiz de primeira instância), ainda que a decisão não tenha passado em julgado.

Por hipótese, se alguém teve uma decisão proferida pelo TRE que o condenou, essa pessoa ainda poderá recorrer para o TSE, mas ainda que assim possa proceder, pela lei da ficha limpa essa pessoa se torna inelegível, mudando a redação da LC 64/1990.

Não obstante, a Lei da Ficha Limpa alterou o prazo de inelegibilidade. No final da letra d, tal lei diz que o sujeito se torna inelegível para os 8 anos seguintes, aumentando o prazo antes previsto, sendo que por pelo menos duas eleições o indivíduo se torna inelegível. A Lei 64/1990 previa antes prazo de 3 anos de inelegibilidade, o que tornava inócua a decisão.

Além das hipóteses de inelegibilidades previstas na CF/1988 e aquelas previstas na LC 64/1990, a LFL alterou num primeiro momento algumas dessas situações, como já visto. Se o STF entender pela constitucionalidade da LFL, muita gente que pretende se candidatar para as eleições de 2011 se tornará inelegível.

2. Art. 2.º, alínea e – Tal alínea torna inelegíveis os que forem condenados em decisão transitada em julgado ou por órgão judicial colegiado. Fala-se de condenação agora na área penal. Aqui a lei inovou, pois estabeleceu novamente a possibilidade de alguém se tornar inelegível se condenado por órgão colegiado, não valendo condenação por juiz de primeira instância.

Nesta outra hipótese a polêmica detectada pelo Min. Luiz Fux está no prazo de inelegibilidade, o qual entendeu ser prazo por demais excessivo. Aquele condenado nessas circunstâncias se torna inelegível desde a condenação até o transcurso do prazo de 8 anos após o cumprimento da pena. Esse detalhe será igualmente discutido pelos demais Ministros do Supremo, muito embora por enquanto valha o que aqui se encontra.

A lei criou doze situações de crimes que nessas condições podem tornar a pessoa inelegível, como no caso de condenações por crimes contra o meio ambiente e saúde pública e por abuso de autoridade. Ambas as decisões proferidas por órgão colegiado, por Tribunal, ainda que sem trânsito em julgado.

3. Art. 2.º, alínea j – Torna inelegíveis aqueles que foram condenados pela prática de corrupção eleitoral por decisão com trânsito em julgado ou por decisão proferida por um órgão colegiado da Justiça Eleitoral, um tribunal regional qualquer ou mesmo no TSE, pois deste ainda se poderá recorrer para o STF.

O indivíduo, por exemplo, foi flagrado durante as eleições comprando votos de um eleitor, oferecendo vantagens em troca de votos, configurando corrupção eleitoral. O prazo de tal inelegibilidade será de 8 anos contados a partir da eleição em que o problema ocorreu.

4. Art. 2.º, alínea k – A outra importante novidade aparece na alínea k, a qual torna inelegíveis as autoridades nela relacionadas (presidente, governador, prefeitos, membros do PL) na hipótese de renunciarem aos seus mandatos antes da abertura de um processo para apurar crime de responsabilidade, ou seja, caso ajam em desrespeito à CF/1988, entre outras situações.

Trata-se de situação muito importante, pois era manobra utilizada com larguíssima frequência por detentores de mandatos. Quando o indivíduo percebia que o cenário estava totalmente contra ele, para evitar a abertura do processo ele acabava renunciando ao mandato, de forma que o processo perdia seu objeto. Hoje, se ele renunciar, em termos eleitorais ele se torna inelegível. O prazo de inelegibilidade aqui também questionado pelo Min. Luiz Fux é de 8 anos subsequentes ao término da legislatura, cuja duração é de 4 anos. Se, por exemplo, o sujeito renunciou faltando 2 anos para o término do mandato, então fica inelegível por 10 anos, sendo 2 anos faltantes e mais os 8 anos previstos. O Ministro entendeu que a inelegibilidade só poderia ocorrer se a renúncia viesse depois de aberto o processo e não antes.

5. Art. 2.º, alínea *l* – A outra situação a ser destacada é aquela que trabalha com inelegibilidade resultante de improbidade administrativa, sendo tal hipótese prevista na alínea *l*. Neste sentido, a lei considera inelegíveis os que forem condenados por atos de improbidade administrativa (desonestidade administrativa) novamente por decisão com trânsito em julgado ou, ainda, por decisão proferida por órgão judicial colegiado. Tal pessoa se torna inelegível por 8 anos após o cumprimento da pena. Como as sanções por improbidade podem chegar até 10 anos para aquelas consideradas mais graves (enriquecimento ilícito), a punição pode chegar até 18 anos, sendo há muitos que entendam tal sanção excessiva e outros entendem ser o mais correto, pois não querem ser representados por alguém que possua o passado inidôneo.

6. Art. 2.º, alínea *o* – Ainda é importante destacar as hipóteses de inelegibilidades relacionadas aos servidores públicos. Na alínea *o*, a lei considera inelegíveis os servidores que tenham sido demitidos em decorrência de processo administrativo ou judicial. Por conta disso, é importante entender um conceito próprio de Direito Administrativo, sendo que quando se fala em demissão, esta pressupõe um ilícito. Em regra, se o servidor foi demitido de serviço público ou condenado pela prática de um ilícito em razão de processo administrativo ou judicial, em que se confira contraditório e ampla defesa, então ele se torna inelegível por 8 anos.

É de consignar que no caso de o servidor ter sido demitido através de processo administrativo e por hipótese entender ser a demissão ilegal, poderá questionar tal decisão administrativa no Judiciário, órgão que apenas faz controle de legalidade dos atos da Administração. Neste caso, se a decisão administrativa tiver sendo contestada no Judiciário, a própria alínea *o* admite a suspensão da inelegibilidade.

Recentemente, no dia 01.12.2011, o Min. Luiz Fux deu pequeno ajuste ao voto que havia anteriormente proferido, decidindo pela constitucionalidade da LC 135/2010. O Min. Joaquim Barbosa também decidiu nesse sentido, pela aplicabilidade às eleições de 2012. Mais uma vez um pedido de vistas adiou o julgamento, indicando que possivelmente haja muito receio de que se a votação for completada agora que haja empate, devendo a votação ser retomada a partir do ano de 2012. Assim, os Ministros preferem que a votação se realize após a sabatina da Min. Rosa Maria.

Isso gerará problemas quando do momento da candidatura, isso porque decisões por órgão colegiado condenando o candidato, ainda que não transitadas em julgado, gerarão sua inelegibilidade.

4.5 PERDA E SUSPENSÃO DOS DIREITOS POLÍTICOS

As hipóteses de perda e suspensão dos direitos políticos encontram-se previstas no art. 15 da CF/1988, o qual, como regra, proíbe a sua cassação.

As cinco hipóteses ali previstas, representam um elenco exaustivo, não comportando ampliação. Confira-se:

> "Art. 15. É vedada a cassação de direitos políticos, cuja perda ou suspensão só se dará nos casos de:
> I – cancelamento da naturalização por sentença transitada em julgado;
> II – incapacidade civil absoluta;
> III – condenação criminal transitada em julgado, enquanto durarem seus efeitos;
> IV – recusa de cumprir obrigação a todos imposta ou prestação alternativa, nos termos do art. 5.º, VIII;
> V – improbidade administrativa, nos termos do art. 37, § 4.º."

4.5.1 Cancelamento de naturalização por sentença transitada em julgado

Esta hipótese configura perda de direitos políticos, tendo em vista que aquele que tem cancelada a sua naturalização perde totalmente os vínculos jurídicos com o País.

Em outras palavras, quem perdeu o vínculo jurídico que tinha com o País, não pode permanecer com seus direitos políticos.

Neste particular, oportuno relembrar que o cancelamento da naturalização não se dá de forma livre pelo Estado, devendo respeitar os limites estabelecidos no art. 12, § 4.º, I. Confira-se:

> "Art. 12. [...]
> § 4.º Será declarada a perda da nacionalidade do brasileiro que:
> I – tiver cancelada sua naturalização, por sentença judicial, em virtude de atividade nociva ao interesse nacional."

A leitura do dispositivo reproduzido permite concluir que o cancelamento da naturalização exige o cumprimento dos dois requisitos ali estabelecidos, vale dizer, a configuração de atividade nociva ao interesse nacional e o seu reconhecimento por sentença judicial com trânsito em julgado.

Este reconhecimento pelo Judiciário revela-se de extrema importância, uma vez que pressupõe o oferecimento ao acusado de contraditório e ampla defesa.

4.5.2 Incapacidade civil absoluta

A segunda situação prevista é aquela que diz respeito à incapacidade civil absoluta. Está-se, neste caso, diante de hipótese de suspensão de direitos políticos, uma vez que a restrição perdura enquanto permanecer a incapacidade, vale dizer, a impossibilidade de manifestação, de expressão da vontade.

A CF/1988 assim estabeleceu porque o incapaz não tem capacidade de entender o significado de um processo eleitoral. Quando se fala em incapacidade civil absoluta, quer-se dizer que tais sujeitos não possuem condições de exprimir a sua vontade, como os enfermos em geral e, além disso, aqueles que são menores de 16 anos.

É interessante registrar que existem opiniões em sentido contrário, de pessoas entendendo que tal hipótese diz respeito à situação de perda e não de suspensão de direitos políticos.

De qualquer maneira, a incapacidade civil absoluta é hipótese restritiva de direitos políticos na forma do art. 15, II, da CF/1988.

4.5.3 Condenação criminal com trânsito em julgado enquanto perdurarem seus efeitos

O inc. III, do art. 15, da CF/1988, traz situação que envolve aqueles que sofreram condenação criminal transitada em julgado enquanto durarem seus efeitos, revelando hipótese de suspensão de direitos políticos.

De outra parte, a propósito do tema, importante a referência para a Súmula 9 do TSE, que trata da questão, nos seguintes termos: "Súmula 9. A suspensão de direitos políticos decorrente de condenação criminal transitada em julgado cessa com o cumprimento ou extinção da pena, independendo de reabilitação ou de prova de reparação dos danos".

4.5.4 Descumprimento de obrigações legais a todos imposta ou obrigações alternativas nos termos fixados em lei

A quarta situação de restrição a direitos políticos prevista é aquela que se refere ao descumprimento de obrigações legais a todos imposta ou obrigações alternativas nos termos fixados em lei.

Para entender o seu significado, necessária uma interpretação conjunta desse dispositivo com o art. 5.º, VIII, também da CF/1988.

Este último dispositivo estabelece, como regra geral, que ninguém será privado de seus direitos por motivos de crença religiosa, convicção filosófica ou política, como resultado da liberdade de manifestação do pensamento (art. 5.º, IV) e do pluralismo político (art. 1.º, V).

Sem embargo, no próprio art. 5.º, VIII, trata a Constituição de flexibilizar essa regra geral, ao prescrever, a título de exceção, a incidência de restrições nas hipóteses em que a opção feita for utilizada para eximir-se do cumprimento de obrigação legal a todos imposta ou para recursar-se ao cumprimento de prestação alternativa fixada em lei.

Assim, suponha-se que alguém não tenha votado em uma eleição, por ter o pleito ocorrido em um domingo, dia sagrado para muitas religiões.

Suponha-se, ainda, que esta pessoa não tenha justificado sua ausência e nem pago a multa prevista na legislação eleitoral.

Neste caso, experimentará ela suspensão de direitos políticos enquanto não equacionadas as pendências junto à Justiça Eleitoral.

De outra parte, imagine-se alguém que tenha se recusado a prestar serviço militar obrigatório, por força de impedimento religioso.

Imagine-se, ainda, que tenha ela se recusado a cumprir obrigação alternativa, a teor do disposto no art. 143 da CF/1988, em seu § 1.º. Confira-se:

> "Art. 143. O serviço militar é obrigatório nos termos da lei.
> § 1.º Às Forças Armadas compete, na forma da lei, atribuir serviço alternativo aos que, em tempo de paz, após alistados, alegarem imperativo de consciência, entendendo-se como tal o decorrente de crença religiosa e de convicção filosófica ou política, para se eximirem de atividades de caráter essencialmente militar."

Igual previsão também é abarcada pela Lei 8.239/1991, a qual estabelece serviços administrativos ou assistenciais. Tal questão encontra-se disciplinada no art. 4.º da referida lei, de acordo com a redação a seguir reproduzida:

"Art. 4.º Ao final do período de atividade previsto no § 2.º do art. 3.º desta lei, será conferido Certificado de Prestação Alternativa ao Serviço Militar Obrigatório, com os mesmos efeitos jurídicos do Certificado de Reservista.

§ 1.º A recusa ou cumprimento incompleto do Serviço Alternativo, sob qualquer pretexto, por motivo de responsabilidade pessoal do convocado, implicará o não fornecimento do certificado correspondente, pelo prazo de dois anos após o vencimento do período estabelecido.

§ 2.º Findo o prazo previsto no parágrafo anterior, o certificado só será emitido após a decretação, pela autoridade competente, da suspensão dos direitos políticos do inadimplente, que poderá, a qualquer tempo, regularizar sua situação mediante cumprimento das obrigações devidas."

Neste caso, também experimentará ela a restrição de direitos políticos, na forma prevista pelo dispositivo em comentário.

4.5.5 Condenação por improbidade administrativa

A última situação envolvendo restrição a direitos políticos, prevista no art. 15, IV, da CF/1988, é aquela que resulta de condenação por improbidade administrativa.

A referida hipótese, abre ensejo à suspensão de direitos políticos, conclusão que não se revela gratuita, uma vez que resulta da diretriz apontada pela própria CF/1988.

Com efeito, ao estabelecer que a restrição a direitos políticos ocorrerá nos termos do art. 37, § 4.º, não deixou qualquer margem para dúvidas quanto a se tratar de hipótese de suspensão desses direitos.

Por fim, apenas para efeito de subsídio, cumpre relembrar que o período de suspensão desses direitos, na hipótese do inciso V, não foi apontado pela Constituição, transferindo esta tarefa para o legislador ordinário.

Quem se desincumbiu da tarefa foi a Lei 8.429/1992, que em seu art. 12, estabeleceu como critério o da gravidade do ato de improbidade praticado.

Assim, se o ato de improbidade foi gravíssimo, levando a enriquecimento ilícito, a suspensão é de 8 a 10 anos.

Se o ato foi de gravidade intermediária, aquele que causa danos aos cofres públicos, a suspensão de direitos políticos é de 5 a 8 anos.

Por último, se o ato de improbidade é de gravidade menor, atingindo princípios constitucionais da Administração, a suspensão dos direitos políticos será de 3 a 5 anos.

Dentro desse contexto, para uma melhor visualização das hipóteses comentadas, seguem elas sistematizadas através da seguinte tabela:

SUSPENSÃO DE DIREITOS POLÍTICOS	
15, I	CANCELAMENTO DE NATURALIZAÇÃO (ver art. 12, § 4.º, I, da CF/1988)
15, II	INCAPACIDADE CIVIL ABSOLUTA
15, III	CONDENAÇÃO PENAL ENQUANTO DURAREM SEUS EFEITOS
15, IV	DESCUMPRIMENTO DE OBRIGAÇÕES LEGAIS E ALTERNATIVAS (5.º, VIII)
15, V	IMPROBIDADE ADMINISTRATIVA (37, § 4.º)

Partidos Políticos

5.1 PERFIL CONSTITUCIONAL

A questão relacionada aos partidos políticos encontra-se disciplinada no Título II, da Constituição Federal, portanto, entre os direitos e garantias fundamentais, em especial em seu Capítulo V.

A reserva de um capítulo específico para trabalhar com esse tema deve-se à importância atribuída a essas agremiações, conforme se verá nos itens subsequentes.

5.1.1 Importância

A importância dos partidos políticos em nosso ordenamento jurídico é enorme, uma vez que, surgem eles como intermediários entre o povo e o Estado.

Com efeito, são eles que viabilizam a chamada democracia representativa, eis que, a teor do disposto no art. 14, § 3.º, V, da CF/1988, a filiação partidária surge como condição de elegibilidade.

Em outras palavras, na forma do dispositivo mencionado, a filiação partidária é um requisito imprescindível para candidatura a representante do povo, ou seja, para que alguém possa aspirar a mandato eletivo.

De outra parte, importante consignar, com base no mesmo dispositivo invocado, que candidaturas avulsas, em nosso ordenamento jurídico, não são admitidas.

Outrossim, cumpre relembrar que a configuração da filiação partidária deve estar concretizada um ano antes da realização do pleito eleitoral, a teor do disposto no art. 9.º da Lei 9.504/1997 (Lei das Eleições), bem como o art. 18 da Lei 9.096/1995 (Lei Orgânica dos Partidos Políticos).

Ainda sobre esse tema, importante relembrar ter a Constituição estabelecido uma exceção relacionada à candidatura dos militares.

Como já visto anteriormente, tendo em vista que a Constituição, no art. 142, § 3.º, V, proíbe aos militares a filiação partidária enquanto estiverem em atividade, para não inviabilizar suas candidaturas, o TSE fixou o entendimento segundo o qual estão eles dispensados de configuração deste requisito, sendo suficiente a comprovação da indicação do nome em convenção partidária.

Da mesma forma, importante fazer referência em relação a juízes e promotores, por força da proibição constitucional de exercício de atividades político-partidárias enquanto estiverem à frente dos seus cargos, a teor do disposto, respectivamente, nos art. 95, parágrafo único, III e art. 128, § 5.º, II, *e*. Confira-se:

> "Art. 95. [...]
> Parágrafo único. Aos juízes é vedado:
> [...]
> III – dedicar-se à atividade político-partidária."
>
> "Art. 128. [...]
> § 5.º Leis complementares da União e dos Estados, cuja iniciativa é facultada aos respectivos Procuradores-Gerais, estabelecerão a organização, as atribuições e o estatuto de cada Ministério Público, observadas, relativamente a seus membros:
> [...]
> II – as seguintes vedações:
> [...]
> e) exercer atividade político-partidária."

Por força dessas diretrizes constitucionais é que nossa Suprema Corte, como já visto, através das ADIs 1.371 e 1.377, tinha consolidado até 2008, entendimento segundo o qual juízes e promotores, para que pudessem se candidatar a mandato eletivo, teriam de se licenciar dos seus cargos, para só então, se filiarem a partidos políticos.

Sem embargo, este entendimento foi alterado para os integrantes dessas carreiras, que tenham nelas ingressado antes da promulgação da Constituição em vigor, em 1988.

Destarte, concluiu-se, por força de precedente aberto pelo então candidato a Deputado Estadual, Fernando Capez, que teriam direito a opção por regime jurídico anterior, na forma do art. 29, § 3.º, do ADCT. Confira-se:

"Art. 29. [...]
§ 3.º Poderá optar pelo regime anterior, no que respeita às garantias e vantagens, o membro do Ministério Público admitido antes da promulgação da Constituição, observando-se, quanto às vedações, a situação jurídica na data desta."

Dentro desse contexto, é que foi editada pelo TSE a Res. 22.717/2008, na qual se destaca o conteúdo do seu art. 17. Confira-se:

"Os magistrados, os membros dos Tribunais de Contas e os do Ministério Público devem filiar-se a partido político e afastar-se definitivamente de suas funções para se candidatarem a cargo eletivo."
Exceção:

"§1.º Excepcionam-se do disposto no *caput* os membros do Ministério Público que, na forma do art. 29, § 3.º, do Ato das Disposições Constitucionais Transitórias, tenham optado pelo regime de garantias e vantagens instituído antes da Constituição Federal de 1988."

Por fim, importante registrar que exatamente por força da importância atribuída pela Constituição aos partidos, foi que o STF já decidiu, em outubro de 2007, em decisão histórica, que o mandato eletivo, uma vez conquistado, pertence ao partido e não ao parlamentar.

Isto porque o candidato apenas conseguiu chegar à conquista do mandato a partir de uma filiação partidária.

Assim sendo, ao menos como regra geral, se o parlamentar, uma vez eleito, mudar de partido, sem justa causa, perderá o mandato.

5.2 NATUREZA JURÍDICA

Em relação a este item, importante destacar serem os partidos políticos pessoas jurídicas, sendo, pois, dotadas de personalidade jurídica, capacidade processual e, portanto, sujeitos de direitos e obrigações, respondendo em juízo por danos que causarem a terceiros.

Outrossim, oportuno destacar terem eles personalidade jurídica de direito privado, conforme o previsto na Lei 9.096/1995 (Lei Orgânica dos Partidos Políticos), em especial em seu art. 1.º. Confira-se:

"Art. 1.º O partido político, pessoa jurídica de direito privado, destina-se a assegurar, no interesse do regime democrático, a autenticidade do sistema representativo e a defender os direitos fundamentais definidos na Constituição Federal."

A leitura do dispositivo legal reproduzido não só confirma o perfil da personalidade jurídica atribuída a essas agremiações, como também permite entrever as finalidades que justificam sua criação.

5.3 CRIAÇÃO

Em relação a este tópico, a Constituição estabeleceu ser livre a criação destas agremiações, desde que respeitados os limites por ela mesma estabelecidos, a teor do disposto no art. 17, *caput*. Confira-se:

> "Art. 17. É livre a criação, fusão, incorporação e extinção de partidos políticos, resguardados a soberania nacional, o regime democrático, o pluripartidarismo, os direitos fundamentais da pessoa humana e observados os seguintes preceitos [...]."

A leitura do dispositivo reproduzido permite ao intérprete concluir que não só a criação dessas agremiações é livre, sem qualquer interferência estatal, como também deixa clara a amplitude da autonomia a eles atribuída, uma vez que envolve também processos de fusão, incorporação e extinção.

Sem embargo, importante deixar consignado ter a Constituição estabelecido que nada obstante a liberdade para a criação, ela só irá se concretizar se respeitados os limites de ordem formal e material por ela estabelecidos, que serão vistos no item seguinte.

5.3.1 Limites para a criação de partidos políticos

Conforme visto anteriormente, a Lei Maior faz exigências para a criação dessas agremiações, tendo em vista a importância a elas atribuída, como viabilizadoras da chamada democracia representativa.

Dentro desse contexto, passaremos em revista, respectivamente, os limites de ordem formal e material.

a) Limites de ordem formal. Neste particular, estabeleceu a Constituição a necessidade de cumprimento de duas etapas para que estas agremiações não só passem a existir, como também possam concorrer aos pleitos eleitorais.

Assim é que, em um primeiro momento, o partido tem de obter o registro dos seus estatutos sociais no Cartório Civil de Pessoas Jurídicas.

Com efeito, trata-se do mesmo procedimento adotado para qualquer pessoa jurídica, uma vez que só adquire ela personalidade com o registro dos seus estatutos no Cartório competente.

Sem embargo, ainda que com o respectivo registro o partido ganhe existência, não tem ele condições para concorrer a pleitos eleitorais, tendo em vista a necessidade de registro no Tribunal Superior Eleitoral.

Não se trata de conclusão gratuita, eis que resultante da previsão estabelecida no art. 17, § 2.º, da CF/1988. Confira-se:

> "Art. 17. [...]
> § 2.º Os partidos políticos, após adquirirem personalidade jurídica, na forma da lei civil, registrarão seus estatutos no Tribunal Superior Eleitoral."

Outrossim, importante esclarecer que este registro no Tribunal Superior Eleitoral deve ser obtido, para viabilizar a participação dos partidos nas eleições, um ano antes da sua realização.

Destarte, sem a concretização do registro neste lapso temporal, não há como se viabilizar filiação partidária e, como consequência, o partido estaria com sua participação obstada.

b) Limites de ordem material. Ao lado dos limites de ordem formal, a Constituição também estabelece restrições de ordem material, mais uma vez por força da importância atribuída a essas agremiações.

Assim é que, nada obstante ter estabelecido no *caput* do art. 17 a liberdade de sua criação, cuidou, no mesmo dispositivo, de estabelecer ressalvas, vale dizer, desde que resguardadas as diretrizes ali estabelecidas:

1. Soberania nacional;

2. Regime democrático;

3. Pluralismo político;

4. Direitos fundamentais da pessoa humana.

Outrossim, além desses limites, no próprio dispositivo em comentário foram relacionados de forma expressa também os seguintes:

> "Art. 17. [...]
> I – caráter nacional;
> II – proibição de recebimento de recursos financeiros de entidade ou governo estrangeiros ou de subordinação a estes;
> III – prestação de contas à Justiça Eleitoral;
> IV – funcionamento parlamentar de acordo com a lei."

Dentro desse contexto, se o partido, já criado na forma da lei civil, apresentar em seus estatutos sociais algum item que implique em desrespeito a uma dessas diretrizes relacionadas pela Constituição, por certo não conseguirá obter o registro perante o TSE e, como corolário, participar das eleições.

Diante desse cenário, oportunos alguns comentários acerca de algumas das exigências estabelecidas pela Constituição.

Assim, em primeiro lugar, em relação à exigência de preservação da soberania nacional, cumpre esclarecer que esta previsão surge como desdobramento daquela estabelecida no art. 1.º da CF/1988, em que se visualiza estar ela relacionada como fundamento da República Federativa do Brasil.

Nesse sentido, de forma a preservar a soberania nacional, estabelece a Constituição, no art. 17, já reproduzido, a proibição dos partidos políticos receberem financiamento de governos estrangeiros ou entidades não governamentais estrangeiras.

A razão de ser desta proibição constitucional é intuitiva, uma vez que, não sendo assim, abrir-se-ia a possibilidade destas figuras assumirem, ainda que de forma indireta, o poder no país, comprometendo a soberania nacional.

De outra parte, sobre o respeito ao regime democrático, o partido deve obedecê-lo em seus estatutos, em razão da previsão contida também no art. 1.º da CF/1988.

Por sua vez, em relação à exigência de respeito ao pluripartidarismo, também resulta da previsão contida no art. 1.º, V, da CF/1988, que o estabelece como um dos fundamentos da República Federativa do Brasil.

Isto porque de nada adiantaria a Constituição Federal assegurar pluralismo político e de ideias (art. 5.º, IV) se não admitisse a criação de partidos políticos que as representassem e que pudessem participar de pleitos eleitorais.

Aliás, esta matéria não representa novidade, uma vez que foi desenvolvida no capítulo relacionado aos princípios constitucionais eleitorais, momento em que se concluiu que a presença do pluralismo político como fundamento de nossa República Federativa, teve por objetivo assegurar a amplitude dos debates entre ideias nas campanhas eleitorais em particular.

Quanto ao respeito aos direitos fundamentais da pessoa humana, tem-se que os estatutos dos partidos não podem conter nenhum tipo de restrição quanto a esta matéria.

Assim, a título de exemplo, o estatuto social não pode conter nenhuma cláusula discriminatória, sob pena de se negar registro no TSE.

Outrossim, oportuno registrar ter sido esta matéria disciplinada pela Lei 9.096/1995, em especial no seu art. 7.º, que em larga escala reproduziu as regras constitucionais já analisadas, acabou por introduzir novos itens. Confira-se:

> "Art. 7.º O partido político, após adquirir personalidade jurídica na forma da lei civil, registra seu estatuto no Tribunal Superior Eleitoral.
> § 1.º Só é admitido o registro do estatuto de partido político que tenha caráter nacional, considerando-se como tal aquele que comprove o apoiamento de eleitores correspondente a, pelo menos, meio por cento dos votos dados na última eleição geral para a Câmara dos Deputados, não computados os votos em branco e os nulos, distribuídos por um terço, ou mais, dos Estados, com um mínimo de um décimo por cento do eleitorado que haja votado em cada um deles.
> § 2.º Só o partido que tenha registrado seu estatuto no Tribunal Superior Eleitoral pode participar do processo eleitoral, receber recursos do Fundo Partidário e ter acesso gratuito ao rádio e à televisão, nos termos fixados nesta Lei.
> § 3.º Somente o registro do estatuto do partido no Tribunal Superior Eleitoral assegura a exclusividade da sua denominação, sigla e símbolos, vedada a utilização, por outros partidos, de variações que venham a induzir a erro ou confusão."

Por derradeiro, analisados os requisitos necessários para a criação de partidos políticos, cumpre agora verificar em que termos a Constituição estabeleceu a sua autonomia.

5.4 AUTONOMIA DOS PARTIDOS

A questão relativa à autonomia dos partidos políticos vem disciplinada no art. 17, § 1.º, da CF/1988, cuja redação a seguir se reproduz:

> "Art. 17. [...]
> § 1.º É assegurada aos partidos políticos autonomia para definir sua estrutura interna, organização e funcionamento e para adotar os critérios de escolha e o regime de suas coligações eleitorais, sem obrigatoriedade de vinculação entre as candidaturas em âmbito nacional, estadual, distrital ou municipal, devendo seus estatutos estabelecer normas de disciplina e fidelidade partidária."

A leitura do dispositivo reproduzido permite concluir que a autonomia atribuída pela Constituição a essas agremiações abrange:

a. A definição de sua estrutura interna, organização e funcionamento;
b. A adoção dos critérios de escolha e o regime de suas coligações;
c. O estabelecimento de normas sobre disciplina e fidelidade partidária.

5.4.1 Quanto à sua estrutura, organização e funcionamento

Em relação a esse item, restaria extremamente prejudicada a autonomia a eles atribuída pela Constituição se não tivessem liberdade para a definição de sua estrutura interna, fixando órgãos de deliberação para a tomada de suas decisões.

Em outras palavras, têm eles aqui ampla liberdade para estabelecer formas de filiação, competências para cada uma de suas instâncias, em especial para aquelas responsáveis pelo desenvolvimento de investigações acerca de eventuais irregularidades praticadas por seus integrantes com repercussão no campo disciplinar.

Dentro desse contexto, podem decidir não só sobre a filiação, mas também acerca da expulsão de seus quadros de integrantes que desrespeitarem as diretrizes estabelecidas nos seus estatutos.

5.4.1.1 Autonomia para fusão

De outra parte, ainda em relação a esse item, importante registrar ter a Constituição oferecido autonomia para os partidos para decidir sobre processos de fusão, na forma prevista pelo art. 17, *caput*.

Neste particular, entende-se por fusão o instituto através do qual dois ou mais partidos se reúnem, em caráter permanente, para a formação de um terceiro.

Assim, a título de exemplo, um partido "A" une-se a um partido "B" e desta união resulta a criação de um partido "C". Ou seja, os dois desaparecem e é criado um terceiro.

5.4.1.2 Autonomia para incorporação

Importante também notar que a extensão da autonomia atribuída aos partidos inclui também sua liberdade para levar a efeito processo de incorporação em que também há a união permanente entre dois ou mais partidos.

A diferença em relação ao processo de fusão está em que desta reunião permanente, uma das duas agremiações desaparece, sendo incorporada pela outra.

5.4.1.3 Autonomia para coligações

Dentro desse contexto, ainda da autonomia atribuída aos partidos, importante fazer referência ao instituto da coligação, na forma prevista no art. 17, § 1.º, da CF/1988.

Este instituto representa a reunião de dois ou mais partidos, em caráter temporário, para o atingimento de um objetivo específico, ao contrário da fusão e incorporação.

Diante desse cenário, importante esclarecer que esta coligação, visando um pleito eleitoral específico, pode se dar tanto para eleições para cargos majoritários, quanto para eleições para cargos proporcionais.

Outrossim, oportuno registrar que esta decisão verifica-se durante a realização da convenção partidária, que deverá ocorrer, obrigatoriamente, no período compreendido entre 12 e 30 de junho do ano das eleições, conforme disposição estabelecida no art. 8.º da Lei 9.504/1997, alterado pela Lei 12.891/2013.[1] Confira-se:

> "Art. 8.º A escolha dos candidatos pelos partidos e a deliberação sobre coligações deverão ser feitas no período de 12 a 30 de junho do ano em que se realizarem as eleições, lavrando-se a respectiva ata em livro aberto, rubricado pela Justiça Eleitoral, publicada em 24 (vinte e quatro) horas em qualquer meio de comunicação.
> § 1.º Aos detentores de mandato de Deputado Federal, Estadual ou Distrital, ou de Vereador, e aos que tenham exercido esses cargos em qualquer período da legislatura que estiver em curso, é assegurado o registro de candidatura para o mesmo cargo pelo partido a que estejam filiados.
> § 2.º Para a realização das convenções de escolha de candidatos, os partidos políticos poderão usar gratuitamente prédios públicos, responsabilizando-se por danos causados com a realização do evento."

Dentro desse contexto, como o período marcado pela legislação eleitoral para a realização das convenções apresenta-se muito próximo da realização do pleito, restaria muito pouco tempo para que os ali escolhidos pudessem ser conhecidos pelo eleitorado.

Exatamente com esta preocupação, foi que se dirigiu consulta para o TSE acerca da possibilidade de realização de prévias, a exemplo do que ocorre na democracia norte-americana, bem como acerca do momento de sua realização.

---

1. Importante lembrar, conforme visto no Capítulo 2, Item 2.2.4 (Princípio da segurança das relações jurídicas em matéria eleitoral), que o TSE e o STF já decidiram que as Leis 12.875 e 12.891, ambas de 2013, não têm aplicabilidade para as eleições de 2014, tendo em vista que elas interferem no processo eleitoral e foram aprovadas a menos de um ano da realização das eleições.

À consulta formulada, o TSE respondeu de forma afirmativa, quanto à possibilidade de sua realização e deixando a decisão quanto ao momento de sua realização para cada agremiação.

De outra parte, importante estabelecer comentários acerca da obrigatoriedade ou não dos órgãos de deliberação partidários ao nível estadual e municipal, de cumprimento das diretrizes estabelecidas pelos órgãos de âmbito nacional.

Em outras palavras, se decididas as coligações ao nível nacional deveriam elas ser seguidas à risca pelos órgãos de deliberação estadual e municipal ou teriam eles autonomia para decidirem de forma contrária, tendo em vista a realidade local.

A questão daquilo que se denominou chamar de verticalização das coligações, pode ser dividida em dois momentos distintos.

Assim é que, até março de 2006, imperava em nosso ordenamento jurídico a chamada verticalização das coligações, que acabavam por engessar os órgãos estadual e municipal dos partidos, na medida em que deveriam se curvar às deliberações tomadas neste particular pelos órgãos de âmbito nacional.

Inquestionavelmente, essa diretriz trazia inequívocos prejuízos, uma vez que os cenários estadual e municipal eram, com larga frequência, diferentes daquele desenhado em âmbito nacional.

Esse contexto perdurou até a promulgação, em março de 2006, da EC 52, que alterou a redação do art. 17, § 1.º, nos seguintes termos:

> "Art. 17. [...]
> § 1.º É assegurada aos partidos políticos autonomia para definir sua estrutura interna, organização e *funcionamento e para adotar os critérios de escolha e o regime de suas coligações eleitorais, sem obrigatoriedade de vinculação entre as candidaturas em âmbito nacional, estadual, distrital ou municipal*, devendo seus estatutos estabelecer normas de disciplina e fidelidade partidária." (g.n.)

A leitura do dispositivo reproduzido permite entrever que a partir da alteração promovida pela EC 52/2006, foi decretado o término da verticalização das coligações, uma vez que desaparece a obrigatoriedade de vinculação entre as candidaturas em âmbito nacional, estadual, distrital ou municipal.

Insistindo ainda sobre o tema, vale lembrar que a referida emenda foi aprovada em março de 2006, vale dizer, a menos de um ano da realização das eleições presidenciais marcadas para outubro.

Este detalhe assume importância, uma vez que o STF, instado a se manifestar sobre a matéria, concluiu pela inaplicabilidade da referida emenda para as eleições daquele ano, em respeito ao princípio da segurança das relações jurídicas ou, como preferem alguns, princípio da anterioridade, consignado no art. 16 da CF/1988.

Com efeito, o conteúdo da referida emenda implicou em alteração da legislação eleitoral, o que fez com que só incidisse ela a partir das eleições presidenciais de 2010.

Aliás, importante registrar que essa decisão serviu como importante precedente para o julgamento da incidência da Lei da Ficha Limpa – LC 135/2010, eis que aprovada em junho, vale dizer, também a menos de um ano das eleições presidenciais, o que permitiu sua aplicação apenas a partir das eleições municipais de 2012.

Por fim, cumpre estabelecer comentários em relação ao problema da representação dos partidos que integram a coligação perante a Justiça Eleitoral.

Nesse sentido, uma vez decidida na convenção partidária que a coligação ocorrerá, com quais partidos e com qual extensão, esta também terá de ser registrada perante a Justiça Eleitoral.

Isto porque sendo formalizada, a coligação é quem passa a ter legitimidade para representar os interesses dos partidos que a integram durante toda a campanha eleitoral, conforme o disposto no art. 6.º, *caput* e § 1.º, da Lei 9.504/1997. Confira-se:

> "Art. 6.º É facultado aos partidos políticos, dentro da mesma circunscrição, celebrar coligações para eleição majoritária, proporcional, ou para ambas, podendo, neste último caso, formar-se mais de uma coligação para a eleição proporcional dentre os partidos que integram a coligação para o pleito majoritário.
>
> § 1.º A coligação terá denominação própria, que poderá ser a junção de todas as siglas dos partidos que a integram, sendo a ela atribuídas as prerrogativas e obrigações de partido político no que se refere ao processo eleitoral, e devendo funcionar como um só partido no relacionamento com a Justiça Eleitoral e no trato dos interesses interpartidários."

5.4.1.4 Autonomia para extinção

Por derradeiro, em relação ao tema relacionado à autonomia conferida pela Constituição aos partidos, cumpre destacar terem eles liberdade para se extinguir, a teor do disposto no art. 17, *caput*, da CF/1988.

Sem embargo, sua extinção deve atender às formalidades exigidas pela Constituição, a teor do disposto no art. 17, § 2.º.

Assim, sua extinção demanda o cancelamento do registro no Tribunal Superior Eleitoral, bem como no Cartório das Pessoas Jurídicas, na forma da lei civil.

5.5 FIDELIDADE PARTIDÁRIA

A questão relacionada à fidelidade partidária vem sendo objeto de largas discussões em sede doutrinária e jurisprudencial.

Sua previsão encontra-se consignada na parte final do art. 17, § 1.º, da CF/1988, que estabelece a obrigatoriedade dos partidos estabelecerem seus estatutos, regras sobre a matéria. Confira-se:

> "Art. 17. [...]
> § 1.º [...] devendo seus estatutos estabelecer normas de disciplina e fidelidade partidária."

Sem embargo, em que pese a previsão expressa estabelecida na Constituição, a questão relacionada à fidelidade partidária ganhou vulto a partir de 2007, quando o TSE, através de duas consultas a ele dirigidas, fixou entendimento de que o mandato eletivo, quer no sistema proporcional, quer no sistema majoritário, pertence aos partidos. Confira-se:

> Consulta n. 1.398
> Consulente: PFL
> V O T O (Sem revisão)
> O Sr. Min. Cezar Peluso:
> 1. Formula o Partido da Frente Liberal (PFL), com base no art. 23, XII, do Código Eleitoral (Lei 4.737/1965), a seguinte consulta:
> "Considerando o teor do art. 108 da Lei 4.737/1965 (Código Eleitoral), que estabelece que a eleição dos candidatos a cargos proporcionais é resultado do quociente eleitoral apurado entre os diversos partidos e coligações envolvidos no certame democrático.
> Indaga-se:
> Os partidos e coligações têm o direito de preservar a vaga obtida pelo sistema eleitoral proporcional, quando houver pedido de cancelamento de filiação ou de transferência do candidato eleito por um partido para outra legenda?"
> (...)

E, sob tais fundamentos, respondo à consulta, afirmando que os partidos e coligações têm o direito de preservar a vaga obtida pelo sistema eleitoral proporcional, quando, sem justificação nos termos já expostos, ocorra cancelamento de filiação ou de transferência de candidato eleito para outra legenda."

TSE

Consulta n. 1.407

Classe 5.ª – Distrito Federal (Brasília)

Rel.: Min. Carlos Ayres Britto

Consulente: Nilson Mourão, Deputado Federal

Relatório

Trata-se de consulta eleitoral, formulada pelo deputado federal Nilson Mourão, eleito pelo Estado do Acre e sob a legenda do Partido dos Trabalhadores (PT). Consulta que nos é feita por esta forma:

"(...) Os partidos e coligações têm o direito de preservar a vaga obtida pelo sistema eleitoral majoritário, quando houver pedido de cancelamento de filiação ou de transferência do candidato eleito por um partido para outra legenda?"

(...)

43. Respondo, pois, afirmativamente à consulta que nos é dirigida, para assentar que uma arbitrária desfiliação partidária implica desqualificação para se permanecer à testa do cargo político-eletivo. Desqualificação que é determinante da vaga na respectiva cadeira, a ser, então, reivindicada pelo partido político abandonado. É a única resposta que me parece rimada com a Constituição, toante e consoantemente, conforme procurei demonstrar. Convicto de que é no devocional respeito a ela, Constituição, que se propicia à sociedade o máximo de segurança jurídica.

Afinal, só a Constituição governa quem governa. Governa permanentemente quem governa temporariamente.

44. É como voto, permitindo-me lembrar postura hermenêutica entusiasticamente recomendada pelo imortal Geraldo Ataliba: não se pode interpretar a Constituição como se ela fosse uma fortaleza de paredes indestrutíveis em torno dos mais excelsos valores, porém fechada com portas de papelão.

Brasília, 16 de outubro de 2007.

Outrossim, em outubro daquele ano, o STF acabou por confirmar essa diretriz, quando da análise de mandados de segurança. Confira-se:

Processo: MS 26602 DF
Relator(a): Eros Grau
Julgamento: 04.10.2007
Órgão Julgador: Tribunal Pleno
Ementa:
Constitucional. Eleitoral. Mandado de segurança. Fidelidade partidária. Desfiliação. Perda de mandato. Arts. 14, § 3.º, V e 55, I a VI da CF/1988.
Conhecimento do mandado de segurança, ressalvado entendimento do relator. Substituição do Deputado Federal que muda de partido pelo suplente da legenda anterior. Ato do presidente da câmara que negou posse aos suplentes. Consulta, ao tribunal superior eleitoral, que decidiu pela manutenção das vagas obtidas pelo sistema proporcional em favor dos partidos políticos e coligações. Alteração da jurisprudência do Supremo Tribunal Federal. Março temporal a partir do qual a fidelidade partidária deve ser observada [27.03.2007]. Exceções definidas e examinadas pelo Tribunal Superior Eleitoral. Desfiliação ocorrida antes da resposta à consulta ao TSE. Ordem denegada.
1. (...)
2. A permanência do parlamentar no partido político pelo qual se elegeu é imprescindível para a manutenção da representatividade partidária do próprio mandato. Daí a alteração da jurisprudência do Tribunal, a fim de que a fidelidade do parlamentar perdure após a posse no cargo eletivo.
3. O instituto da fidelidade partidária, vinculando o candidato eleito ao partido, passou a vigorar a partir da resposta do Tribunal Superior Eleitoral à Consulta n. 1.398, em 27.03.de 2007.
4. O abandono de legenda enseja a extinção do mandato do parlamentar, ressalvadas situações específicas, tais como mudanças na ideologia do partido ou perseguições políticas, a serem definidas e apreciadas caso a caso pelo Tribunal Superior Eleitoral.

Processo: MS 26604 DF
Relator(a): Min. Cármen Lúcia
Julgamento: 04.10.2007
Órgão Julgador: Tribunal Pleno
Ementa: Direito constitucional e eleitoral. Mandado de segurança impetrado pelo partido dos democratas – DEM contra ato do Presidente da Câmara dos Deputados. Natureza jurídica e efeitos da decisão do Tribunal Superior Eleitoral – TSE na consulta n. 1.398/2007. Natureza e titularidade do mandato legislativo. Os partidos políticos e os eleitos no sistema representativo proporcional. Fidelidade par-

tidária. Efeitos da desfiliação partidária pelo eleito: perda do direito de continuar a exercer o mandato eletivo. Distinção entre sanção por ilícito e sacrifício do direito por prática lícita e juridicamente consequente. Impertinência da invocação do art. 55 da CF/1988. Direito do impetrante de manter o número de cadeiras obtidas na Câmara dos Deputados nas eleições. Direito à ampla defesa do parlamentar que se desfilie do partido político. Princípio da segurança jurídica e modulação dos efeitos da mudança de orientação jurisprudencial: Março temporal fixado em 27.03.2007. Mandado de segurança conhecido e parcialmente concedido.

1. (...)

6. A fidelidade partidária é corolário lógico-jurídico necessário do sistema constitucional vigente, sem necessidade de sua expressão literal. Sem ela não há atenção aos princípios obrigatórios que informam o ordenamento constitucional.

7. A desfiliação partidária como causa do afastamento do parlamentar do cargo no qual se investira não configura, expressamente, pela Constituição, hipótese de cassação de mandato. O desligamento do parlamentar do mandato, em razão da ruptura, imotivada e assumida no exercício de sua liberdade pessoal, do vínculo partidário que assumira, no sistema de representação política proporcional, provoca o desprovimento automático do cargo. A licitude da desfiliação não é juridicamente inconsequente, importando em sacrifício do direito pelo eleito, não sanção por ilícito, que não se dá na espécie.

8. É direito do partido político manter o número de cadeiras obtidas nas eleições proporcionais.

A análise dos julgados reproduzidos bem demonstra a opção feita pela Suprema Corte de privilegiar os partidos em detrimento dos parlamentares, por surgirem eles como alicerces da democracia representativa.

Dentro desse contexto, percebe-se que o núcleo da controvérsia colocava em aparente antagonismo dois dispositivos constitucionais: o art. 14, § 3.º, V, que estabelece como condição de elegibilidade a filiação partidária, e o art. 55, que relaciona as hipóteses de cassação de mandato parlamentar.

Nesse sentido, entendeu a Suprema Corte que não se pode confundir a perda do mandato resultante de troca de agremiação partidária, sem justificativa, com cassação de mandato resultante da prática de algum ilícito.

Sem embargo, as próprias decisões reproduzidas deixam espaço para a configuração de exceções, uma vez que existindo justa causa, o parlamentar que muda de agremiação não perde o seu mandato.

Desta forma, coube ao TSE, em outubro daquele ano, a edição da Res. 22610, que estabelece, entre outros itens, as hipóteses que configuram justa causa e que não levam, como já se disse, à perda do mandato parlamentar. Confira-se:

> Res. 22.610, TSE
> Relator: Min. Cezar Peluso
> "O Tribunal Superior Eleitoral, no uso das atribuições que lhe confere o art. 23, XVIII, do Código Eleitoral, e na observância do que decidiu o STF nos MS 26.602, 26.603 e 26.604, resolve disciplinar o processo de perda de cargo eletivo, bem como de justificação de desfiliação partidária, nos termos seguintes:
> Art. 1.º O partido político interessado pode pedir, perante a Justiça Eleitoral, a decretação da perda de cargo eletivo em decorrência de desfiliação partidária sem justa causa.
> § 1.º Considera-se justa causa:
> I) – incorporação ou fusão do partido;
> II) – criação de novo partido;
> III) – mudança substancial ou desvio reiterado do programa partidário;
> IV) – grave discriminação pessoal."

A leitura das hipóteses configuradoras de justa causa que inibem a perda do mandato quando de transferência de agremiação partidária, revela, ao menos em algumas, o seu caráter subjetivo.

Assim é que, os incs. I e III, encontram justificativa na medida em que ao se eleger por um partido, o parlamentar pode não se sentir confortável naquela legenda, por força de processos de fusão ou incorporação.

Da mesma forma, sustenta-se a conclusão quando da realização de alterações no estatuto partidário, em especial no programa, nos ideais a serem perseguidos pela agremiação, a teor do disposto no inc. III.

Já em relação à hipótese de criação de novo partido, prevista no inc. II, justifica-se pela possibilidade atribuída ao parlamentar, de migrar para agremiação até então inexistente que melhor se identifique com seus ideais.

Por derradeiro, na hipótese de mudança de partido resultante de grave discriminação pessoal, estamos diante de situação subjetiva.

Com efeito, importante destacar não ter a Resolução legitimado a mudança de agremiação por simples discriminação pessoal, exigindo, ao revés, a configuração de uma grave discriminação.

Nesse sentido, pode-se mencionar, a título de precedente, aquele envolvendo o então Deputado Federal Clodovil Hernandes, que depois de ter publicamente manifestado sua opção homossexual, passou a ser discriminado na agremiação pela qual se elegeu.

A questão foi levada à apreciação do STF, que concluiu pela configuração de grave discriminação e, como consequência, pela manutenção do mandato.

Ainda sobre esse tema, importante consignar que a aplicação de penalidades por infidelidade partidária exige a abertura de processo administrativo, em que se assegure contraditório e ampla defesa, a teor do disposto no art. 23 da Lei 9.096/1995. Confira-se:

> "Art. 23. A responsabilidade por violação dos deveres partidários deve ser apurada e punida pelo competente órgão, na conformidade do que disponha o estatuto de cada partido.
> § 1.º Filiado algum pode sofrer medida disciplinar ou punição por conduta que não esteja tipificada no estatuto do partido político.
> § 2.º Ao acusado é assegurado amplo direito de defesa."

Outrossim, oportuno comentar que a configuração de infidelidade partidária não se resume à simples troca de partido, uma vez que também se caracteriza em momentos em que o parlamentar vota ou toma uma atitude contrária às diretrizes partidárias, consoante se vê da redação do art. 25 da Lei 9.096/1995. Confira-se:

> "Art. 25. O estatuto do partido poderá estabelecer, além das medidas disciplinares básicas de caráter partidário, normas sobre penalidades, inclusive com desligamento temporário da bancada, suspensão do direito de voto nas reuniões internas ou perda de todas as prerrogativas, cargos e funções que exerça em decorrência da representação e da proporção partidária, na respectiva Casa Legislativa, ao parlamentar que se opuser, pela atitude ou pelo voto, às diretrizes legitimamente estabelecidas pelos órgãos partidários."

A título de encerramento desse tema, cumpre registrar que o mandato poderá ser pleiteado tanto pelo próprio partido preterido, quanto pelo Ministério Público na qualidade de representante dos interesses da coletividade.

5.6 PROIBIÇÃO DE UTILIZAÇÃO DOS PARTIDOS COMO ORGANIZAÇÕES PARAMILITARES

A proibição de uso pelos partidos de organizações paramilitares, encontra-se estabelecida no art. 17, § 4.º, da CF/1988, nos seguintes termos:

"Art. 17. [...]
§ 4.º É vedada a utilização pelos partidos políticos de organização paramilitar."

Outrossim, a matéria foi disciplinada pela Lei 9.096/1995, que em seu art. 6.º, acabou por ampliar esta vedação inicialmente estabelecida pela Constituição, da seguinte forma:

"Art. 6.º. É vedado ao partido político ministrar instrução militar ou paramilitar, utilizar-se de organização da mesma natureza e adotar uniforme para seus membros."

5.7 ACESSO GRATUITO A RÁDIO E TV

De forma a viabilizar a difusão do programa partidário, e o estreitamento do seu relacionamento com o eleitorado, a Constituição estabeleceu o acesso gratuito aos meios de comunicação social, nos termos estabelecidos no art. 17, § 3.º. Confira-se:

"Art. 17. [...]
§ 3.º Os partidos políticos têm direito a recursos do fundo partidário e acesso gratuito ao rádio e à televisão, na forma da lei."

A leitura do dispositivo legal reproduzido demonstra a abertura oferecida pela Constituição, para que a matéria seja também objeto de disciplina pelo legislador infraconstitucional.

Nesse sentido, foi ela regulamentada pela Lei 9.096/1995, que, em seu art. 45, estabeleceu os objetivos relacionados a esse acesso aos meios de comunicação. Confira-se:

"Art. 45. A propaganda partidária gratuita, gravada ou ao vivo, efetuada mediante transmissão por rádio e televisão será realizada entre as dezenove horas e trinta minutos e as vinte e duas horas para, com exclusividade:
I – difundir os programas partidários;
II – transmitir mensagens aos filiados sobre a execução do programa partidário, dos eventos com este relacionados e das atividades congressuais do partido;
III – divulgar a posição do partido em relação a temas político-comunitários;

IV – promover e difundir a participação política feminina, dedicando às mulheres o tempo que será fixado pelo órgão nacional de direção partidária, observado o mínimo de 10% (dez por cento)."

Outrossim, a referida propaganda, que não deve ser confundida com aquela veiculada no horário eleitoral gratuito, vale dizer, durante a campanha eleitoral, não pode ser apresentada de forma livre, uma vez que necessário o respeito aos limites estabelecidos no § 1.º, do mesmo dispositivo legal. Confira-se:

> "Art. 45 [...]
> § 1.º Fica vedada, nos programas de que trata este Título:
> I – a participação de pessoa filiada a partido que não o responsável pelo programa;
> II – a divulgação de propaganda de candidatos a cargos eletivos e a defesa de interesses pessoais ou de outros partidos;
> III – a utilização de imagens ou cenas incorretas ou incompletas, efeitos ou quaisquer outros recursos que distorçam ou falseiem os fatos ou a sua comunicação."

A abertura de um capítulo exclusivamente para trabalhar desse tema, justifica-se, repita-se uma vez mais, para que as agremiações possam tornar conhecidas suas diretrizes, seus programas e suas realizações diante do eleitorado.

Cumpre ainda destacar que a periodicidade e a duração desses programas, contrariamente ao que se verifica por ocasião da campanha eleitoral, é paritária, não levando em consideração o resultado obtido pelos partidos nas eleições anteriores.

5.8 FUNDO PARTIDÁRIO

A questão relativa ao acesso pelos partidos, ao chamado fundo partidário, encontra-se localizada inicialmente no art. 17, § 3.º, que pela oportunidade mais uma vez se reproduz:

> "Art. 17 [...]
> § 3.º Os partidos políticos tem *direito a recursos do fundo partidário* e acesso gratuito ao rádio e à televisão, na forma da lei." (g.n.).

Esse tema, por força da redação reproduzida, foi disciplinado pela Lei 9.096/1995, que estabeleceu, em seu art. 38, os itens que integram este fundo de assistência financeira aos partidos. Confira-se:

"Art. 38. O Fundo Especial de Assistência Financeira aos Partidos Políticos (Fundo Partidário) é constituído por:
I – multas e penalidades pecuniárias aplicadas nos termos do Código Eleitoral e leis conexas;
II – recursos financeiros que lhe forem destinados por lei, em caráter permanente ou eventual;
III – doações de pessoa física ou jurídica, efetuadas por intermédio de depósitos bancários diretamente na conta do Fundo Partidário;
IV – dotações orçamentárias da União em valor nunca inferior, cada ano, ao número de eleitores inscritos em 31 de dezembro do ano anterior ao da proposta orçamentária, multiplicados por trinta e cinco centavos de real, em valores de agosto de 1995."

De outra parte, o mesmo diploma legal, em seu art. 41-A, com a alteração promovida pela Lei 12.875/2013,[2] estabeleceu critérios diferenciados para a distribuição das verbas deste fundo partidário.

Com efeito, fixou um percentual para ser dividido em partes iguais entre todos os partidos registrados no TSE e outro para ser distribuído de acordo com o resultado obtido nas últimas eleições. Confira-se:

"Art. 41-A. Do total do Fundo Partidário:
I – 5% (cinco por cento) serão destacados para entrega, em partes iguais, a todos os partidos que tenham seus estatutos registrados no Tribunal Superior Eleitoral; e
II – 95% (noventa e cinco por cento) serão distribuídos aos partidos na proporção dos votos obtidos na última eleição geral para a Câmara dos Deputados.
Parágrafo único. Para efeito do disposto no inc. II, serão desconsideradas as mudanças de filiação partidária, em quaisquer hipóteses, ressalvado o disposto no § 6.º do art. 29."

O legislador, preocupado com a destinação a ser oferecida pelos partidos a essas verbas, estabeleceu, em seu art. 44, claros limites. Confira-se:

"Art. 44. Os recursos oriundos do Fundo Partidário serão aplicados:

---

2. Importante lembrar, conforme visto no Capítulo 2, Item 2.2.4 (Princípio da segurança das relações jurídicas em matéria eleitoral), que o TSE e o STF já decidiram que as Leis 12.875 e 12.891, ambas de 2013, não têm aplicabilidade para as eleições de 2014, tendo em vista que elas interferem no processo eleitoral e foram aprovadas a menos de um ano da realização das eleições.

I – na manutenção das sedes e serviços do partido, permitido o pagamento de pessoal, a qualquer título, observado neste último caso o limite máximo de 50% (cinquenta por cento) do total recebido;

II – na propaganda doutrinária e política;

III – no alistamento e campanhas eleitorais;

IV – na criação e manutenção de instituto ou fundação de pesquisa e de doutrinação e educação política, sendo esta aplicação de, no mínimo, vinte por cento do total recebido;

V – na criação e manutenção de programas de promoção e difusão da participação política das mulheres conforme percentual que será fixado pelo órgão nacional de direção partidária, observado o mínimo de 5% (cinco por cento) do total."

Dentro desse contexto, importante salientar que, a qualquer tempo, a Justiça Eleitoral poderá levar a efeito investigações acerca da aplicação desses recursos.

Sobre esse tema, importante ainda anotar alteração promovida pela Lei 12.875/2013, no art. 29, § 6.º, da Lei 9.096/1995, relacionada à distribuição de recursos do fundo partidário em relação à fusão e incorporação de partidos. Confira-se:

"Art. 29. [...]

§ 6.º Havendo fusão ou incorporação, devem ser somados exclusivamente os votos dos partidos fundidos ou incorporados obtidos na última eleição geral para a Câmara dos Deputados, para efeito da distribuição dos recursos do Fundo Partidário e do acesso gratuito ao rádio e à televisão."

Justiça Eleitoral

6.1 ORGANIZAÇÃO E FUNCIONAMENTO

6.1.1 Visão geral

A Justiça Eleitoral foi criada no Brasil em 1932, por inspiração da Revolução de 1930, com o objetivo de organizar eleições livres.

Com a outorga da Carta de 1937, e o advento do Estado Novo, ela desapareceu, retornando com a promulgação da Carta de 1946.

Desta data em diante, experimentou apenas um hiato entre os anos de 1960 e 1989, período que coincidiu com a implantação no país de uma ditadura militar.

Na Constituição em vigor, os órgãos que compõem a Justiça Eleitoral estão disciplinados nos arts. 118 a 121. No art. 118 da CF/1988, tem-se que:

> "Art. 118. São órgãos da Justiça Eleitoral:
> I – o Tribunal Superior Eleitoral;
> II – os Tribunais Regionais Eleitorais;
> III – os Juízes Eleitorais;
> IV – as Juntas Eleitorais."

O STF não se encontra neste elenco, mas não há dúvida de que se trata de órgão de cúpula da Justiça Eleitoral, razão pela qual os comentários iniciais irão contemplar o perfil da Suprema Corte em relação a esse ramo da Justiça.

Outrossim, importante registrar, até mesmo para efeitos didáticos, que todos os órgãos integrantes da Justiça Eleitoral serão analisados em relação aos mesmos itens, vale dizer, sua composição, suas competências, tempo de duração do mandato e os efeitos de suas decisões.

Dentro desse contexto, pretende-se ao final do capítulo apresentar quadro sinótico comparativo para facilitar a visualização pelo leitor, tendo em vista os inúmeros detalhes incluídos nos dispositivos constitucionais, com a possibilidade de sua exploração pelo examinador, em especial em testes de múltipla escolha.

6.1.2 Supremo Tribunal Federal

6.1.2.1 Composição

A composição da Suprema Corte do país encontra-se disciplinada pelo art. 101 da CF/1988, onde se vê não só o número, mas também a forma de indicação de seus integrantes. Confira-se:

> "Art. 101. O Supremo Tribunal Federal compõe-se de onze Ministros, escolhidos dentre cidadãos com mais de trinta e cinco e menos de sessenta e cinco anos de idade, de notável saber jurídico e reputação ilibada.
> Parágrafo único. Os Ministros do Supremo Tribunal Federal serão nomeados pelo Presidente da República, depois de aprovada a escolha pela maioria absoluta do Senado Federal."

A leitura do dispositivo constitucional transcrito revela, em linhas gerais a composição por 11 ministros, o que autoriza a conclusão segundo a qual, se em determinado momento se resolver modificá-la, o único caminho viável será através da aprovação de emenda constitucional, com todas as dificuldades resultantes da previsão estabelecida no art. 60, § 4.º, da CF/1988.

6.1.2.2 Nomeação

Resulta da previsão estabelecida no dispositivo reproduzido, que a nomeação para a Suprema Corte configura ato complexo, eis que dependente de mais de uma manifestação de vontade para a sua configuração, vale dizer, de indicação pelo Presidente da República e confirmação pelo Senado Federal.

6.1.2.3 Competências

As competências da Suprema Corte encontram-se relacionadas no art. 102, I, II e III, da CF/1988. Confira-se:

> "Art. 102. Compete ao Supremo Tribunal Federal, precipuamente, a guarda da Constituição, cabendo-lhe [...]."

A leitura do *caput* do dispositivo permite concluir que a Suprema Corte foi alçada à condição de guardiã da Constituição, uma vez que compete a ela apreciar tão somente questões que envolvam a Lei Maior.

De outra parte, essas competências foram divididas em originárias e recursais, consoante se verifica, simultaneamente, dos incisos a seguir reproduzidos:

> "Art. 102. [...]
> I – processar e julgar, originariamente: [...]."

Para esta longa quantidade de matérias relacionadas no inc. I, a apreciação pela Suprema Corte não pressupõe a passagem por nenhuma outra instância inferior.

Outrossim, como se trata do órgão de cúpula do Poder Judiciário, pode-se concluir, sem dificuldade, tratar-se aqui de competência concentrada em que se destaca a previsão estabelecida na alínea *a*, para a apreciação de ADIs e ADECONs, no denominado controle concentrado da constitucionalidade das leis, o que envolve, por óbvio, toda a legislação eleitoral.

Por outro lado, nos incs. II e III, encontram-se disciplinadas suas competências recursais, discriminadas na forma a seguir reproduzida:

> "Art. 102. [...]
> II – julgar, em recurso ordinário:
> a) o *habeas corpus*, o mandado de segurança, o *habeas data* e o mandado de injunção decididos em única instância pelos Tribunais Superiores, se denegatória a decisão;
> b) o crime político [...]."

A leitura do dispositivo reproduzido permite entrever sua importância também para o Direito Eleitoral, na medida em que serão objeto de apreciação pela Corte Suprema os recursos ajuizados em decorrência de decisões proferidas pelo TSE, em matérias de competência originária daquela Corte.

Outrossim, a mesma conclusão se apresenta em relação aos chamados crimes de natureza política.

Por fim, tem-se a competência recursal atribuída à Suprema Corte para a apreciação, em caráter extraordinário, das decisões proferidas em única ou última instância, desde que incluídas nas hipóteses ali previstas. Confira-se:

"Art. 102 [...]

III – julgar, mediante recurso extraordinário, as causas decididas em única ou última instância, quando a decisão recorrida:

a) contrariar dispositivo desta Constituição;

b) declarar a inconstitucionalidade de tratado ou lei federal;

c) julgar válida lei ou ato de governo local contestado em face desta Constituição;

d) julgar válida lei local contestada em face de lei federal [...]."

Neste particular, cumpre lembrar que também em matéria eleitoral, os recursos apresentados para a Suprema Corte deverão preencher os requisitos normalmente exigidos, vale dizer, a comprovação do prequestionamento da matéria constitucional; a configuração de repercussão geral da matéria discutida e, ainda, que a apreciação do recurso não implique em revisitação de fatos, o que é estabelecido pela Súmula 279 do STF.

6.1.2.4 Mandato

Não há previsão quanto à duração do mandato de um Ministro do STF. O que se sabe é que existe um limite mínimo de idade para o ingresso na Suprema Corte, entre 35 e 65 anos, fixado pelo art. 101 da CF/1988.

De outra parte, existe também um limite de idade para que eles lá permaneçam, vale dizer, 70 anos, período em que se dá a aposentadoria compulsória.

6.1.2.5 Decisões

Em relação às decisões proferidas pelo STF, são elas irrecorríveis, por se tratar da última instância do Poder Judiciário.

Dentro desse contexto, eventuais recursos somente poderão ser ajuizados perante o próprio STF.

Outrossim, importante notar que estas decisões poderão ser dotadas de efeitos *erga omnes* ou *inter partes*, vinculantes ou não, a depender de terem sido elas proferidas no exercício de competências originárias ou recursais.

6.1.3 Tribunal Superior Eleitoral

6.1.3.1 Composição

O TSE é composto por no mínimo 7 integrantes, conforme reza o art. 119 da CF/1988. Confira-se:

"Art. 119. O Tribunal Superior Eleitoral compor-se-á, no mínimo, de sete membros, escolhidos [...]."

A leitura do dispositivo reproduzido exige que se destaque a expressão "no mínimo", demonstrando a intenção de não se oferecer um caráter estático à composição daquela Corte.

Nesse sentido, em caso de necessidade de alteração do número de integrantes, desnecessária a aprovação de Emenda Constitucional, o que acaba por simplificar, de forma significativa, a matéria.

Dentro desse contexto, cumpre destacar agora a origem dos integrantes da Corte, matéria que também deve ser observada com cautela, por conta dos detalhes que a envolvem. Confira-se:

"Art. 119 [...].
I – mediante eleição, pelo voto secreto:
a) três juízes dentre os Ministros do Supremo Tribunal Federal;
b) dois juízes dentre os Ministros do Superior Tribunal de Justiça;
II – por nomeação do Presidente da República, dois juízes dentre seis advogados de notável saber jurídico e idoneidade moral, indicados pelo Supremo Tribunal Federal [...]."

A leitura do dispositivo exige comentários em relação à forma de nomeação de advogados, tendo em vista a ausência de participação da OAB neste processo.

Com efeito, a indicação parte do próprio STF, demandando a ratificação pelo Presidente da República.

Outrossim, importante notar que, por expressa disposição constitucional, a Presidência e a Vice-Presidência do órgão serão ocupadas pelos integrantes oriundos do STF, enquanto que, a Corregedoria, por um dos representantes do STJ. Confira-se:

"Art. 119. [...]
Parágrafo único. O Tribunal Superior Eleitoral elegerá seu Presidente e o Vice-Presidente dentre os Ministros do Supremo Tribunal Federal, e o Corregedor Eleitoral dentre os Ministros do Superior Tribunal de Justiça."

6.1.3.2 Competências

As competências atribuídas ao TSE não se encontram relacionadas na CF/1988, que preferiu delegá-las para o legislador ordinário, sendo que incumbiu-se dessa tarefa a Lei 4.737/1965 (Código Eleitoral), em seus arts. 29 e 30. Confira-se:

"Art. 29. Compete aos Tribunais Regionais:
I – processar e julgar originariamente:
a) o registro e o cancelamento do registro dos diretórios estaduais e municipais de partidos políticos, bem como de candidatos a Governador, Vice-Governadores, e membro do Congresso Nacional e das Assembleias Legislativas;
b) os conflitos de jurisdição entre juízes eleitorais do respectivo Estado;
c) a suspeição ou impedimentos aos seus membros ao Procurador Regional e aos funcionários da sua Secretaria assim como aos juízes e escrivães eleitorais;
d) os crimes eleitorais cometidos pelos juízes eleitorais;
e) o *habeas corpus* ou mandado de segurança, em matéria eleitoral, contra ato de autoridades que respondam perante os Tribunais de Justiça por crime de responsabilidade e, em grau de recurso, os denegados ou concedidos pelos juízes eleitorais; ou, ainda, o *habeas corpus* quando houver perigo de se consumar a violência antes que o juiz competente possa prover sobre a impetração;
f) as reclamações relativas a obrigações impostas por lei aos partidos políticos, quanto a sua contabilidade e à apuração da origem dos seus recursos;
g) os pedidos de desaforamento dos feitos não decididos pelos juízes eleitorais em trinta dias da sua conclusão para julgamento, formulados por partido candidato Ministério Público ou parte legitimamente interessada sem prejuízo das sanções decorrentes do excesso de prazo;
II – julgar os recursos interpostos:
a) dos atos e das decisões proferidas pelos juízes e juntas eleitorais;
b) das decisões dos juízes eleitorais que concederem ou denegarem *habeas corpus* ou mandado de segurança.
Parágrafo único. As decisões dos Tribunais Regionais são irrecorríveis, salvo nos casos do art. 276."

"Art. 30. Compete, ainda, privativamente, aos Tribunais Regionais:
I – elaborar o seu regimento interno;
II – organizar a sua Secretaria e a Corregedoria Regional provendo-lhes os cargos na forma da lei, e propor ao Congresso Nacional, por intermédio do Tribunal Superior a criação ou supressão de cargos e a fixação dos respectivos vencimentos;

III – conceder aos seus membros e aos juízes eleitorais licença e férias, assim como afastamento do exercício dos cargos efetivos submetendo, quanto aqueles, a decisão à aprovação do Tribunal Superior Eleitoral;

IV – fixar a data das eleições de Governador e Vice-Governador, deputados estaduais, prefeitos, vice-prefeitos, vereadores e juízes de paz, quando não determinada por disposição constitucional ou legal;

V – constituir as juntas eleitorais e designar a respectiva sede e jurisdição;

VI – indicar ao Tribunal Superior as zonas eleitorais ou seções em que a contagem dos votos deva ser feita pela mesa receptora;

VII – apurar com os resultados parciais enviados pelas juntas eleitorais, os resultados finais das eleições de Governador e Vice-Governador de membros do Congresso Nacional e expedir os respectivos diplomas, remetendo dentro do prazo de 10 (dez) dias após a diplomação, ao Tribunal Superior, cópia das atas de seus trabalhos;

VIII – responder, sobre matéria eleitoral, às consultas que lhe forem feitas, em tese, por autoridade pública ou partido político;

IX – dividir a respectiva circunscrição em zonas eleitorais, submetendo essa divisão, assim como a criação de novas zonas, à aprovação do Tribunal Superior;

X – aprovar a designação do Ofício de Justiça que deva responder pela escrivania eleitoral durante o biênio;

XI – *(Revogado pela Lei 8.868, de 1994)*

XII – requisitar a força necessária ao cumprimento de suas decisões solicitar ao Tribunal Superior a requisição de força federal;

XIII – autorizar, no Distrito Federal e nas capitais dos Estados, ao seu presidente e, no interior, aos juízes eleitorais, a requisição de funcionários federais, estaduais ou municipais para auxiliarem os escrivães eleitorais, quando o exigir o acúmulo ocasional do serviço;

XIV – requisitar funcionários da União e, ainda, no Distrito Federal e em cada Estado ou Território, funcionários dos respectivos quadros administrativos, no caso de acúmulo ocasional de serviço de suas Secretarias;

XV – aplicar as penas disciplinares de advertência e de suspensão até 30 (trinta) dias aos juízes eleitorais;

XVI – cumprir e fazer cumprir as decisões e instruções do Tribunal Superior;

XVII – determinar, em caso de urgência, providências para a execução da lei na respectiva circunscrição;

XVIII – organizar o fichário dos eleitores do Estado;

XIX – suprimir os mapas parciais de apuração mandando utilizar apenas os boletins e os mapas totalizadores, desde que o menor número de candidatos às eleições proporcionais justifique a supressão, observadas as seguintes normas:

a) qualquer candidato ou partido poderá requerer ao Tribunal Regional que suprima a exigência dos mapas parciais de apuração;

b) da decisão do Tribunal Regional qualquer candidato ou partido poderá, no prazo de três dias, recorrer para o Tribunal Superior, que decidirá em cinco dias;

c) a supressão dos mapas parciais de apuração só será admitida até seis meses antes da data da eleição;

d) os boletins e mapas de apuração serão impressos pelos Tribunais Regionais, depois de aprovados pelo Tribunal Superior;

e) o Tribunal Regional ouvirá os partidos na elaboração dos modelos dos boletins e mapas de apuração a fim de que estes atendam às peculiaridades locais, encaminhando os modelos que aprovar, encaminhando os modelos que aprovar, acompanhados das sugestões ou impugnações formuladas pelos partidos, à decisão do Tribunal Superior."

A leitura do dispositivo autoriza a conclusão segundo a qual tem o órgão competência jurisdicionais, divididas em originárias e recursais, entre as quais pode se destacar a de promover o registro de partidos políticos, que tem por base, como já visto, a previsão estabelecida no art. 17, § 2.º, da CF/1988.

De outra parte, quanto às competências recursais, o único comentário digno de registro, refere-se à atribuição conferida àquele órgão para a apreciação de recursos oriundos dos TREs.

Por fim, são eles dotados também de competências administrativas, destacando-se a edição de resoluções, súmulas, bem como a resposta às consultas elaboradas nos termos desse dispositivo.

6.1.3.3 Mandato

Os integrantes desse órgão têm mandato por prazo determinado, de 2 anos, prorrogáveis uma vez por igual período, a teor do disposto no art. 121, § 2.º, da CF/1988. Confira-se:

"Art. 121. [...]

§ 2.º Os juízes dos tribunais eleitorais, salvo motivo justificado, servirão por dois anos, no mínimo, e nunca por mais de dois biênios consecutivos, sendo os substitutos escolhidos na mesma ocasião e pelo mesmo processo, em número igual para cada categoria [...]."

Esta circunstância permite concluir a razão para mudanças frequentes na jurisprudência do órgão, tendo em vista a constante alteração em sua composição.

Assim, ao contrário de outros integrantes da Magistratura, que são dotados de vitaliciedade, aqui esta garantia apresenta-se com perfil diferenciado, por força do prazo determinado estabelecido no dispositivo constitucional.

6.1.3.4 Decisões

Conforme o disposto no art. 121, § 3.º, da CF/1988, as suas decisões são, em regra, irrecorríveis, comportando exceções relacionadas no mesmo dispositivo. Confira-se:

> "Art. 121. [...]
> § 3.º São irrecorríveis as decisões do Tribunal Superior Eleitoral, salvo as que contrariarem esta Constituição e as denegatórias de *habeas corpus* ou mandado de segurança [...]."

Na hipótese de cabimento de recurso, será ele dirigido ao STF, desde que satisfeitas as exigências já relacionadas, vale dizer, o prequestionamento da matéria constitucional; a configuração da repercussão geral e a impossibilidade de revisitação de matéria fática, a teor do disposto na Súmula 279 da Suprema Corte.

Assim é que, quando a decisão proferida pelo órgão contrariar a Constituição, terá lugar recurso extraordinário, conforme previsão estabelecida no art. 281 da Lei 4.737/1965 (Código Eleitoral). Confira-se:

> "Art. 281. São irrecorríveis as decisões do Tribunal Superior, salvo as que declararem a invalidade de lei ou ato contrário à Constituição Federal e as denegatórias de *habeas corpus* ou mandado de segurança, das quais caberá recurso ordinário para o Supremo Tribunal Federal, interposto no prazo de 3 (três) dias [...]."

De outra parte, de acordo com a redação reproduzida, quando a decisão proferida pelo TSE for denegatória de mandado de segurança ou de *habeas corpus*, terá lugar o recurso ordinário.

Nesse particular, importante destacar que a legitimidade para a propositura do recurso terá lugar tão somente na hipótese de decisão denegatória.

6.1.4 Tribunal Regional Eleitoral

A questão relacionada aos TREs encontra-se disciplinada, ao nível constitucional, no art. 120. Confira-se:

> "Art. 120. Haverá um Tribunal Regional Eleitoral na Capital de cada Estado e no Distrito Federal.
> § 1.º Os Tribunais Regionais Eleitorais compor-se-ão:
> I – mediante eleição, pelo voto secreto:
> a) de dois juízes dentre os desembargadores do Tribunal de Justiça;
> b) de dois juízes, dentre juízes de direito, escolhidos pelo Tribunal de Justiça;
> II – de um juiz do Tribunal Regional Federal com sede na Capital do Estado ou no Distrito Federal, ou, não havendo, de juiz federal, escolhido, em qualquer caso, pelo Tribunal Regional Federal respectivo;
> III – por nomeação, pelo Presidente da República, de dois juízes dentre seis advogados de notável saber jurídico e idoneidade moral, indicados pelo Tribunal de Justiça [...]."

Inicialmente, pode-se concluir, em razão do dispositivo reproduzido, que cada Estado da Federação é dotado de um órgão dessa natureza, mesma conclusão que se atinge em relação ao Distrito Federal.

De outra parte, outros itens também de importância resultam da leitura desse dispositivo, que vão ser analisados seguindo-se a mesma sequência apresentada para o STF e para o TSE.

6.1.4.1 Composição

Conforme o disposto no art. 120, § 1.º, I a III, da CF/1988, os TREs são compostos por sete integrantes, disposição que revela um caráter mais estático, uma vez que qualquer alteração demandará a aprovação por Emenda Constitucional.

Dos sete integrantes, dois são indicados pelo Tribunal de Justiça entre os seus desembargadores, por votação secreta.

Outros dois são indicados pelo próprio TJ, entre juízes estaduais, também por votação secreta.

Um integrante é oriundo do TRF, que faz a indicação de um dos seus desembargadores.

As outras duas vagas são preenchidas por advogados indicados pelo TJ e nomeados pelo Presidente da República.

Observe-se, novamente, que o processo de indicação dos advogados não inclui a participação da OAB.

Portanto, percebe-se que dos sete componentes desse órgão, seis são indicados de forma direta ou indireta pelo TJ, apresentando-se como única exceção, a indicação do representante do TRE.

6.1.4.2 Competências

A exemplo do que se verificou em relação ao TSE, também as competências dos TREs não se encontram relacionadas na CF/1988, que delegou essa tarefa para o legislador infraconstitucional, encontrando-se elas previstas na Lei 4.737/1965 (Código Eleitoral), nos seus arts. 29 e 30.

A leitura do dispositivo permite visualizar que este órgão apresenta competências jurisdicionais originárias e também aquelas exercidas em caráter recursal, apreciando decisões proferidas pela primeira instância.

Outrossim, não se pode deixar de mencionar que esses Tribunais também são dotados de competências administrativas, consoante se verifica da redação estabelecida pelo art. 30.

Diante desse cenário resultante dos dispositivos reproduzidos, pode-se destacar, entre as competências ali relacionadas, a do registro de diretórios estaduais e municipais dos partidos.

Em termos de competência recursal, os TREs apreciam, como já se disse, recursos oriundos de decisões proferidas pelos juízes de primeira instância.

Por fim, em relação às competências administrativas, destaque para a resposta a consultas a eles dirigidas por partidos políticos, candidatos, eleitores, obviamente no âmbito estadual e municipal, até porque foi visto que para eleições no âmbito nacional o competente para responder a estas consultas é o TSE.

6.1.4.3 Mandato

Os integrantes dos TREs também possuem um mandato de dois anos, admitida uma recondução, na forma do art. 121, § 2.º, da CF/1988.

6.1.4.4 Decisões

Como regra geral, são elas irrecorríveis, admitindo-se exceções em que se abre possibilidade de propositura de recursos dirigidos ao TSE, conforme o que consagra o art. 121, § 4.º, da CF/1988. Confira-se:

"Art. 121. [...]

§ 4.º Das decisões dos Tribunais Regionais Eleitorais somente caberá recurso quando:

I – forem proferidas contra disposição expressa desta Constituição ou de lei;

II – ocorrer divergência na interpretação de lei entre dois ou mais tribunais eleitorais;

III – versarem sobre inelegibilidade ou expedição de diplomas nas eleições federais ou estaduais;

IV – anularem diplomas ou decretarem a perda de mandatos eletivos federais ou estaduais;

V – denegarem *habeas corpus*, mandado de segurança, *habeas data* ou mandado de injunção."

Em relação às hipóteses alinhadas no dispositivo constitucional, oportuno o destaque de alguns itens em razão dos detalhes que encerram.

Assim é que, entre elas, se encontra a possibilidade de recurso em se tratando de divergência entre dois ou mais Tribunais, não se abrindo essa possibilidade quando a divergência estiver instalada no âmbito do próprio Tribunal.

De outra parte, importante relembrar que a propositura de recurso para a instância superior, relacionado a garantias constitucionais, só terá lugar na hipótese de denegação.

Por fim, cumpre apenas registrar que a escolha do recurso para a instância do TSE não se apresenta livre, eis que disciplinada pelo art. 276 da Lei 4.737/1965 (Código Eleitoral). Confira-se:

"Art. 276. As decisões dos Tribunais Regionais são terminativas, salvo os casos seguintes em que cabe recurso para o Tribunal Superior:

I – especial:

a) quando forem proferidas contra expressa disposição de lei;

b) quando ocorrer divergência na interpretação de lei entre dois ou mais tribunais eleitorais;

II – ordinário:

a) quando versarem sobre expedição de diplomas nas eleições federais e estaduais;

b) quando denegarem *habeas corpus* ou mandado de segurança.

§ 1.º É de 3 (três) dias o prazo para a interposição do recurso, contado da publicação da decisão nos casos dos n. I, letras *a* e *b* e II, letra *b* e da sessão da diplomação no caso do n. II, letra *a* [...]."

6.1.5 Juízes singulares

6.1.5.1 Composição

Não existe uma carreira eleitoral específica dentro da CF/1988. Assim, o ingresso se dá na carreira e no período eleitoral verifica-se o deslocamento para esse setor, sendo que o exercício dessas atribuições é determinado através de designação do Presidente do Tribunal de Justiça.

6.1.5.2 Competências

As competências do juiz singular encontram-se previstas na Lei 4.737/1965, em seu art. 35, cuja redação a seguir se reproduz:

> "Art. 35. Compete aos juízes:
> I – cumprir e fazer cumprir as decisões e determinações do Tribunal Superior e do Regional;
> II – processar e julgar os crimes eleitorais e os comuns que lhe forem conexos, ressalvada a competência originária do Tribunal Superior e dos Tribunais Regionais;
> III – decidir *habeas corpus* e mandado de segurança, em matéria eleitoral, desde que essa competência não esteja atribuída privativamente a instância superior;
> IV – fazer as diligências que julgar necessárias a ordem e presteza do serviço eleitoral;
> V – tomar conhecimento das reclamações que lhe forem feitas verbalmente ou por escrito, reduzindo-as a termo, e determinando as providências que cada caso exigir;
> VI – indicar, para aprovação do Tribunal Regional, a serventia de justiça que deve ter o anexo da escrivania eleitoral;
> VII – *(Revogado pela Lei 8.868, de 1994)*
> VIII – dirigir os processos eleitorais e determinar a inscrição e a exclusão de eleitores;
> IX – expedir títulos eleitorais e conceder transferência de eleitor;
> X – dividir a zona em seções eleitorais;
> XI – mandar organizar, em ordem alfabética, relação dos eleitores de cada seção, para remessa a mesa receptora, juntamente com a pasta das folhas individuais de votação;
> XII – ordenar o registro e cassação do registro dos candidatos aos cargos eletivos municipais e comunicá-los ao Tribunal Regional;
> XIII – designar, até 60 (sessenta) dias antes das eleições os locais das seções;

XIV – nomear, 60 (sessenta) dias antes da eleição, em audiência pública anunciada com pelo menos 5 (cinco) dias de antecedência, os membros das mesas receptoras;

XV – instruir os membros das mesas receptoras sobre as suas funções;

XVI – providenciar para a solução das ocorrências que se verificarem nas mesas receptoras;

XVII – tomar todas as providências ao seu alcance para evitar os atos viciosos das eleições;

XVIII – fornecer aos que não votaram por motivo justificado e aos não alistados, por dispensados do alistamento, um certificado que os isente das sanções legais;

XIX – comunicar, até às 12 horas do dia seguinte a realização da eleição, ao Tribunal Regional e aos delegados de partidos credenciados, o número de eleitores que votarem em cada uma das seções da zona sob sua jurisdição, bem como o total de votantes da zona."

Entre as atribuições previstas no Código Eleitoral, pode-se destacar aquela que atribui aos juízes eleitorais a presidência do processo eleitoral, em que se destaca o acolhimento ou não do registro de candidaturas.

Outrossim, importante destacar que cabe ao juiz eleitoral a indicação daqueles que irão compor as Juntas Eleitorais.

6.1.5.3 Mandato

Ainda que não se tenha nenhuma disposição constitucional específica, aplica-se, por analogia aos juízes singulares, a regra que aponta para um mandato de 2 anos, admitida uma prorrogação, a teor do disposto no art. 121, § 2.º, da CF/1988.

6.1.5.4 Decisões

As decisões proferidas pelos juízes singulares são, em regra, recorríveis para instância superior, vale dizer, o TRE.

6.1.6 *Juntas Eleitorais*

6.1.6.1 Composição

A título de encerramento desse capítulo, necessários comentários em relação às Juntas Eleitorais, cuja composição vem definida pelo Código Eleitoral, em seu art. 36. Confira-se:

"Art. 36. Compor-se-ão as juntas eleitorais de um juiz de direito, que será o presidente, e de 2 (dois) ou 4 (quatro) cidadãos de notória idoneidade [...]."

A composição prevista pelo legislador tem por objetivo assegurar que as decisões proferidas por esse órgão jamais resulte em um empate, tendo em vista a quantidade ímpar de integrantes.

De outra parte, importante notar que a indicação dos membros que a compõem é feita pelo juiz eleitoral, sendo necessária sua confirmação pelo Presidente do Tribunal Regional Eleitoral, no prazo de 60 dias anteriores ao da realização das eleições. Confira-se:

"Art. 36. [...]
§ 1.º Os membros das juntas eleitorais serão nomeados 60 (sessenta) dia antes da eleição, depois de aprovação do Tribunal Regional, pelo presidente deste, a quem cumpre também designar-lhes a sede [...]."

Outrossim, oportuno consignar que a nomeação dos integrantes dessas Juntas não se apresenta livre, uma vez que necessário o respeito aos limites impostos pelo legislador, no dispositivo em comentário. Confira-se:

"Art. 36. [...]
§ 3.º Não podem ser nomeados membros das Juntas, escrutinadores ou auxiliares:
I – os candidatos e seus parentes, ainda que por afinidade, até o segundo grau, inclusive, e bem assim o cônjuge;
II – os membros de diretorias de partidos políticos devidamente registrados e cujos nomes tenham sido oficialmente publicados;
III – as autoridades e agentes policiais, bem como os funcionários no desempenho de cargos de confiança do Executivo;
IV – os que pertencerem ao serviço eleitoral."

6.1.6.2 Competências

As Juntas Eleitorais possuem por objetivo precípuo auxiliar o juiz eleitoral na apuração das eleições, conforme o que se observa no art. 40 da Lei 4.737/1965, nos seguintes termos:

"Art. 40. Compete à Junta Eleitoral:
I – apurar, no prazo de 10 (dez) dias, as eleições realizadas nas zonas eleitorais sob a sua jurisdição;

II – resolver as impugnações e demais incidentes verificados durante os trabalhos da contagem e da apuração;
III – expedir os boletins de apuração mencionados no art. 178;
IV – expedir diploma aos eleitos para cargos municipais.
Parágrafo único. Nos municípios onde houver mais de uma junta eleitoral a expedição dos diplomas será feita pelo que for presidida pelo juiz eleitoral mais antigo, à qual as demais enviarão os documentos da eleição."

A leitura do dispositivo reproduzido bem demonstra que gradativamente essas Juntas Eleitorais vem perdendo espaço, na medida em que se implanta o sistema eletrônico de votação, subsistindo, tão somente, a competência para a expedição de diploma aos eleitos no pleito Municipal.

6.1.6.3 Mandato

Como já visto, a nomeação de seus integrantes ocorre sessenta dias antes da realização das eleições, sendo que o mandato se expira com o término da apuração da eleição, o que se visualiza através das competências que foram reproduzidas, entre as quais se destacam o auxílio ao juiz eleitoral com a expedição de boletins e mapas eleitorais.

6.1.6.4 Decisões

As decisões proferidas pelas Juntas Eleitorais poderão, de início, ser objeto de pedidos de impugnação, que serão por elas decididos por maioria de votos, conforme disposto no art. 169, *caput*, e § 1.º, da Lei 4.737/1965. Confira-se:

"Art. 169. À medida que os votos forem sendo apurados, poderão os fiscais e delegados de partido, assim como os candidatos, apresentar impugnações que serão decididas de plano pela Junta.
§ 1.º As Juntas decidirão por maioria de votos as impugnações [...]."

Outrossim, importante consignar que, das decisões proferidas nesses pedidos, caberá recurso para o TRE, na forma do art. 169, § 2.º, c/c art. 265, ambos da Lei 4.737/1965. Confira-se:

"Art. 169. [...]
§ 2.º De suas decisões cabe recurso imediato, interposto verbalmente ou por escrito, que deverá ser fundamentado no prazo de 48 (quarenta e oito) horas para que tenha seguimento [...]."
"Art. 265. Dos atos, resoluções ou despachos dos juízes ou juntas eleitorais caberá recurso para o Tribunal Regional.
Parágrafo único. Os recursos das decisões das Juntas serão processados na forma estabelecida pelos arts. 169 e seguintes."

Neste particular, oportuno registrar que a apresentação desses pedidos de impugnação surge como pré-requisito para que se possa cogitar da apresentação de recurso, a teor do disposto no art. 171 da Lei 4.737/1965. Confira-se:

"Art. 171. Não será admitido recurso contra a apuração, se não tiver havido impugnação perante a Junta, no ato apuração, contra as nulidades arguidas."

Encerradas as considerações essenciais quanto à organização da Justiça Eleitoral, para uma melhor visualização dos itens que foram abordados, segue quadro comparativo:

	COMPOSIÇÃO	COMPETÊNCIA	MANDATO	DECISÕES
STF	Art. 101 c/c 52, III, a, da CF/1988. 11 ministros: Nomeados pelo Presidente e confirmados pelo Senado.	Originárias: Art. 102, I, da CF/1988. Recursais: a) Ordinárias – Art. 102, II, da CF/1988; b) Extraordinárias – Art. 102, III, da CF/1988.	Não tem mandato por prazo determinado, perdurando entre os 35 e 70 anos.	São irrecorríveis.
TSE	Art. 119 da CF/1988. No mínimo 7 integrantes: – 3 do STF; – 2 do STJ; – 2 advogados indicados pelo STF e nomeados pelo Presidente.	Lei 4.737/1965 (CE) – Arts. 22 e 23	Art. 121, § 2.º, CF/1988 Mandatos de 2 anos, permitida a prorrogação por igual período.	Em regra são irrecorríveis Excepcionalmente, nas hipóteses previstas pelo art. 121, § 3.º, da CF/1988.
TRE	Art. 120 da CF/1988. 7 integrantes: – 2 desembargadores do TJ; – 2 juízes indicados pelo TJ; – 1 desembargador indicado pelo TRF; – 2 advogados indicados pelo TJ e nomeados pelo Presidente.	Lei 4.737/1965 – Arts. 29 e 30	2 anos – Art. 121, § 2.º, da CF/1988 – admitida uma recondução por igual período.	Em regra, irrecorríveis. Excepcionalmente nas hipóteses do art. 121, § 4.º, da CF/1988.

	COMPOSIÇÃO	COMPETÊNCIA	MANDATO	DECISÕES
Juiz	1 Juiz, atuando por delegação.	Lei 4.737/1965 – Art. 35	Por analogia, 2 anos, admitida uma recondução por igual período. Art. 121, § 2.º, da CF/1988.	Recorríveis.
Juntas Eleitorais	1 Juiz eleitoral 2 ou 4 cidadãos Lei 4.737/1965 – Art. 36	Lei 4.737/1965 – Art. 40	60 dias antes do pleito até o final das apurações.	Recorríveis para o TRE. Arts. 169, 171 e 265 da Lei 4.737/1965.

6.2 GARANTIAS E IMPEDIMENTOS DA MAGISTRATURA

O tema, que se encontra registrado na CF/1988, em seu art. 95, tem por objetivo, de um lado, a preservação do exercício do cargo, de forma a permitir que os magistrados exerçam suas atribuições de forma livre, afastados de qualquer tipo de pressão.

De outra parte, em relação aos impedimentos, tem por objetivo também o de preservar o cargo, através da incidência de restrições de forma a evitar que os magistrados tirem qualquer proveito das atribuições que exercem, em benefício próprio.

Assim sendo, fácil concluir que tanto as garantias, quanto os impedimentos, apenas incidem enquanto o magistrado encontrar-se titularizando cargo.

Diante desse cenário, passamos agora a analisar, de forma sequencial, as garantias e impedimentos estabelecidos pela CF/1988.

6.2.1 Das garantias

Como já noticiado, encontram-se elas relacionadas no art. 95, I, II e III, da CF/1988. Confira-se:

> "Art. 95. Os juízes gozam das seguintes garantias:
> I – vitaliciedade, que, no primeiro grau, só será adquirida após dois anos de exercício, dependendo a perda do cargo, nesse período, de deliberação do Tribunal a que o juiz estiver vinculado, e, nos demais casos, de sentença judicial transitada em julgado;
> II – inamovibilidade, salvo por motivo de interesse público, na forma do art. 93, VIII;

III – irredutibilidade de subsídio, ressalvado o disposto nos arts. 37, X e XI, 39, § 4.º, 150, II, 153, III, e 153, § 2.º, I [...]."

6.2.1.1 Vitaliciedade

É a garantia atribuída aos magistrados, que lhes assegura a permanência no cargo, para que tenham tranquilidade maior para o exercício das suas atribuições, independentemente das pressões que venham sofrer.

Neste particular, importante não confundir o instituto da vitaliciedade com o da estabilidade, que assegura a permanência do servidor no serviço.

Dentro desse contexto, possível se concluir que a vitaliciedade surge como um *plus*, um algo a mais em relação à estabilidade.

Nesse sentido, importante notar que somente as poucas carreiras que possuem expressa previsão constitucional é que atribuem aos seus integrantes vitaliciedade, surgindo como exemplos a Magistratura, o Ministério Público e os Tribunais de Contas.

Desta forma, as demais carreiras que não apresentam previsão expressa na CF/1988, em razão de um critério residual, atribuem aos seus integrantes estabilidade.

Ainda sobre esse tema, importante destacar que no setor eleitoral, a vitaliciedade apresenta uma característica específica, tendo em vista a configuração de mandato por prazo determinado, a teor do disposto no art. 121, § 2.º, da CF/1988.

6.2.1.2 Inamovibilidade

É a garantia atribuída aos juízes que lhes assegura a permanência no local em que exercem as suas atribuições.

Pode ser afastada por razões de interesse público, sempre se assegurando o contraditório e a ampla defesa, consoante o disposto no art. 93, VIII, da CF/1988. Confira-se:

> "Art. 93. [...]
> VIII – o ato de remoção, disponibilidade e aposentadoria do magistrado, por interesse público, fundar-se-á em decisão por voto da maioria absoluta do respectivo Tribunal ou do Conselho Nacional de Justiça, assegurada ampla defesa [...]."

A leitura do dispositivo reproduzido permite concluir que a decisão pela transferência do magistrado, deve vir acompanhada dos motivos que lhe deram origem, exatamente para evitar a prática de arbitrariedade.

Outrossim, de forma a lhe conferir maior legitimidade, exige-se o atingimento do quórum qualificado, de maioria absoluta.

6.2.1.3 Irredutibilidade de subsídio

Por subsídio entende-se a remuneração, percebida em parcela única, proibindo-se a percepção de vantagens, nos termos estabelecidos pelo art. 39, § 4.º, da CF/1988. Confira-se:

> "Art. 39. [...]
> § 4.º O membro de Poder, o detentor de mandato eletivo, os Ministros de Estado e os Secretários Estaduais e Municipais serão remunerados exclusivamente por subsídio fixado em parcela única, vedado o acréscimo de qualquer gratificação, adicional, abono, prêmio, verba de representação ou outra espécie remuneratória, obedecido, em qualquer caso, o disposto no art. 37, X e XI [...]."

Dentro desse contexto, ainda que desnecessário, tendo em vista que os Magistrados são membros de Poder, a CF/1988 houve por bem ratificar sua forma de remuneração, a teor do disposto no art. 95, III, ora comentado.

6.2.2 Dos impedimentos

Encontram-se eles relacionados no art. 95, parágrafo único, da CF/1988, cuja redação é a seguir reproduzida:

> "Art. 95. [...]
> Parágrafo único. Aos juízes é vedado:
> I – exercer, ainda que em disponibilidade, outro cargo ou função, salvo uma de magistério;
> II – receber, a qualquer título ou pretexto, custas ou participação em processo;
> III – dedicar-se à atividade político-partidária;
> IV – receber, a qualquer título ou pretexto, auxílios ou contribuições de pessoas físicas, entidades públicas ou privadas, ressalvadas as exceções previstas em lei;
> V – exercer a advocacia no juízo ou Tribunal do qual se afastou, antes de decorridos três anos do afastamento do cargo por aposentadoria ou exoneração."

Esses impedimentos, como visto no início desse item, tem por objetivo impor restrições aos Magistrados, de forma a dificultar possam eles tirar proveito do cargo que titularizam.

6.2.2.1 Acumulação de cargo

Nesse particular, a exemplo do que fez em relação aos demais servidores (art. 37, XVI), também aqui a CF/1988, de forma acertada, fez incidir a proibição de acumulação com outro cargo ou função, para não prejudicar o exercício da Magistratura.

Dentro desse contexto, a exceção apresentada refere-se ao exercício de atividade de Magistério, desde que, por óbvio, configurada a compatibilidade de horários.

6.2.2.2 Percepção de custas

Nesse particular, por razões óbvias, a CF/1988 proíbe o recebimento de custas em processo, estendida essa vedação para custas percebidas fora do processo, de forma a não macular o exercício da jurisdição.

6.2.2.3 Atividade político-partidária

Esta restrição, tendo em vista os objetivos dessa obra, é aquela que apresenta maior importância, na medida em que, para não prejudicar o exercício da Magistratura, proíbe os seus integrantes não só de filiação partidária, mas também de participação, sob qualquer forma, em campanhas eleitorais, seja para favorecer ou para prejudicar candidatos.

6.2.2.4 Percepção de auxílios ou contribuições

Da mesma forma, com o claro objetivo de preservar o exercício da Magistratura, a CF/1988 houve por bem proibir a percepção de quaisquer auxílios ou contribuições, tenham eles origens em pessoas físicas, entidades públicas ou privadas.

Dentro desse contexto, as únicas exceções admitidas são aquelas expressamente previstas em lei, por não implicarem em qualquer sorte de comprometimento do exercício da Magistratura.

6.2.2.5 Exercício da advocacia

Esta última restrição, entre aquelas relacionadas no dispositivo ora comentado, é a única que se apresenta mesmo em momento posterior ao afastamento do cargo.

Sem embargo, o objetivo da CF/1988 apresenta-se cristalino, uma vez que procurou impedir pudesse o Magistrado lançar mão de influência que tenha conquistado durante o exercício de suas atribuições, para extrair vantagens no exercício da advocacia.

Em outras palavras, ao fixar o prazo de três anos contados do afastamento do cargo por aposentadoria ou por exoneração, a Lei Maior procurou coibir o chamado tráfico de influência dentro da jurisdição anteriormente exercida pelo "ex-Magistrado".

Ministério Público Eleitoral 7

7.1 INTRODUÇÃO

Inicialmente, importante observar que não existe uma carreira específica voltada para o Ministério Público Eleitoral.

Em outras palavras, por força da inexistência de regra constitucional a respeito, não se pode cogitar de uma carreira autônoma.

7.2 ATRIBUIÇÕES

As atribuições conferidas ao Ministério Público, em razão de inexistência de expressa disposição constitucional estão designadas na LC 75/1993, em especial em seus arts. 37, I e 72. Confira-se:

> "Art. 37. O Ministério Público Federal exercerá as suas funções:
> I – nas causas de competência do Supremo Tribunal Federal, do Superior Tribunal de Justiça, dos Tribunais Regionais Federais e dos Juízes Federais, e dos Tribunais e Juízes Eleitorais;"
>
> "Art. 72. Compete ao Ministério Público Federal exercer, no que couber, junto à Justiça Eleitoral, as funções do Ministério Público, atuando em todas as fases e instâncias do processo eleitoral.
> Parágrafo único. O Ministério Público Federal tem legitimação para propor, perante o juízo competente, as ações para declarar ou decretar a nulidade de negócios jurídicos ou atos da administração pública, infringentes de vedações legais destinadas a proteger a normalidade e a legitimidade das eleições, contra a influência do poder econômico ou o abuso do poder político ou administrativo."

Uma interpretação conjugada dos dispositivos reproduzidos permite entrever a amplitude das competências atribuídas pelo legislador ao Ministério Público na área eleitoral.

Com efeito, ainda que não integre os órgãos da Justiça Eleitoral, tem por objetivo garantir a normalidade e a legitimidade das eleições contra abusos de poder econômico e político.

7.2.1 Extensão

Dentro do contexto apresentado no item anterior, as atribuições do Ministério Público se estendem para as áreas penal, cível e administrativa.

Assim é que, na área penal, o Ministério Público tem atribuições de extrema importância, uma vez que a ação penal aqui é pública incondicionada, apresentando-se, assim, competência privativa independente de autorização do ofendido, a teor do disposto no art. 355 do Código Eleitoral. Confira-se:

> "Art. 355. As infrações penais definidas neste Código são de ação pública."

De resto, é o que resulta da redação oferecida pelo art. 129, I, da CF/1988, nos seguintes termos:

> "Art. 129. São funções institucionais do Ministério Público:
> I – promover, privativamente, a ação penal pública, na forma da lei; [...]"

Toda a questão processual envolvendo as competências atribuídas ao Ministério Público se encontra delineada nos arts. 357 a 364 do Código Eleitoral, para os quais remetemos o leitor.

Outrossim, contribui para configurar a importância das atribuições conferidas ao Ministério Público, a enorme lista de crimes eleitorais estabelecidas pela Lei 4.737/1965, nos arts. 289 a 354.

No campo cível, o Ministério Público tem legitimidade para atuar em um sem número de situações, tudo com o objetivo de garantir a normalidade e a legitimidade das eleições contra abusos de poder econômico e político.

Dentro desse contexto, além da legitimidade para a propositura de garantias constitucionais em geral, apresenta o Ministério Público legitimidade para o ajuizamento de ações específicas na área eleitoral.

Assim é que, a título de exemplo, pode-se destacar a legitimidade para a propositura de ação de impugnação de registro de candidatura; ação de investigação judicial eleitoral; ação contra a captação irregular de sufrágio; ação de impugnação de mandato eletivo ou, ainda, recurso contra a expedição de diploma, além da possibilidade de propositura de representações em geral, para combater irregularidades que extrapolem os limites das ações anteriormente relacionadas.

Desta forma, apresenta legitimidade para a apresentação de representações em face de propaganda eleitoral irregular, bem como de pesquisas apresentadas ao eleitorado sem o devido registro perante a Justiça Eleitoral.

No setor administrativo, o Ministério Público tem legitimidade para a emissão de parecer acerca do registro de candidaturas, bem como do registro de partidos políticos.

7.3 MANDATO

Em relação a esse tema, tendo em vista a ausência de expressa previsão constitucional, aplica-se, por analogia, o disposto no art. 121, § 2.º, da CF/1988, que estabelece, como já visto, mandato para os integrantes do Judiciário em 2 anos, admitida uma recondução por igual período.

7.4 PRINCÍPIOS

São basicamente os mesmos que se apresentam em relação ao Ministério Público em geral (art. 127, § 1.º, da CF/1988), destacando-se os seguintes:

7.4.1 Princípio da unidade

Através desse princípio, tem-se que todos os integrantes do Ministério Público formam um corpo único e, portanto, partilham das mesmas prerrogativas funcionais.

7.4.2 Princípio da indivisibilidade

Consequência lógica do princípio da unidade, estabelece a possibilidade de substituição de um integrante da carreira por outro no curso de um processo, sem que se possa cogitar de qualquer sorte de prejuízo.

7.4.3 Princípio da independência funcional

Por esse princípio, os membros do Ministério Público são livres para atuar no processo segundo suas convicções, sua consciência.

Em outras palavras, têm ampla liberdade para que possam tomar as suas decisões nos processos em que atuam, não se submetendo a qualquer sorte de imposições ou limites estabelecidos por integrantes da carreira que se encontrem em um patamar superior de hierarquia.

7.5 GARANTIAS E IMPEDIMENTOS DOS MEMBROS DO MP

Estas garantias e impedimentos, da mesma forma como já observado em relação à Magistratura, surgem para a preservação das atribuições do cargo, de forma a impedir possam os integrantes do Ministério Público tirar proveito do seu exercício. Ressalte-se que as garantias e impedimentos aos membros do Ministério Público constituem garantias institucionais, enquanto normas de direitos fundamentais necessárias são voltadas para impor ao legislador o dever de cristalizar medidas para a manutenção de instituições vitais para o Estado Democrático de Direito.

Desta forma, estas garantias e impedimentos só subsistem enquanto estiverem eles no exercício das atribuições do cargo.

Outrossim, importante destacar que, em regra, estas garantias e impedimentos são as mesmos que aparecem para o Ministério Público em geral.

7.5.1 Das garantias

Estas garantias, como já se disse, estão localizadas no art. 128, § 5.º, I, do texto constitucional. Confira-se:

> "Art. 128. [...]
> § 5.º Leis complementares da União e dos Estados, cuja iniciativa é facultada aos respectivos Procuradores-Gerais, estabelecerão a organização, as atribuições e o estatuto de cada Ministério Público, observadas, relativamente a seus membros:
> I – as seguintes garantias:
> a) vitaliciedade, após dois anos de exercício, não podendo perder o cargo senão por sentença judicial transitada em julgado;
> b) inamovibilidade, salvo por motivo de interesse público, mediante decisão do órgão colegiado competente do Ministério Público, pelo voto da maioria absoluta de seus membros, assegurada ampla defesa;
> c) irredutibilidade de subsídio, fixado na forma do art. 39, § 4.º, e ressalvado o disposto nos arts. 37, X e XI, 150, II, 153, III, 153, § 2.º, I."

7.5.1.1 Vitaliciedade

Trata-se, como já visto, de garantia atribuída aos integrantes da carreira que lhes assegura a permanência no cargo após a aprovação em estágio probatório de 2 anos.

Nesse particular, importante também destacar que a perda do cargo, ao contrário do que se verifica nas hipóteses de estabilidade, só terá lugar por sentença judicial com trânsito em julgado.

Por fim, importante lembrar que essa garantia no campo eleitoral apresenta-se com perfil diferenciado, tendo em vista a configuração de mandato com prazo determinado, a teor do disposto no art. 121, § 2.º, da CF/1988.

7.5.1.2 Inamovibilidade

Como já visto, trata-se de garantia conferida aos integrantes da carreira, que impede, como regra geral, sejam transferidos compulsoriamente do local em que exercem as suas atribuições.

Dentro desse contexto, oportuno notar ter a Constituição consignado exceção a essa regra geral, desde que observadas as formalidades por ela estabelecidas, vale dizer, por razões de interesse público e mediante quórum de maioria absoluta do órgão colegiado competente.

7.5.1.3 Irredutibilidade de subsídio

Cuida-se de garantia atribuída aos integrantes da carreira com o objetivo de evitar o comprometimento do exercício das suas atribuições em decorrência de redução na remuneração.

Nesse particular, importante relembrar que o conceito de subsídio impede a percepção de vantagens, a teor do disposto no art. 39, § 4.º, da CF/1988.

7.5.2 Dos impedimentos

Inicialmente, oportuno relembrar que estes impedimentos incidem sobre os integrantes da carreira, com o objetivo de evitar possam eles tirar proveito pessoal dos cargos que titularizam.

Dentro desse contexto, encontram-se eles relacionados no art. 128, § 5.º, II, da CF/1988. Confira-se:

> "Art. 128. [...]
> § 5.º [...]
> II – as seguintes vedações:
> a) receber, a qualquer título e sob qualquer pretexto, honorários, percentagens ou custas processuais;
> b) exercer a advocacia;
> c) participar de sociedade comercial, na forma da lei;

d) exercer, ainda que em disponibilidade, qualquer outra função pública, salvo uma de magistério;

e) exercer atividade político-partidária;

f) receber, a qualquer título ou pretexto, auxílios ou contribuições de pessoas físicas, entidades públicas ou privadas, ressalvadas as exceções previstas em lei."

7.5.2.1 Percepção de custas

O relacionamento, pela Constituição, desta vedação não apresenta dificuldade de entendimento, uma vez que impede que possam os integrantes da carreira tirar qualquer proveito pecuniário nos processos em que atuam.

7.5.2.2 Exercício da advocacia

Esta proibição estabelecida pela Constituição resulta da impossibilidade lógica de se compatibilizar o exercício da advocacia com o papel assumido pelo Ministério Público de preservação dos interesses da coletividade.

Nesse particular, importante apenas registrar que a proibição quanto ao exercício da advocacia não se estende, ao contrário do que se verificou em relação à Magistratura, para o período de tempo posterior ao afastamento do cargo, quer em razão de aposentadoria, quer em razão de exoneração.

7.5.2.3 Participação em sociedade comercial

Esta restrição imposta pela Constituição também não demanda maiores considerações, por força de sua clareza, uma vez que, pelo posicionamento atribuído ao Ministério Público em nosso ordenamento jurídico, por certo a participação em sociedades comerciais se revelaria conflitante, em razão dos interesses envolvidos.

7.5.2.4 Acumulação de cargos e funções

Da mesma forma como anotado em relação aos integrantes da Magistratura, a Constituição houve por bem vedar a possibilidade de acumulação de cargos ou funções, excepcionando a situação envolvendo as atribuições de Magistério.

Em que pese a ausência de qualquer referência no dispositivo em comentário, cristalina a conclusão pela necessidade de configuração de compatibilidade de horários, para que essa acumulação possa ter lugar.

7.5.2.5 Exercício de atividade político-partidária

Trata-se aqui de importante inovação trazida pela EC 45/2004, equiparando o Ministério Público com a Magistratura.

Com efeito, até a promulgação da referida Emenda, os membros do Ministério Público tinham apenas o impedimento de filiação partidária.

Agora, encontram-se eles equiparados aos integrantes da Magistratura, não se podendo cogitar de qualquer participação durante a campanha eleitoral, quer para apoiar ou criticar qualquer candidato.

Convenções Partidárias   8

8.1 DEFINIÇÃO

As convenções partidárias encontram-se previstas nos arts. 7.º a 9.º da Lei 9.504/1997 e se apresentam como órgãos de deliberação dos partidos políticos em que são escolhidos os seus representantes para as eleições, bem como a realização ou não de coligações.

8.2 MOMENTO

Observando o calendário eleitoral, estas convenções partidárias se realizam no período de 12 a 30 de junho do ano das eleições, conforme disposição estabelecida no art. 8.º, *caput*, da Lei 9.504/1997, alterado pelo art. 3.º da Lei 12.891 de 2013.[1] Confira-se:

> "Art. 3.º A Lei 9.504, de 30 de setembro de 1997, passa a vigorar com as seguintes alterações:
> [...]"
> "Art. 8.º A escolha dos candidatos pelos partidos e a deliberação sobre coligações deverão ser feitas no período de 12 a 30 de junho do ano em que se realizarem as eleições, lavrando-se a respectiva ata em livro aberto, rubricado pela Justiça Eleitoral, publicada em 24 (vinte e quatro) horas em qualquer meio de comunicação."

Da redação reproduzida, percebe-se, também, a necessidade de lavrarem-se, em ata, todas as decisões tomadas naquele momento, sendo oportuno

---

1. Importante lembrar, conforme visto no Capítulo 2, Item 2.2.4 (Princípio da segurança das relações jurídicas em matéria eleitoral), que o TSE e o STF já decidiram que as Leis 12.875 e 12.891, ambas de 2013, não têm aplicabilidade para as eleições de 2014, tendo em vista que elas interferem no processo eleitoral e foram aprovadas a menos de um ano da realização das eleições.

relembrar que esta ata deverá ser apresentada perante a Justiça Eleitoral para efeito de registro da candidatura, consoante o disposto no art. 11, § 1.º, I, da Lei 9.504/1997.

Ainda sobre esse tema, importante notar que por decisão proferida pelo Supremo Tribunal Federal, quando do julgamento de liminar da ADI 2.530-9, em 2002, foram abolidas as chamadas candidaturas natas, vale dizer, daqueles que já sejam detentores de mandato eletivo que até então tinham assegurado lugar na chapa de candidatos, não necessitando submeter seus nomes aos convencionais do partido.

Assim sendo, encontra-se suspensa a redação do art. 8.º, § 1.º, da Lei 9.504/1997, cuja redação, apenas para uma melhor visualização, a seguir se reproduz:

> "Art. 8.º [...]
> § 1.º Aos detentores de mandato de Deputado Federal, Estadual ou Distrital, ou de Vereador, e aos que tenham exercido esses cargos em qualquer período da legislatura que estiver em curso, é assegurado o registro de candidatura para o mesmo cargo pelo partido a que estejam filiados."

Outro ponto importante a se destacar sobre esse tema refere-se à possibilidade de cessão gratuita de prédios públicos, para que os partidos realizem suas convenções, desde que, por óbvio, esta possibilidade seja aberta para todas as agremiações.

De resto, outra não é a razão pela qual normalmente as convenções partidárias são realizadas na sede do Poder Legislativo, vale dizer, Câmara dos Vereadores, Assembleia Legislativa ou Congresso Nacional.

Por fim, oportuno destacar a possibilidade aberta pelo legislador eleitoral de realização de propaganda em período anterior à realização da convenção partidária por aqueles que buscam obter sua indicação na convenção, conforme o disposto no art. 36, § 1.º, da Lei 9.504/1997. Confira-se:

> "Art. 36. [...]
> § 1.º Ao postulante a candidatura a cargo eletivo é permitida a realização, na quinzena anterior à escolha pelo partido, de propaganda intrapartidária com vista à indicação de seu nome, vedado o uso de rádio, televisão e *outdoor*."

Verifica-se, da leitura do dispositivo reproduzido, que nada obstante a possibilidade de realização de propaganda nesse período, deve ela obedecer aos limites ali estabelecidos.

Nesse sentido, importante destacar que a propaganda só poderá ter caráter intrapartidário, vale dizer, direcionada apenas para aqueles integrantes do partido que tenham direito a voto na convenção.

Assim sendo, qualquer propaganda que fuja desse perfil será considerada intempestiva, portanto ilegal, não sendo outra razão pela qual o legislador proibiu o uso de rádio, televisão, *outdoor*, podendo-se acrescentar também propaganda através meios eletrônicos dirigidos a pessoas que não tenham o direito a voto.

Dentro desse contexto, oportuno também registrar a possibilidade conferida pelo legislador de realização de prévias eleitorais, não se considerando propaganda eleitoral antecipada, desde que realizada em caráter intrapartidário, na forma do disposto no art. 36-A, III, da Lei 9.504/1997, com nova redação dada pela Lei 12.891/2013. Confira-se:

> "Art. 36-A. Não serão consideradas propaganda antecipada e poderão ter cobertura dos meios de comunicação social, inclusive via internet:
> [...]
> III – a realização de prévias partidárias e sua divulgação pelos instrumentos de comunicação intrapartidária e pelas redes sociais."

Importante também mencionar que a partir do resultado da convenção partidária, os meios de comunicação social estão proibidos de transmitir programa apresentado ou comentado por quem foi ali indicado, na forma do art. 45, § 1.º, da Lei 9.504/1997. Confira-se:

> "Art. 45. [...]
> § 1.º A partir do resultado da convenção, é vedado, ainda, às emissoras transmitir programa apresentado ou comentado por candidato escolhido em convenção."

Registro das Candidaturas 9

O momento do registro das candidaturas tem lugar, seguindo-se a sequência lógica e cronológica prevista pela Lei 9.504/1997, após a realização das convenções partidárias, no mês de junho.

Assim é que, como já visto anteriormente, o registro das candidaturas tem uma data limite até às 19 horas do dia 5 de julho do ano das eleições, de acordo com a previsão estabelecida no art. 11, *caput*, da Lei 9.504/1997. Confira-se:

> "Art. 11. Os partidos e coligações solicitarão à Justiça Eleitoral o registro de seus candidatos até as dezenove horas do dia 5 de julho do ano em que se realizarem as eleições."

Outrossim, conforme já analisado em capítulo específico, o pedido de registro desta candidatura será feito perante os órgãos da Justiça Eleitoral, de acordo com a esfera de governo em que o pleito seja realizado.

Assim é que, as variações encontram-se relacionadas no art. 89 da Lei 4.737/1965, o Código Eleitoral. Confira-se:

> "Art. 89. Serão registrados:
> I – no Tribunal Superior Eleitoral os candidatos a presidente e vice-presidente da República;
> II – nos Tribunais Regionais Eleitorais os candidatos a senador, deputado federal, governador e vice-governador e deputado estadual;
> III – nos Juízos Eleitorais os candidatos a vereador, prefeito e vice-prefeito e juiz de paz."

Igualmente, importante relembrar que as condições de elegibilidade, cujo preenchimento viabilizam o registro de candidatura, encontram-se inicialmente localizadas no art. 14, § 3.º, da CF/1988. Confira-se:

"Art. 14. [...]
§ 3.º São condições de elegibilidade, na forma da lei."

Percebe-se, portanto, como já visto anteriormente, tratar-se de norma de eficácia contida, uma vez que admite a ampliação dessas exigências pelo legislador infraconstitucional.

Nesse sentido, não será demasiado relembrar que a matéria foi disciplinada pela Lei 9.504/1997, em seus arts. 9.º e, principalmente, 11, § 1.º, em que se encontram relacionados os demais documentos que devem instruir o pedido de registro de candidatura.

Assim sendo, em vista da importância desse elenco já analisado no capítulo relacionado aos direitos políticos, pede-se vênia para mais uma vez reproduzi-lo, para que se tenha uma visão ampla em relação à matéria:

"Art. 11. Os partidos e coligações solicitarão à Justiça Eleitoral o registro de seus candidatos até as dezenove horas do dia 5 de julho do ano em que se realizarem as eleições.
§ 1.º O pedido de registro deve ser instruído com os seguintes documentos:
I – cópia da ata a que se refere o art. 8.º;
II – autorização do candidato, por escrito;
III – prova de filiação partidária;
IV – declaração de bens, assinada pelo candidato;
V – cópia do título eleitoral ou certidão, fornecida pelo cartório eleitoral, de que o candidato é eleitor na circunscrição ou requereu sua inscrição ou transferência de domicílio no prazo previsto no art. 9.º;
VI – certidão de quitação eleitoral;
VII – certidões criminais fornecidas pelos órgãos de distribuição da Justiça Eleitoral, Federal e Estadual;
VIII – fotografia do candidato, nas dimensões estabelecidas em instrução da Justiça Eleitoral, para efeito do disposto no § 1.º do art. 59;
IX – propostas defendidas pelo candidato a Prefeito, a Governador de Estado e a Presidente da República."

Sobre este tema, importante acrescentar as modificações estabelecidas pela Lei 12.891/2013:[1]

---

1. Importante lembrar, conforme visto no Capítulo 2, Item 2.2.4 (Princípio da segurança das relações jurídicas em matéria eleitoral), que o TSE e o STF já decidiram

"Art. 11. [...]

§ 8.º [...]

III – o parcelamento das multas eleitorais é direito do cidadão, seja ele eleitor ou candidato, e dos partidos políticos, podendo ser parceladas em até 60 (sessenta) meses, desde que não ultrapasse o limite de 10% (dez por cento) de sua renda.

[...]

§ 13. Fica dispensada a apresentação pelo partido, coligação ou candidato de documentos produzidos a partir de informações detidas pela Justiça Eleitoral, entre eles os indicados nos incs. III, V e VI do § 1.º deste artigo."

Dentro desse contexto, somente após cumpridas essas exigências é que se confirma a condição de candidato para o pleito eleitoral.

Diante desse cenário, importante notar que mesmo com a aprovação do registro pela Justiça Eleitoral, abre-se espaço para a sua impugnação.

Por sua vez, poderá ela ser apresentada por partido político, coligação, candidatos, pelo próprio eleitor e, também, pelo Ministério Público Eleitoral, com o objetivo de preservar a normalidade e a legitimidade das eleições.

Outra questão que se apresenta depois de aprovada a candidatura pela Justiça Eleitoral, refere-se à eventual necessidade de substituição do candidato, matéria regida pelo art. 13 da Lei 9.504/1997, com as modificações introduzidas pela Lei 12.891/2013:

"Art. 13. É facultado ao partido ou coligação substituir candidato que for considerado inelegível, renunciar ou falecer após o termo final do prazo do registro ou, ainda, tiver seu registro indeferido ou cancelado.

§ 1.º A escolha do substituto far-se-á na forma estabelecida no estatuto do partido a que pertencer o substituído, e o registro deverá ser requerido até 10 (dez) dias contados do fato ou da notificação do partido da decisão judicial que deu origem à substituição.

§ 2.º Nas eleições majoritárias, se o candidato for de coligação, a substituição deverá fazer-se por decisão da maioria absoluta dos órgãos executivos de direção dos partidos coligados, podendo o substituto ser filiado a qualquer partido dela integrante, desde que o partido ao qual pertencia o substituído renuncie ao direito de preferência.

que as Leis 12.875 e 12.891, ambas de 2013, não têm aplicabilidade para as eleições de 2014, tendo em vista que elas interferem no processo eleitoral e foram aprovadas a menos de um ano da realização das eleições.

§ 3.º Tanto nas eleições majoritárias como nas proporcionais, a substituição só se efetivará se o novo pedido for apresentado até 20 (vinte) dias antes do pleito, exceto em caso de falecimento de candidato, quando a substituição poderá ser efetivada após esse prazo."

Dentro desse contexto, importante observar não ser a decisão pela substituição um ato de livre vontade da agremiação partidária, eis que limitada às hipóteses previstas pela Lei 9.504/1997.

O prazo para a substituição, de acordo com o dispositivo legal reproduzido, é de 10 dias contados a partir da ocorrência do fato, assumindo importância secundária em que momento da campanha eleitoral se verifique.

Outro item importante a ser abordado refere-se à possibilidade de cancelamento do registro obtido por candidatos que até a data da eleição sejam expulsos do partido, através de processo em que seja assegurada a ampla defesa, na forma do disposto pelo art. 14 da Lei 9.504/1997. Confira-se:

"Art. 14. Estão sujeitos ao cancelamento do registro os candidatos que, até a data da eleição, forem expulsos do partido, em processo no qual seja assegurada ampla defesa e sejam observadas as normas estatutárias.

Parágrafo único. O cancelamento do registro do candidato será decretado pela Justiça Eleitoral, após solicitação do partido."

Do mesmo modo, oportuno registrar que esta matéria relacionada à disciplina partidária foi objeto de regulamentação pela Lei 9.096/1995, em seus arts. 23 a 26. Confira-se:

"Art. 23. A responsabilidade por violação dos deveres partidários deve ser apurada e punida pelo competente órgão, na conformidade do que disponha o estatuto de cada partido.

§ 1.º Filiado algum pode sofrer medida disciplinar ou punição por conduta que não esteja tipificada no estatuto do partido político.

§ 2.º Ao acusado é assegurado amplo direito de defesa."

"Art. 24. Na Casa Legislativa, o integrante da bancada de partido deve subordinar sua ação parlamentar aos princípios doutrinários e programáticos e às diretrizes estabelecidas pelos órgãos de direção partidários, na forma do estatuto."

"Art. 25. O estatuto do partido poderá estabelecer, além das medidas disciplinares básicas de caráter partidário, normas sobre penalidades, inclusive com desligamento temporário da bancada, suspensão do direito de voto nas reuniões internas ou perda de todas as prerrogativas, cargos e funções que exerça em decorrência da representação e da proporção partidária, na respectiva Casa Legislativa, ao parlamentar que se opuser, pela atitude ou pelo voto, às diretrizes legitimamente estabelecidas pelos órgãos partidários."

"Art. 26. Perde automaticamente a função ou cargo que exerça, na respectiva Casa Legislativa, em virtude da proporção partidária, o parlamentar que deixar o partido sob cuja legenda tenha sido eleito."

De se registrar, ainda, que a expulsão do partido resulta no cancelamento imediato da filiação à agremiação política, conforme a previsão estabelecida no art. 22 da Lei 9.096/1995.

Por derradeiro, importante notar que o indeferimento do registro da candidatura pela Justiça Eleitoral, não impede que o postulante ao mandato eletivo participe de toda a campanha eleitoral e também da possibilidade de ser votado no dia das eleições, desde que coloque este indeferimento do registro da candidatura *sub judice*.

De resto, é o que se verifica na Lei 9.504/1997, em seu art. 16-A, cuja redação a seguir se reproduz:

"Art. 16-A. O candidato cujo registro esteja sub judice poderá efetuar todos os atos relativos à campanha eleitoral, inclusive utilizar o horário eleitoral gratuito no rádio e na televisão e ter seu nome mantido na urna eletrônica enquanto estiver sob essa condição, ficando a validade dos votos a ele atribuídos condicionada ao deferimento de seu registro por instância superior.

Parágrafo único. O cômputo, para o respectivo partido ou coligação, dos votos atribuídos ao candidato cujo registro esteja sub judice no dia da eleição fica condicionado ao deferimento do registro do candidato."

Nesse sentido, oportuno registrar a modificação promovida pela Lei 12.891/2013, acrescentando o art. 16-B, nos seguintes termos:

"Art. 16-B. O disposto no art. 16-A quanto ao direito de participar da campanha eleitoral, inclusive utilizar o horário eleitoral gratuito, aplica-se igualmente ao candidato cujo pedido de registro tenha sido protocolado no prazo legal e ainda não tenha sido apreciado pela Justiça Eleitoral."

Campanha Eleitoral 10

10.1 INTRODUÇÃO

Seguindo o calendário eleitoral, de acordo com a lógica estabelecida pela Lei 9.504/1997, a partir do dia 6 de julho, iniciam-se as campanhas eleitorais que se estenderão até o primeiro domingo do mês de outubro, data prevista pela Constituição, na forma do art. 77, *caput*, para a realização do primeiro turno das eleições.

Dentro desse contexto, o primeiro item a ser destacado em relação à campanha eleitoral, é aquele que se refere à parte financeira da campanha, matéria disciplinada nos arts. 17 a 27 da Lei 9.504/1997, que será analisada na sequência.

10.2 DA ARRECADAÇÃO E DA APLICAÇÃO DE RECURSOS

Como já se observou, a questão relacionada à parte financeira das campanhas eleitorais assume enorme importância, uma vez que necessário o estabelecimento de limites não só para as fontes de arrecadação, mas também para a destinação das verbas.

Sem embargo, para que esta arrecadação comece a ocorrer, a legislação eleitoral exige o cumprimento de requisitos que serão a seguir analisados.

10.2.1 Requisitos para a arrecadação e gastos

O primeiro requisito, talvez o mais óbvio deles, é aquele que aponta para a necessidade de registro da candidatura pela Justiça Eleitoral, uma vez que, sem que esteja ela oficializada, não se pode seguir adiante.

Nesse particular, importante relembrar que, mesmo diante do indeferimento do registro, ou mesmo de sua impugnação por terceiros, possível levar-se adiante a campanha, desde que a questão esteja colocada *sub judice*, na forma do art. 16-A da Lei 9.504/1997.

O segundo requisito, refere-se à necessidade de registro do comitê financeiro, que é o órgão da campanha responsável pelo oferecimento de todas as informações perante a Justiça Eleitoral.

O prazo para a constituição do comitê financeiro é de 10 dias úteis após a convenção partidária, de acordo com o disposto na Lei 9.504/1997, em seu art. 19, *caput*. Confira-se:

> "Art. 19. Até dez dias úteis após a escolha de seus candidatos em convenção, o partido constituirá comitês financeiros, com a finalidade de arrecadar recursos e aplicá-los nas campanhas eleitorais [...]."

Outrossim, cumpre consignar que o prazo para o registro deste comitê financeiro é de 5 dias após a sua constituição, conforme reza o art. 19, § 3.º, da Lei 9.504/1997. Confira-se:

> "Art. 19. [...]
> § 3.º Os comitês financeiros serão registrados, até cinco dias após sua constituição, nos órgãos da Justiça Eleitoral aos quais compete fazer o registro dos candidatos."

Importante também observar que este registro deverá ocorrer perante a Justiça Eleitoral, sendo que esses comitês também estão obrigados a promover sua inscrição no CNPJ, a teor do disposto no art. 22-A da Lei 9.504/1997.

Somente após o cumprimento dessas exigências é que ficam os candidatos e comitês financeiros autorizados a promover a arrecadação de recursos e a realizar as despesas, tudo de acordo com a previsão estabelecida no art. 22, § 2.º, da Lei 9.504/1997.

Por fim, em relação a este item, oportuno destacar que a responsabilidade pelas informações relacionadas à parte financeira da campanha eleitoral será do candidato, de acordo com o art. 21 da Lei 9.504/1997, cuja redação é a seguir reproduzida:

> "Art. 21. O candidato é solidariamente responsável com a pessoa indicada na forma do art. 20 desta Lei pela veracidade das informações financeiras e contábeis de sua campanha, devendo ambos assinar a respectiva prestação de contas."

De outra parte, outro requisito que se apresenta é aquele relacionado à abertura de conta bancária específica, para que ali fique registrada toda a movimentação financeira da campanha, sendo que os bancos não poderão se recusar a abrir a conta solicitada, conforme previsão no art. 22 da Lei 9.504/1997, com as alterações promovidas pela Lei 12.891/2013:[1]

> "Art. 22. É obrigatório para o partido e para os candidatos abrir conta bancária específica para registrar todo o movimento financeiro da campanha.
> § 1.º Os bancos são obrigados a:
> I – acatar, em até 3 (três) dias, o pedido de abertura de conta de qualquer comitê financeiro ou candidato escolhido em convenção, sendo-lhes vedado condicioná-la a depósito mínimo e a cobrança de taxas ou a outras despesas de manutenção;
> II – identificar, nos extratos bancários das contas correntes a que se refere o caput, o CPF ou o CNPJ do doador.
> § 2.º O disposto neste artigo não se aplica aos casos de candidatura para Prefeito e Vereador em Municípios onde não haja agência bancária, bem como aos casos de candidatura para Vereador em Municípios com menos de vinte mil eleitores.
> § 3.º O uso de recursos financeiros para pagamentos de gastos eleitorais que não provenham da conta específica de que trata o caput deste artigo implicará a desaprovação da prestação de contas do partido ou candidato; comprovado abuso de poder econômico, será cancelado o registro da candidatura ou cassado o diploma, se já houver sido outorgado.
> § 4.º Rejeitadas as contas, a Justiça Eleitoral remeterá cópia de todo o processo ao Ministério Público Eleitoral para os fins previstos no art. 22 da Lei Complementar 64, de 18 de maio de 1990."

Dentro desse contexto, intuitiva a conclusão segundo a qual não poderá o candidato lançar mão de uma conta bancária comum que tenha em uma instituição financeira.

Esta exigência se apresenta para facilitar o controle na prestação de contas pela Justiça Eleitoral, pois centralizará suas atenções na movimentação financeira daquela conta eleitoral.

---

1. Importante lembrar, conforme visto no Capítulo 2, Item 2.2.4 (Princípio da segurança das relações jurídicas em matéria eleitoral), que o TSE e o STF já decidiram que as Leis 12.875 e 12.891, ambas de 2013, não têm aplicabilidade para as eleições de 2014, tendo em vista que elas interferem no processo eleitoral e foram aprovadas a menos de um ano da realização das eleições.

Dentro desse contexto, se porventura o candidato fizer qualquer movimentação financeira fora daquela conta específica, corre sério risco de ter suas contas rejeitadas pela Justiça Eleitoral.

Por derradeiro, apresenta-se a exigência relacionada à confecção de talonário eleitoral, para que ali seja registrada, em ordem cronológica, toda a movimentação financeira da campanha.

Assim, também esse requisito surge com o objetivo de facilitar a averiguação das contas pela Justiça Eleitoral.

Desta forma, cada recebimento, gasto, tem de ser computado e na ordem em que aparecem no talonário eleitoral, de maneira a oferecer maior transparência à campanha.

10.3 ORIGEM DO FINANCIAMENTO DA CAMPANHA

Nesse particular, a Lei 9.504/1997, em seu art. 23, estabelece que as doações para a campanha eleitoral poderão ter origem em pessoas físicas e em recursos próprios do candidato.

10.3.1 Fontes vedadas pela legislação eleitoral

Encontram previsão no art. 24 da Lei 9.504/1997, cuja redação é a seguir reproduzida:

> "Art. 24. É vedado, a partido e candidato, receber direta ou indiretamente doação em dinheiro ou estimável em dinheiro, inclusive por meio de publicidade de qualquer espécie, procedente de:
> I – entidade ou governo estrangeiro;
> II – órgão da administração pública direta e indireta ou fundação mantida com recursos provenientes do Poder Público;
> III – concessionário ou permissionário de serviço público;
> IV – entidade de direito privado que receba, na condição de beneficiária, contribuição compulsória em virtude de disposição legal;
> V – entidade de utilidade pública;
> VI – entidade de classe ou sindical;
> VII – pessoa jurídica sem fins lucrativos que receba recursos do exterior;
> VIII – entidades beneficentes e religiosas;
> IX – entidades esportivas;

X – organizações não governamentais que recebam recursos públicos;

XI – organizações da sociedade civil de interesse público.

Parágrafo único. Não se incluem nas vedações de que trata este artigo as cooperativas cujos cooperados não sejam concessionários ou permissionários de serviços públicos, desde que não estejam sendo beneficiadas com recursos públicos, observado o disposto no art. 81."

Da leitura do dispositivo reproduzido, percebe-se a intenção do legislador de preservar a normalidade e a legitimidade das eleições contra abusos de poder econômico ou político.

Partindo-se dessa premissa, cabem os seguintes comentários em relação a algumas das hipóteses relacionadas pelo legislador:

10.3.1.1 Governos ou entidades estrangeiras

Esta vedação legal tem por objetivo também preservar a soberania nacional, de acordo com as previsões estabelecidas nos arts. 1.º e 17, *caput* e II, da CF/1988.

Com efeito, permitir o financiamento de campanha por entidades ou governos estrangeiros implicaria possibilitar o acesso delas ao poder, o que, obviamente, comprometeria a soberania do País.

10.3.1.2 Órgãos ou pessoas da Administração Pública

Esta vedação tem por objetivo evitar o financiamento público de campanha, em outro dizer, a utilização de verbas públicas para favorecimento de candidatos ou partidos, em especial por aqueles que buscam sua reeleição.

Nesse sentido, feliz a redação estabelecida pelo legislador, por incluir órgãos e pessoas integrantes da estrutura direta e indireta da Administração Pública.

Ao assim dispor, acabou por proibir financiamento de campanha através de Ministérios, Secretarias de Estado, Subprefeituras, bem como de autarquias, fundações, empresas públicas, sociedades de economia mista em cada esfera de governo.

10.3.1.3 Concessionários ou permissionários de serviços públicos

Esta vedação encontra justificativa, uma vez que não será demasiado lembrar que concessionários e permissionários são particulares que se encontram à frente da execução de serviços ou obras públicas.

Desta forma, procurou o legislador evitar que, por vias indiretas, verbas públicas inicialmente destinadas a concessionários e permissionários, pudessem ser canalizadas para o financiamento de campanhas eleitorais.

Dentro desse contexto, claro está que a mesma vedação também incide sobre as chamadas parcerias público-privadas, tendo em vista a sua natureza jurídica de concessão estabelecida pela Lei 11.079/2004, que disciplina a matéria.

Com efeito, não se pode deixar de lembrar que a referida legislação, em seu art. 2.º, §§ 1.º e 2.º, estabelece como fonte de arrecadação para o parceiro privado, o recebimento de verbas públicas, sendo esse inclusive um dos critérios de julgamento da licitação.

Assim sendo, a vedação aqui imposta coíbe a possibilidade de parceiros privados serem remunerados pela Administração e repassarem essas verbas para o financiamento de campanhas eleitorais.

10.3.1.4 Entidades de classe ou sindicato

Esta vedação imposta pelo legislador tem por claro objetivo evitar a prática de abuso de poder econômico por estas entidades, que recebem contribuições compulsórias dos integrantes da categoria e que podem não concordar com a destinação a elas oferecida.

10.3.1.5 Entidades religiosas

Esta vedação também se apresenta com o objetivo de descaracterizar o perfil destas entidades, evitando o seu envolvimento em questões estranhas às suas finalidades.

Dentro desse contexto, importante consignar que nada impede que essas entidades apresentem candidatos que as representem com o objetivo de defender os seus interesses no mandato para o qual concorrem, desde que obtenham êxito na eleição.

O que não se permite é que financiem elas a campanha desses candidatos e, novamente, não só para evitar abuso de poder econômico, uma vez que gozam elas de imunidade tributária, mas também para não ludibriar aqueles que com elas colaboram, que podem não concordar com a destinação que está oferecida aos recursos a elas enviados.

10.3.1.6 Terceiro setor

Por óbvio, a mesma linha de raciocínio tem incidência para as entidades integrantes do chamado terceiro setor, uma vez que também elas não apresentam finalidade lucrativa, além da constatação de que em muitos casos, manejam verbas públicas.

10.3.1.7 Entidades esportivas

A proibição também foi estendida desde 2009, para as entidades esportivas, uma vez que também estas recebem muitas vezes incentivos do Poder Público, o que poderia configurar abuso de poder econômico.

Outrossim, para não ludibriar a vontade dos seus associados, impedindo-se a utilização do prestígio da entidade para o alcance de objetivos diversos ao da sua criação.

Sobre este tema, oportuno, também, registrar a orientação proferida consolidada ao nível do Supremo Tribunal Federal, em 2014, proibindo financiamento de campanha por pessoas jurídicas, regra que, no entanto, não teve aplicabilidade para as eleições presidenciais por alterar o processo eleitoral e em respeito ao princípio da segurança das relações jurídicas, previsto no art. 16 da CF/1988.

Por fim, destaca-se, também, a decisão proferida pelo TSE em maio de 2014, em que se afirmou a impossibilidade de arrecadação de recursos de campanha por meio de páginas na *internet* de financiamento coletivo em resposta à consulta feita por Deputado Federal.

10.3.2 Gastos eleitorais permitidos

No que respeita à destinação das verbas arrecadadas durante a campanha, cumpre observar, uma vez mais, não ter o candidato liberdade irrestrita para sua aplicação.

Com efeito, o art. 26 da Lei 9.504/1997, com alteração promovida pela Lei 12.891/2013, estabelece limitações para estes gastos, ao longo dos seus 17 incisos. Confira-se:

> "Art. 26. São considerados gastos eleitorais, sujeitos a registro e aos limites fixados nesta Lei:
> I – confecção de material impresso de qualquer natureza e tamanho, observado o disposto no § 3.º do art. 38 desta Lei;
> II – propaganda e publicidade direta ou indireta, por qualquer meio de divulgação, destinada a conquistar votos;
> III – aluguel de locais para a promoção de atos de campanha eleitoral;
> IV – despesas com transporte ou deslocamento de candidato e de pessoal a serviço das candidaturas;
> V – correspondência e despesas postais;
> VI – despesas de instalação, organização e funcionamento de Comitês e serviços necessários às eleições;
> VII – remuneração ou gratificação de qualquer espécie a pessoal que preste serviços às candidaturas ou aos comitês eleitorais;
> VIII – montagem e operação de carros de som, de propaganda e assemelhados;
> IX – a realização de comícios ou eventos destinados à promoção de candidatura;
> X – produção de programas de rádio, televisão ou vídeo, inclusive os destinados à propaganda gratuita;
> XIV – (Revogado pela Lei 11.300, de 2006);
> XV – custos com a criação e inclusão de sítios na internet;
> XVI – multas aplicadas aos partidos ou candidatos por infração do disposto na legislação eleitoral;
> XVII – produção de *jingles*, vinhetas e slogans para propaganda eleitoral.
> Parágrafo único. São estabelecidos os seguintes limites com relação ao total do gasto da campanha:
> I – alimentação do pessoal que presta serviços às candidaturas ou aos comitês eleitorais: 10% (dez por cento);
> II – aluguel de veículos automotores: 20% (vinte por cento)."

Diante deste enorme elenco estabelecido pelo legislador, cabem alguns destaques pelo volume financeiro envolvido, para os gastos com a realização de comícios; com a realização de programas de rádio e TV, em especial aqueles relacionados ao horário eleitoral gratuito; e, ainda, aqueles relacionados ao pagamento de multas eleitorais, boa parte delas relacionadas à propaganda eleitoral irregular.

A importância deste extenso elenco está em que a destinação irregular das verbas arrecadadas pode levar à rejeição das contas a serem apresentadas perante a Justiça Eleitoral, o que, por seu turno, pode impedir a diplomação, mesmo do candidato eleito.

Pesquisas Eleitorais 11

11.1 REQUISITOS PARA REGISTRO NA JUSTIÇA ELEITORAL

As pesquisas eleitorais encontram previsão nos arts. 33 a 35 da Lei 9.504/1997.

Para que tais pesquisas possam ser levadas a conhecimento do eleitorado, precisam obter registro perante a Justiça Eleitoral até 5 dias antes da data prevista para sua divulgação.

Outrossim, para que o pedido de registro da pesquisa seja deferido pela Justiça Eleitoral, deverá ela conter obrigatoriamente todas as informações relacionadas no art. 33 da Lei 9.504/1997, com as alterações promovidas pela Lei 12.891/2013,[1] destacando-se a proibição, durante o período de campanha eleitoral, de realização de enquetes pelos meios de comunicação por representarem simples levantamento de opiniões sem nenhum caráter científico. Confira-se:

> "Art. 33. As entidades e empresas que realizarem pesquisas de opinião pública relativas às eleições ou aos candidatos, para conhecimento público, são obrigadas, para cada pesquisa, a registrar, junto à Justiça Eleitoral, até cinco dias antes da divulgação, as seguintes informações:
> I – quem contratou a pesquisa;
> II – valor e origem dos recursos despendidos no trabalho;
> III – metodologia e período de realização da pesquisa;

---

1. Importante lembrar, conforme visto no Capítulo 2, Item 2.2.4 (Princípio da segurança das relações jurídicas em matéria eleitoral), que o TSE e o STF já decidiram que as Leis 12.875 e 12.891, ambas de 2013, não têm aplicabilidade para as eleições de 2014, tendo em vista que elas interferem no processo eleitoral e foram aprovadas a menos de um ano da realização das eleições.

IV – plano amostral e ponderação quanto a sexo, idade, grau de instrução, nível econômico e área física de realização do trabalho a ser executado, intervalo de confiança e margem de erro;

V – sistema interno de controle e verificação, conferência e fiscalização da coleta de dados e do trabalho de campo;

VI – questionário completo aplicado ou a ser aplicado;

VII – nome de quem pagou pela realização do trabalho e cópia da respectiva nota fiscal.

§ 1.º As informações relativas às pesquisas serão registradas nos órgãos da Justiça Eleitoral aos quais compete fazer o registro dos candidatos.

§ 2.º A Justiça Eleitoral afixará no prazo de vinte e quatro horas, no local de costume, bem como divulgará em seu sítio na internet, aviso comunicando o registro das informações a que se refere este artigo, colocando-as à disposição dos partidos ou coligações com candidatos ao pleito, os quais a elas terão livre acesso pelo prazo de 30 (trinta) dias.

§ 3.º A divulgação de pesquisa sem o prévio registro das informações de que trata este artigo sujeita os responsáveis a multa no valor de cinquenta mil a cem mil Ufir.

§ 4.º A divulgação de pesquisa fraudulenta constitui crime, punível com detenção de seis meses a um ano e multa no valor de cinquenta mil a cem mil Ufir.

§ 5.º É vedada, no período de campanha eleitoral, a realização de enquetes relacionadas ao processo eleitoral."

O objetivo das exigências formuladas pelo legislador foi o de permear a elaboração dessas pesquisas por uma transparência, de forma a garantir a normalidade e a legitimidade das eleições.

Com efeito, sabido que a divulgação de pesquisas eleitorais, principalmente aquelas veiculadas em uma proximidade maior das eleições, acaba por influenciar de forma decisiva o eleitorado, sendo determinante ou para a exclusão de candidatos, ou para conduzi-los a um segundo turno, caso ele venha a se realizar.

Outrossim, importante destacar que registrada a pesquisa na Justiça Eleitoral, fica ela à disposição dos partidos, que terão livre acesso pelo prazo de 30 dias, a teor do disposto no art. 33, § 2.º, da Lei 9.504/1997.

Por óbvio, tendo em vista a possibilidade de acesso às informações, bem como à metodologia empregada, resulta lógica a conclusão pela possibilidade dos partidos, mediante requerimento à Justiça Eleitoral, fiscalizarem e questionarem a pesquisa registrada, tudo de acordo com o art. 34, § 1.º, da Lei 9.504/1997.

Insistindo um pouco mais sobre o tema, tem-se que as mesmas exigências relacionadas para o registro da pesquisa devem ser disponibilizadas quando da sua veiculação nos meios de comunicação, em especial o número do registro, para que possa ser localizada, bem como o responsável pela sua contratação.

Por derradeiro, sobreleva notar que o não cumprimento destas exigências formuladas pela lei eleitoral configura pesquisa fraudulenta e, pois, crime, consoante a previsão estabelecida no art. 33, § 4.º, da Lei 9.504/1997.

A mesma conclusão se impõe quando do surgimento de qualquer obstáculo à fiscalização destas pesquisas, conforme disposição contida no art. 34, § 2.º, da Lei 9.504/1997.

Propaganda Eleitoral 12

A propaganda eleitoral vem disciplinada nos arts. 36 a 57 da Lei 9.504/1997, configurando, assim, um dos capítulos mais extensos, o que se deve às inúmeras variações existentes sobre o tema.

O prazo inicial para que a propaganda eleitoral seja veiculada dá-se na forma do art. 36 desse diploma legal, ou seja, a partir do dia 5 de julho do ano das eleições. Isso gera uma consequência imediata, uma vez que a propaganda eleitoral realizada antes desse prazo, como regra geral, revela-se extemporânea, ilegal.

Sem embargo, a própria legislação eleitoral houve por bem estabelecer algumas exceções a esta regra geral, a começar pela propaganda com vista às convenções partidárias.

Destarte, como se sabe, a Lei 9.504/1997, em seu art. 8.º, alterado pela Lei 12.891/2013,[1] prevê o período de 12 a 30 de junho para a realização destas convenções, que tem como objetivo maior a escolha de candidatos, bem como a deliberação sobre coligações.

Assim sendo, o art. 36, § 1.º, da mesma Lei, prevê a possibilidade de realização de propaganda na quinzena anterior e somente em caráter intrapartidário, vedando-se, por óbvio, o uso de rádio, televisão e *outdoor*.

Justificam-se essas limitações impostas pelo legislador, uma vez que não se pode perder de vista o fato dessa propaganda ter por objetivo sensibilizar tão somente aqueles que irão participar da convenção partidária com o direito a voto.

---

1. Importante lembrar, conforme visto no Capítulo 2, Item 2.2.4 (Princípio da segurança das relações jurídicas em matéria eleitoral), que o TSE e o STF já decidiram que as Leis 12.875 e 12.891, ambas de 2013, não têm aplicabilidade para as eleições de 2014, tendo em vista que elas interferem no processo eleitoral e foram aprovadas a menos de um ano da realização das eleições.

Outrossim, apresenta-se também a exceção relacionada à realização de prévias partidárias, a teor do disposto no art. 36-A, III, da Lei 9.504/1997, cuja propaganda também só poderá ter natureza intrapartidária, com o objetivo de atingir tão somente aqueles que tem direito a voto.

De outra parte, promoveu-se alteração na respectiva redação para permitir que esses eventos pudessem ter cobertura através de redes sociais, em homenagem ao princípio da publicidade.

A importância da possibilidade de realização de prévias revela-se, uma vez que surgem como instrumento a ser utilizado pelos partidos para confirmar, ao eleitorado, quem será seu representante para cargo majoritário, abrindo a possibilidade para que a candidatura seja melhor trabalhada.

Com efeito, como o próprio nome indica, as prévias são realizadas em momento anterior ao das convenções, a ser fixado por cada agremiação política, abrindo-se um prazo maior para que o candidato torne-se conhecido e também para pavimentar o caminho para a consolidação de futuras coligações.

Assim sendo, ainda que o resultado das prévias dependa de confirmação posterior por ocasião da realização da convenção partidária, não deixa de representar uma grande vantagem para os partidos, não só para um melhor conhecimento por parte do eleitorado, daquele que pretende se candidatar, mas também para unir as forças internas do partido em favor desta futura candidatura.

Importante também destacar as alterações promovidas pela Lei 12.891/2013, estabelecidas nos arts. 36-A e 36-B da Lei 9.504/1997, cuja redação a seguir se reproduz:

> "Art. 36-A. Não serão consideradas propaganda antecipada e poderão ter cobertura dos meios de comunicação social, inclusive via internet:
>
> I – a participação de filiados a partidos políticos ou de pré-candidatos em entrevistas, programas, encontros ou debates no rádio, na televisão e na internet, inclusive com a exposição de plataformas e projetos políticos, observado pelas emissoras de rádio e de televisão o dever de conferir tratamento isonômico;
>
> II – a realização de encontros, seminários ou congressos, em ambiente fechado e a expensas dos partidos políticos, para tratar da organização dos processos eleitorais, discussão de políticas públicas, planos de governo ou alianças partidárias visando às eleições, poden-

do tais atividades ser divulgadas pelos instrumentos de comunicação intrapartidária;

III – a realização de prévias partidárias e sua divulgação pelos instrumentos de comunicação intrapartidária e pelas redes sociais;

IV – a divulgação de atos de parlamentares e debates legislativos, desde que não se faça pedido de votos;

V – a manifestação e o posicionamento pessoal sobre questões políticas nas redes sociais.

Parágrafo único. É vedada a transmissão ao vivo por emissoras de rádio e de televisão das prévias partidárias."

"Art. 36-B. Será considerada propaganda eleitoral antecipada a convocação, por parte do Presidente da República, dos Presidentes da Câmara dos Deputados, do Senado Federal e do Supremo Tribunal Federal, de redes de radiodifusão para divulgação de atos que denotem propaganda política ou ataques a partidos políticos e seus filiados ou instituições.

Parágrafo único. Nos casos permitidos de convocação das redes de radiodifusão, é vedada a utilização de símbolos ou imagens, exceto aqueles previstos no § 1o do art. 13 da Constituição Federal."

12.1 VEDAÇÕES EM GERAL RELACIONADAS À PROPAGANDA ELEITORAL

Estas vedações encontram-se relacionadas no art. 243 do Código Eleitoral, cuja redação a seguir se reproduz:

"Art. 243. Não será tolerada propaganda:

I – de guerra, de processos violentos para subverter o regime, a ordem política e social ou de preconceitos de raça ou de classes;

II – que provoque animosidade entre as forças armadas ou contra elas, ou delas contra as classes e instituições civis;

III – de incitamento de atentado contra pessoa ou bens;

IV – de instigação à desobediência coletiva ao cumprimento da lei de ordem pública;

V – que implique em oferecimento, promessa ou solicitação de dinheiro, dádiva, rifa, sorteio ou vantagem de qualquer natureza;

VI – que perturbe o sossego público, com algazarra ou abusos de instrumentos sonoros ou sinais acústicos;

VII – por meio de impressos ou de objeto que pessoa inexperiente ou rústica possa confundir com moeda;

VIII – que prejudique a higiene e a estética urbana ou contravenha a posturas municiais ou a outra qualquer restrição de direito;

IX – que caluniar, difamar ou injuriar quaisquer pessoas, bem como órgãos ou entidades que exerçam autoridade pública.

§ 1.º O ofendido por calúnia, difamação ou injúria, sem prejuízo e independentemente da ação penal competente, poderá demandar, no Juízo Civil a reparação do dano moral respondendo por este o ofensor e, solidariamente, o partido político deste, quando responsável por ação ou omissão a quem que favorecido pelo crime, haja de qualquer modo contribuído para ele.

§ 2.º No que couber aplicar-se-ão na reparação do dano moral, referido no parágrafo anterior, os arts. 81 a 88 da Lei 4.117, de 27.08.1962.

§ 3.º É assegurado o direito de resposta a quem for, injuriado difamado ou caluniado através da imprensa rádio, televisão, ou alto-falante, aplicando-se, no que couber, os arts. 90 e 96 da Lei 4.117, de 27.08.1962."

Diante desse extenso elenco estabelecido pelo legislador eleitoral, alguns dos itens ali previstos merecem um destaque maior pela importância de que se revestem.

Assim é que o primeiro destaque vai para a previsão estabelecida no inc. I, que veda não só a propaganda de guerra, mas também aquela que implique em preconceito de raça.

Neste particular, importante a referência para a disposição estabelecida no art. 3.º, IV, da CF/1988, que relaciona entre os fundamentos da República Federativa a proibição de qualquer sorte de discriminação, seja ela de que natureza for.

Outrossim, no inc. V, visualiza-se a proibição de propaganda que implique em oferecimento de qualquer vantagem ao eleitor, com o objetivo de assegurar a normalidade e a legitimidade das eleições.

Portanto, percebe-se que desde 1965, esta proibição já se apresentava ao nível da legislação eleitoral, revelando-se oportuna a referência, no mesmo sentido, prevista no art. 41-A da Lei 9.504/1997 (resultante de aprovação de projeto de lei de inciativa popular), que acrescentou a configuração de crime eleitoral, tornando secundária a aceitação ou não da vantagem pelo eleitor.

É a redação do referido dispositivo legal:

"Art. 41-A. Ressalvado o disposto no art. 26 e seus incisos, constitui captação de sufrágio, vedada por esta Lei, o candidato doar, oferecer, prometer, ou entregar, ao eleitor, com o fim de obter-lhe o voto, bem ou vantagem pessoal de qualquer natureza, inclusive emprego ou função pública, desde o registro da candidatura até o dia da eleição, inclusive, sob pena de multa de mil a cinquenta mil Ufir, e cassação do registro ou do diploma, observado o procedimento previsto no art. 22 da LC 64, de 18 de maio de 1990.

§ 1.º Para a caracterização da conduta ilícita, é desnecessário o pedido explícito de votos, bastando a evidência do dolo, consistente no especial fim de agir.

§ 2.º As sanções previstas no caput aplicam-se contra quem praticar atos de violência ou grave ameaça a pessoa, com o fim de obter-lhe o voto.

§ 3.º A representação contra as condutas vedadas no caput poderá ser ajuizada até a data da diplomação.

§ 4.º O prazo de recurso contra decisões proferidas com base neste artigo será de 3 (três) dias, a contar da data da publicação do julgamento no Diário Oficial."

Outro destaque vai para a previsão estabelecida no inc. VI, relacionada à propaganda que implique em perturbação do sossego público.

Nesse sentido, ficam expressamente proibidas propagandas realizadas durante a madrugada, ou mesmo durante o dia ou a noite, que ultrapassem os limites do razoável.

No inc. IX, visualiza-se a proibição de propaganda que implique em calúnia, injúria ou difamação, configurando crime contra a honra em matéria eleitoral.

Trata-se de crime denominado de impróprio ou impuro, uma vez que, como se verá mais adiante em capítulo próprio, trata-se de matéria que apresenta repercussão tanto na esfera eleitoral, quanto na penal.

Neste particular, importante registrar a possibilidade atribuída ao ofendido de também demandar em face do responsável pela ofensa praticada, campo cível, a teor do disposto no art. 243, § 1.º, do Código Eleitoral. Confira-se:

"Art. 243. [...]
§ 1.º O ofendido por calúnia, difamação ou injúria, sem prejuízo e independentemente da ação penal competente, poderá demandar, no Juízo Civil a reparação do dano moral respondendo por este o ofensor e, solidariamente, o partido político deste, quando responsável por ação ou omissão a quem que favorecido pelo crime, haja de qualquer modo contribuído para ele."

Por derradeiro, ainda que não expressamente prevista no dispositivo ora comentado, oportuno relembrar que também não se pode cogitar de propaganda eleitoral que acabe por denegrir os símbolos da nossa República Federativa, relacionados no art. 13 da CF/1988. Confira-se:

> "Art. 13. A língua portuguesa é o idioma oficial da República Federativa do Brasil.
> § 1.º São símbolos da República Federativa do Brasil a bandeira, o hino, as armas e o selo nacionais.
> § 2.º Os Estados, o Distrito Federal e os Municípios poderão ter símbolos próprios."

12.2 VEDAÇÕES ESPECÍFICAS

Sem prejuízo das vedações de ordem geral estabelecidas na Lei 4.737/1965, outras também se apresentam, de natureza específica, relacionadas na Lei 9.504/1997, a partir do seu art. 37.

12.2.1 Propaganda através de comícios

Os comícios, de acordo com o art. 39 da Lei 9.504/1997, são permitidos desde que respeitadas as limitações ali estabelecidas.

Assim é que, em primeiro lugar, destaca-se a restrição de horário, uma vez que estes comícios só poderão ser realizados no período compreendido entre 8 e 24 horas, exceção feita ao comício de encerramento da campanha, que poderá ser prorrogado por mais 2 horas, a teor do disposto no § 4.º, consoante alteração trazida pela Lei 12.891/2013.

De outra parte, importante consignar que, ainda que a sua realização não dependa de autorização do Poder Público, as autoridades competentes deverão ser notificadas da sua realização, incluindo-se a perspectiva de público, o local e o horário.

Esta orientação, prevista inicialmente no art. 5.º, XVI, da CF/1988 e reproduzida no caput do art. 39 da Lei 9.504/1997, resulta do fato do comício se apresentar como uma espécie de reunião pública.

Dentro desse contexto, a necessidade de aviso prévio ao Poder Público se justifica para que possa ele informar a tempo acerca da existência ou não de outro comício marcado para o mesmo local e horário.

Outrossim, para que possa tomar as medidas relacionadas à segurança e, ainda, quanto ao trânsito, de sorte que tal comunicação deve vir com no mínimo 24 horas de antecedência, a teor do disposto no art. 39, § 1.º, da Lei 9.504/1997.

Assim sendo, a tomada dessas providências se revela de extrema importância para a prevenção de responsabilidade por força de danos, de prejuízos que vierem a ocorrer.

Desta forma, se a comunicação prévia exigida pela lei não for providenciada pelos organizadores do evento, por óbvio, a responsabilidade por danos causados será inteiramente deles, sendo que o Poder Público, se acionado for em juízo pela vítima, poderá invocar, por força da variante do risco administrativo, excludentes ou atenuantes de responsabilidade.

Igualmente, a mesma conclusão se impõe mesmo diante de comunicação prévia pelos organizadores do evento, desde que as estimativas apresentadas quanto ao comparecimento de público se apresentarem totalmente equivocadas.

De outra parte, diferente será a solução se a comunicação foi feita em tempo, com dados corretos, mas o Poder Público não tomou as providências necessárias ou as tomou de forma insuficiente.

Com efeito, nesse caso o Poder Público será responsável por danos que eventualmente ocorram durante a realização do evento.

12.2.2 Showmício

A legislação eleitoral proíbe sua realização durante as eleições, pelo exposto no art. 39, § 7.º, da Lei 9.504/97. Confira-se:

> "Art. 39. [...]
> § 7.º É proibida a realização de showmício e de evento assemelhado para promoção de candidatos, bem como a apresentação, remunerada ou não, de artistas com a finalidade de animar comício e reunião eleitoral."

A razão de ser da proibição parece intuitiva, eis que voltada a evitar a configuração de abuso de poder econômico nas eleições, gerando desequilíbrio entre partidos e candidatos.

Destarte, como se sabe, a realização de shows artísticos, em comícios eleitorais, apresenta um alto custo financeiro que frequentemente era aceito por candidatos e partidos que tivessem condições para tanto, tendo em vista o grande retorno verificado.

Sem embargo, importante anotar que a manutenção dessa modalidade de propaganda, em vista da sua inacessibilidade à maior parte dos candidatos e partidos de pequeno porte, implicaria em desequilíbrio inaceitável entre os candidatos, além de comprometer as eleições por abuso de poder econômico.

12.2.3 Propaganda através de adereços

Esta modalidade de propaganda é admitida na forma estabelecida pelo art. 39, § 6.º, da Lei 9.504/1997. Confira-se:

> "Art. 39. [...]
> § 6.º É vedada na campanha eleitoral a confecção, utilização, distribuição por comitê, candidato, ou com a sua autorização, de camisetas, chaveiros, bonés, canetas, brindes, cestas básicas ou quaisquer outros bens ou materiais que possam proporcionar vantagem ao eleitor."

A leitura do dispositivo reproduzido permite concluir que a vedação ali contida incide apenas para esta modalidade de propaganda quando proporcionar vantagem ao eleitor.

Em outras palavras, o que a lei eleitoral proíbe não é a propaganda através de camisetas, chaveiros e bonés, desde que voltados tão somente para uso interno, ou seja, para os integrantes, participantes da campanha eleitoral.

Em outras palavras, o que se proíbe é o oferecimento desses adereços ao eleitor, como forma de vantagem em troca de voto.

12.2.4 Propagandas em bens públicos e em bens de uso comum

Essa modalidade de propaganda é proibida nos termos dispostos no art. 37, *caput*, da Lei 9.504/1997. Confira-se:

> "Art. 37. Nos bens cujo uso dependa de cessão ou permissão do Poder Público, ou que a ele pertençam, e nos de uso comum, inclusive postes de iluminação pública e sinalização de tráfego, viadutos, passarelas, pontes, paradas de ônibus e outros equipamentos urbanos, é vedada a veiculação de propaganda de qualquer natureza, inclusive pichação, inscrição a tinta, fixação de placas, estandartes, faixas, cavaletes e assemelhados."

Percebe-se, da leitura do dispositivo reproduzido, que a lista de bens públicos ali relacionada, apresenta-se em caráter meramente exemplificativo.

Nesse particular, importante lembrar que o Código Civil dedica todo um capítulo para disciplinar a questão relacionada aos bens públicos, em que se destacam os arts. 98 e 99, cuja redação a seguir se reproduz:

"Art. 98. São públicos os bens do domínio nacional pertencentes às pessoas jurídicas de direito público interno; todos os outros são particulares, seja qual for a pessoa a que pertencerem."

"Art. 99. São bens públicos:
I – os de uso comum do povo, tais como rios, mares, estradas, ruas e praças;
II – os de uso especial, tais como edifícios ou terrenos destinados a serviço ou estabelecimento da administração federal, estadual, territorial ou municipal, inclusive os de suas autarquias;
III – os dominicais, que constituem o patrimônio das pessoas jurídicas de direito público, como objeto de direito pessoal, ou real, de cada uma dessas entidades.
Parágrafo único. Não dispondo a lei em contrário, consideram-se dominicais os bens pertencentes às pessoas jurídicas de direito público a que se tenha dado estrutura de direito privado."

Pelos dispositivos reproduzidos, percebe-se que a principal classificação atribuída aos bens públicos, é aquela que leva em consideração sua destinação, que os agrupa em bens de uso comum, bens de uso especial e bens dominicais ou dominiais.

Os bens de uso comum são aqueles de acesso indistinto por toda a população, sendo que o uso deles pode ser gratuito (ruas, pontes, passarelas, semáforos, praças, muros públicos, cemitérios públicos) ou oneroso (estradas).

Os bens de uso especial, por sua vez, são aqueles destinados a uma finalidade específica. O uso deles também pode ser gratuito ou oneroso, conforme se verifica com os aeroportos, rodoviárias, estádios de futebol e ginásios esportivos.

Os bens dominiais ou dominicais são aqueles que não têm destinação nenhuma incidindo sobre eles. São terras vazias ou devolutas, aquelas propriedades que são cercadas e que o público em geral não tem acesso.

De outra parte, o mesmo dispositivo reproduzido também traz a proibição de propaganda eleitoral nos bens de uso comum, referência que se apresenta melhor detalhada no art. 37, § 4.º, da Lei 9.504/1997. Confira-se:

"Art. 37. [...]
§ 4.º Bens de uso comum, para fins eleitorais, são os assim definidos pela Lei 10.406, de 10 de janeiro de 2002 – Código Civil e também aqueles a que a população em geral tem acesso, tais como cinemas,

clubes, lojas, centros comerciais, templos, ginásios, estádios, ainda que de propriedade privada."

A leitura do dispositivo reproduzido permite visualizar ter o legislador eleitoral ali incluído bens que normalmente seriam considerados como particulares, mas que apresentam um perfil diferenciado para fins eleitorais, sempre com o objetivo de manter a normalidade e a legitimidade das eleições contra abusos de poder econômico.

Outrossim, importante notar que a lista destes bens de uso comum revela um elenco meramente exemplificativo, o que se verifica pela utilização da expressão "tais como", pelo legislador.

Nesse sentido, também poderão ser incluídos nessa vedação outros locais em que a população em geral tenha acesso, como casas de espetáculos e teatros.

12.2.5 Propaganda em áreas verdes

Essa modalidade de propaganda é proibida pela legislação eleitoral, na forma prevista pelo art. 37, § 5.º, da Lei 9.504/1997. Confira-se:

> "Art. 37. [...]
> § 5.º Nas árvores e nos jardins localizados em áreas públicas, bem como em muros, cercas e tapumes divisórios, não é permitida a colocação de propaganda eleitoral de qualquer natureza, mesmo que não lhes cause dano."

A leitura do dispositivo reproduzido permite concluir que esta vedação incide, ainda que a propaganda não cause nenhum tipo de dano para a área em que ela se realiza, com o nítido objetivo de preservação ambiental.

12.2.6 Propaganda feita através de bonecos, cavaletes, cartazes e mesas

Tal propaganda encontra-se disciplinada no art. 37, *caput*, da Lei 9.504/1997, bem como em seu § 6.º, alterados pela Lei 12.891/2013, onde se encontram as seguintes limitações. Confira-se:

> "Art. 37. Nos bens cujo uso dependa de cessão ou permissão do Poder Público, ou que a ele pertençam, e nos de uso comum, inclusive postes de iluminação pública e sinalização de tráfego, viadutos, passarelas, pontes, paradas de ônibus e outros equipamentos urbanos, é vedada a veiculação de propaganda de qualquer natureza, inclusive

pichação, inscrição a tinta, fixação de placas, estandartes, faixas, cavaletes e assemelhados.
[...]
§ 6.º É permitida a colocação de mesas para distribuição de material de campanha e a utilização de bandeiras ao longo das vias públicas, desde que móveis e que não dificultem o bom andamento do trânsito de pessoas e veículos."

12.2.7 Propaganda em bens particulares

Por óbvio que tal propaganda é permitida, desde que, uma vez mais, preenchidas as exigências fixadas pelo legislador.

Assim é que, em primeiro lugar, tem-se que essa autorização oferecida pelo proprietário do bem deve ser espontânea.

Em outras palavras, não se cogita da possibilidade de propaganda em bens particulares resultante de pagamento, uma vez que a cessão do imóvel deve ser atribuída à identificação do seu proprietário com o candidato ou a agremiação beneficiados pela propaganda. A regulamentação deste item se encontra no art. 37, § 2.º, da Lei Eleitoral, nos seguintes termos:

"Art. 37. [...]
§ 2.º Em bens particulares, independe de obtenção de licença municipal e de autorização da Justiça Eleitoral a veiculação de propaganda eleitoral por meio da fixação de faixas, placas, cartazes, pinturas ou inscrições, desde que não excedam a 4m² (quatro metros quadrados) e que não contrariem a legislação eleitoral, sujeitando-se o infrator às penalidades previstas no § 1.º."

A leitura do dispositivo reproduzido permite concluir que dentro do contexto anteriormente apresentado, esta propaganda independe de licença dos órgãos públicos, bem como da própria Justiça Eleitoral.

De outra parte, embora permitida, tal propaganda possui também um limite, uma vez que não poderá ser superior a 4 metros quadrados.

Dentro desse contexto, cabe apenas o registro quanto à dificuldade de produção de prova quanto à irregularidade da propaganda, tendo em vista que a sua configuração apenas através de fotos não traz a precisão necessária quanto à sua extensão, quanto ao respeito ao limite estabelecido pelo legislador, de forma a levar à caracterização da sua irregularidade.

12.2.8 Propaganda veiculada através de folhetos e adesivos

É ela permitida, na forma do art. 38 da Lei Eleitoral, com as alterações promovidas pela Lei 12.891/2013, independendo sua distribuição de autorização do Poder Público. Confira-se:

> "Art. 38. Independe da obtenção de licença municipal e de autorização da Justiça Eleitoral a veiculação de propaganda eleitoral pela distribuição de folhetos, adesivos, volantes e outros impressos, os quais devem ser editados sob a responsabilidade do partido, coligação ou candidato.
>
> § 1.º Todo material impresso de campanha eleitoral deverá conter o número de inscrição no Cadastro Nacional da Pessoa Jurídica – CNPJ ou o número de inscrição no Cadastro de Pessoas Físicas – CPF do responsável pela confecção, bem como de quem a contratou, e a respectiva tiragem.
>
> § 2.º Quando o material impresso veicular propaganda conjunta de diversos candidatos, os gastos relativos a cada um deles deverão constar na respectiva prestação de contas, ou apenas naquela relativa ao que houver arcado com os custos.
>
> § 3.º Os adesivos de que trata o *caput* deste artigo poderão ter a dimensão máxima de 50 (cinquenta) centímetros por 40 (quarenta) centímetros.
>
> § 4.º É proibido colar propaganda eleitoral em veículos, exceto adesivos microperfurados até a extensão total do para-brisa traseiro e, em outras posições, adesivos até a dimensão máxima fixada no § 3.º."

A leitura do dispositivo reproduzido permite concluir a existência de uma limitação, uma vez que ao serem veiculados, esses folhetos devem trazer o responsável pela sua confecção, pela sua contratação, bem como pela sua tiragem.

Esta exigência estabelecida pelo legislador se justifica, uma vez que a responsabilidade pela distribuição deste material fica para o partido, coligação ou candidato.

Dentro desse contexto, importante registrar a dificuldade, que surge com frequência, para a identificação da origem deste material, tendo em vista a distribuição destes folhetos de forma apócrifa.

Inquestionavelmente, esta é a modalidade de propaganda que mais facilmente pode ser veiculada com desrespeito às limitações impostas pelo legislador, com consequências que podem influenciar, de forma decisiva, a legitimidade e a normalidade das eleições.

Com efeito, imagine-se a possibilidade de distribuição de folhetos contendo propaganda de um determinado candidato apontando um número incorreto de inscrição.

Fatalmente, diante de uma situação como essa, o eleitor poderá ter imensa dificuldade de depositar o seu voto na urna em favor do candidato, uma vez que com o número da inscrição equivocado aparecerá a figura de outro candidato.

12.2.9 Propaganda veiculada através de carros de som

Esta modalidade de propaganda também é permitida pela legislação eleitoral, a teor do disposto no art. 39, § 3.º:

> "Art. 39. [...]
> § 3.º O funcionamento de alto-falantes ou amplificadores de som, ressalvada a hipótese contemplada no parágrafo seguinte, somente é permitido entre as oito e as vinte e duas horas, sendo vedados a instalação e o uso daqueles equipamentos em distância inferior a duzentos metros:
> I – das sedes dos Poderes Executivo e Legislativo da União, dos Estados, do Distrito Federal e dos Municípios, das sedes dos Tribunais Judiciais, e dos quartéis e outros estabelecimentos militares;
> II – dos hospitais e casas de saúde;
> III – das escolas, bibliotecas públicas, igrejas e teatros, quando em funcionamento."

A leitura do dispositivo reproduzido autoriza conclusões quanto à existência de limites em relação a esta propaganda.

Destarte, estabeleceu o legislador uma limitação de horário, uma vez que só permitiu sua realização no período compreendido entre 8h00 e 22h00.

De outra parte, cuidou ele de estabelecer também um limite de natureza geográfica, uma vez que ficou proibida, pelos prejuízos que pode causar, a propaganda próxima aos locais ali estabelecidos, vale dizer, sedes dos Poderes Executivo, Legislativo e Judiciário, escolas, quartéis, bibliotecas, casas de saúde, hospitais, templos religiosos, bibliotecas, teatros, quando em funcionamento, na distância mínima de 200 metros.

Como se observa, essa disciplina estabelecida pelo legislador, em especial quanto à distância mínima, que reitera a previsão estabelecida no art. 243 do Código Eleitoral, encontra-se hoje ultrapassada, tendo em vista o aperfeiçoamento dos equipamentos de som.

Destarte, 200 metros, hoje, representa uma distância que nenhum efeito gera sobre esses equipamentos, tendo em vista a potência que adquiriram.

Assim, embora amparada pela legislação, se realizada propaganda nessa distância mínima, fatalmente acabaria trazendo inequívocos prejuízos para pacientes de hospital, frequentadores de bibliotecas, em razão da potência desses equipamentos.

Atenta a essa circunstância, a Lei 12.891/2013, criou os §§ 11 e 12 do art. 39 da Lei 9.504/1997, cuja redação a seguir se reproduz:

> "Art. 39. [...]
> § 11. É permitida a circulação de carros de som e minitrios como meio de propaganda eleitoral, desde que observado o limite de 80 (oitenta) decibéis de nível de pressão sonora, medido a 7 (sete) metros de distância do veículo, e respeitadas as vedações previstas no § 3.º deste artigo.
> § 12. Para efeitos desta Lei, considera-se:
> I – carro de som: veículo automotor que usa equipamento de som com potência nominal de amplificação de, no máximo, 10.000 (dez mil) watts;
> II – minitrio: veículo automotor que usa equipamento de som com potência nominal de amplificação maior que 10.000 (dez mil) watts e até 20.000 (vinte mil) watts;
> III – trio elétrico: veículo automotor que usa equipamento de som com potência nominal de amplificação maior que 20.000 (vinte mil) watts."

12.2.10 Propaganda através de outdoor

Essa modalidade de propaganda está, desde 2006, proibida pelo legislador, agora se estendendo também para os eletrônicos, nos termos apresentados pelo art. 39, § 8.º, da Lei Eleitoral, alterado pela Lei 12.891/2013. Confira-se:

> "Art. 39. [...]
> § 8.º É vedada a propaganda eleitoral mediante outdoors, inclusive eletrônicos, sujeitando-se a empresa responsável, os partidos, as coligações e os candidatos à imediata retirada da propaganda irregular e ao pagamento de multa no valor de R$ 5.000,00 (cinco mil reais) a R$ 15.000,00 (quinze mil reais)."

A razão de ser para esta proibição, encontra-se na necessidade de se garantir a normalidade e a legitimidade das eleições contra abusos de poder econômico.

Com efeito, sabe-se que essa modalidade de propaganda apresenta um custo extremamente alto, sendo, pois, acessível a uma quantidade pequena de candidatos, o que, fatalmente, promoveria um desequilíbrio indesejável entre eles.

12.2.11 Propaganda através de trios elétricos

Esta modalidade de propaganda, desde 2009, também se encontra proibida pela legislação eleitoral, na forma do disposto no art. 39, § 10. Confira-se:

> "Art. 39. [...]
> § 10. Fica vedada a utilização de trios elétricos em campanhas eleitorais, exceto para a sonorização de comícios."

A leitura do dispositivo reproduzido permite concluir que a vedação imposta a este tipo de propaganda comporta uma única exceção, vale dizer, aquela em que a utilização de trios elétricos tenha por objetivo a sonorização de comícios e desde que respeitado o limite de horário estabelecido no art. 39, § 4.º, alterado pela Lei 12.891/2013, ou seja, das oito às vinte e quatro horas, com exceção do comício de encerramento da campanha, que poderá ser prorrogado por mais duas horas.

Pode-se também concluir que esta vedação estabelecida pelo legislador tem por objetivo preservar o direito ao silêncio, a teor do disposto no art. 243 do Código Eleitoral.

Outrossim, pode-se incluir também que esta vedação tem por objetivo evitar o desequilíbrio entre os candidatos, tendo em vista o custo da locação do trio elétrico, bem como de seus integrantes, de forma a comprometer a legitimidade das eleições.

12.2.12 Propaganda pela internet

Essa modalidade de propaganda, por óbvio, não constava inicialmente da legislação eleitoral quando da sua edição, em 1997, por força de encontrar--se esse setor ainda com um desenvolvimento insipiente, incapaz, pois, de interferir no resultado das eleições.

Com o seu acentuado desenvolvimento, sentiu-se o legislador na obrigatoriedade de regulamentar essa modalidade de propaganda, o que foi feito, a partir de 2009.

Nesse sentido, importante observar que, embora permitida, esta modalidade de propaganda sofreu uma série de restrições estabelecidas no art. 57-A a 57-I, da Lei Eleitoral, cuja reprodução, em que pese a sua extensão, se faz necessária para uma melhor visualização, com as alterações promovidas nos arts. 57-D, § 3.º e 57-H, §§ 1.º e 2.º, pela Lei 12.891/2013:

> "Art. 57-A. É permitida a propaganda eleitoral na internet, nos termos desta Lei, após o dia 5 de julho do ano da eleição."
>
> "Art. 57-B. A propaganda eleitoral na internet poderá ser realizada nas seguintes formas:
>
> I – em sítio do candidato, com endereço eletrônico comunicado à Justiça Eleitoral e hospedado, direta ou indiretamente, em provedor de serviço de internet estabelecido no País;
>
> II – em sítio do partido ou da coligação, com endereço eletrônico comunicado à Justiça Eleitoral e hospedado, direta ou indiretamente, em provedor de serviço de internet estabelecido no País;
>
> III – por meio de mensagem eletrônica para endereços cadastrados gratuitamente pelo candidato, partido ou coligação;
>
> IV – por meio de blogs, redes sociais, sítios de mensagens instantâneas e assemelhados, cujo conteúdo seja gerado ou editado por candidatos, partidos ou coligações ou de iniciativa de qualquer pessoa natural."
>
> "Art. 57-C. Na internet, é vedada a veiculação de qualquer tipo de propaganda eleitoral paga.
>
> § 1.º É vedada, ainda que gratuitamente, a veiculação de propaganda eleitoral na internet, em sítios:
>
> I – de pessoas jurídicas, com ou sem fins lucrativos;
>
> II – oficiais ou hospedados por órgãos ou entidades da administração pública direta ou indireta da União, dos Estados, do Distrito Federal e dos Municípios.
>
> § 2.º A violação do disposto neste artigo sujeita o responsável pela divulgação da propaganda e, quando comprovado seu prévio conhecimento, o beneficiário à multa no valor de R$ 5.000,00 (cinco mil reais) a R$ 30.000,00 (trinta mil reais)."
>
> "Art. 57-D. É livre a manifestação do pensamento, vedado o anonimato durante a campanha eleitoral, por meio da rede mundial de computadores - internet, assegurado o direito de resposta, nos termos

das alíneas *a, b* e *c* do inc. IV do § 3.º do art. 58 e do 58-A, e por outros meios de comunicação interpessoal mediante mensagem eletrônica.

§ 2.º A violação do disposto neste artigo sujeitará o responsável pela divulgação da propaganda e, quando comprovado seu prévio conhecimento, o beneficiário à multa no valor de R$ 5.000,00 (cinco mil reais) a R$ 30.000,00 (trinta mil reais).

§ 3.º Sem prejuízo das sanções civis e criminais aplicáveis ao responsável, a Justiça Eleitoral poderá determinar, por solicitação do ofendido, a retirada de publicações que contenham agressões ou ataques a candidatos em sítios da internet, inclusive redes sociais."

"Art. 57-E. São vedadas às pessoas relacionadas no art. 24 a utilização, doação ou cessão de cadastro eletrônico de seus clientes, em favor de candidatos, partidos ou coligações.

§ 1.º É proibida a venda de cadastro de endereços eletrônicos.

§ 2.º A violação do disposto neste artigo sujeita o responsável pela divulgação da propaganda e, quando comprovado seu prévio conhecimento, o beneficiário à multa no valor de R$ 5.000,00 (cinco mil reais) a R$ 30.000,00 (trinta mil reais)."

"Art. 57-F. Aplicam-se ao provedor de conteúdo e de serviços multimídia que hospeda a divulgação da propaganda eleitoral de candidato, de partido ou de coligação as penalidades previstas nesta Lei, se, no prazo determinado pela Justiça Eleitoral, contado a partir da notificação de decisão sobre a existência de propaganda irregular, não tomar providências para a cessação dessa divulgação.

Parágrafo único. O provedor de conteúdo ou de serviços multimídia só será considerado responsável pela divulgação da propaganda se a publicação do material for comprovadamente de seu prévio conhecimento."

"Art. 57-G. As mensagens eletrônicas enviadas por candidato, partido ou coligação, por qualquer meio, deverão dispor de mecanismo que permita seu descadastramento pelo destinatário, obrigado o remetente a providenciá-lo no prazo de quarenta e oito horas.

Parágrafo único. Mensagens eletrônicas enviadas após o término do prazo previsto no *caput* sujeitam os responsáveis ao pagamento de multa no valor de R$ 100,00 (cem reais), por mensagem."

"Art. 57-H. Sem prejuízo das demais sanções legais cabíveis, será punido, com multa de R$ 5.000,00 (cinco mil reais) a R$ 30.000,00 (trinta mil reais), quem realizar propaganda eleitoral na internet, atribuindo indevidamente sua autoria a terceiro, inclusive a candidato, partido ou coligação.

§ 1.º Constitui crime a contratação direta ou indireta de grupo de pessoas com a finalidade específica de emitir mensagens ou comentários na internet para ofender a honra ou denegrir a imagem de candidato, partido ou coligação, punível com detenção de 2 (dois) a 4 (quatro) anos e multa de R$ 15.000,00 (quinze mil reais) a R$ 50.000,00 (cinquenta mil reais).

§ 2.º Igualmente incorrem em crime, punível com detenção de 6 (seis) meses a 1 (um) ano, com alternativa de prestação de serviços à comunidade pelo mesmo período, e multa de R$ 5.000,00 (cinco mil reais) a R$ 30.000,00 (trinta mil reais), as pessoas contratadas na forma do § 1.º."

"Art. 57-I. A requerimento de candidato, partido ou coligação, observado o rito previsto no art. 96, a Justiça Eleitoral poderá determinar a suspensão, por vinte e quatro horas, do acesso a todo conteúdo informativo dos sítios da internet que deixarem de cumprir as disposições desta Lei.

§ 1.º A cada reiteração de conduta, será duplicado o período de suspensão.

§ 2.º No período de suspensão a que se refere este artigo, a empresa informará, a todos os usuários que tentarem acessar seus serviços, que se encontra temporariamente inoperante por desobediência à legislação eleitoral."

12.2.13 Propaganda na imprensa

Esta modalidade de propaganda apresenta inúmeras variantes, tendo em vista a multiplicação dos meios de comunicação social.

Nesse sentido, investindo-se incialmente na propaganda realizada na imprensa escrita, encontra-se ela disciplinada pelo art. 43 da Lei das Eleições. Confira-se:

"Art. 43. São permitidas, até a antevéspera das eleições, a divulgação paga, na imprensa escrita, e a reprodução na internet do jornal impresso, de até 10 (dez) anúncios de propaganda eleitoral, por veículo, em datas diversas, para cada candidato, no espaço máximo, por edição, de 1/8 (um oitavo) de página de jornal padrão e de 1/4 (um quarto) de página de revista ou tabloide.

§ 1.º Deverá constar do anúncio, de forma visível, o valor pago pela inserção.

§ 2.º A inobservância do disposto neste artigo sujeita os responsáveis pelos veículos de divulgação e os partidos, coligações ou candidatos beneficiados a multa no valor de R$ 1.000,00 (mil reais) a R$ 10.000,00 (dez mil reais) ou equivalente ao da divulgação da propaganda paga, se este for maior."

Da leitura do dispositivo reproduzido, conclui-se que a exemplo das outras modalidades de propaganda, esta também experimenta restrições.

Com efeito, apresenta-se, de início, uma limitação de ordem temporal, uma vez que ela é permitida somente até à antevéspera das eleições.

De outra parte, de forma a evitar o desequilíbrio entre os candidatos, assegurando-se a normalidade e a legitimidade das eleições, houve por bem o legislador estipular um limite em relação ao tamanho da propaganda, nos seguintes termos:

No máximo 1/8 de página, em se tratando de jornais e ¼ de página, cuidando-se de revistas.

Outrossim, com o mesmo objetivo, fixou o legislador uma quantidade máxima para a veiculação dessas propagandas em 10 anúncios por veículo de comunicação.

Por fim, com o objetivo de facilitar a fiscalização das contas pela Justiça Eleitoral, estipulou o legislador a obrigatoriedade de se apresentar, na propaganda veiculada, o valor por ela pago, a teor do disposto no art. 43, § 1.º, da Lei Eleitoral. Confira-se:

"Art. 43. [...]
§ 1.º Deverá constar do anúncio, de forma visível, o valor pago pela inserção."

12.2.14 Propaganda no rádio e na televisão

Encontra-se prevista no art. 45 da Lei 9.504/1997, sendo ela permitida durante a campanha eleitoral.

Dentro desse contexto, importante também registrar que, embora autorizada, pela força que esses meios de comunicação têm, tornou-se necessária a imposição de restrições por parte do legislador.

Assim sendo, desde o dia 1.º de julho, do ano das eleições, vedam-se alguns itens importantes em relação à programação normal das emissoras de rádio e televisão, excluindo-se, pois, destas limitações, a propaganda gratuita, de veiculação obrigatória.

Desta forma, em razão do enorme potencial que representam o rádio e TV, a partir de primeiro de julho, passam a experimentar algumas proibições para evitar, novamente, abuso de poder econômico.

Como já dito, encontram-se elas relacionadas no art. 45 da Lei Eleitoral. Confira-se:

> "Art. 45. A partir de 1.º de julho do ano da eleição, é vedado às emissoras de rádio e televisão, em sua programação normal e noticiário:
> I – transmitir, ainda que sob a forma de entrevista jornalística, imagens de realização de pesquisa ou qualquer outro tipo de consulta popular de natureza eleitoral em que seja possível identificar o entrevistado ou em que haja manipulação de dados;
> II – usar trucagem, montagem ou outro recurso de áudio ou vídeo que, de qualquer forma, degradem ou ridicularizem candidato, partido ou coligação, ou produzir ou veicular programa com esse efeito;
> III – veicular propaganda política ou difundir opinião favorável ou contrária a candidato, partido, coligação, a seus órgãos ou representantes;
> IV – dar tratamento privilegiado a candidato, partido ou coligação;
> V – veicular ou divulgar filmes, novelas, minisséries ou qualquer outro programa com alusão ou crítica a candidato ou partido político, mesmo que dissimuladamente, exceto programas jornalísticos ou debates políticos;
> VI – divulgar nome de programa que se refira a candidato escolhido em convenção, ainda quando preexistente, inclusive se coincidente com o nome do candidato ou com a variação nominal por ele adotada. Sendo o nome do programa o mesmo que o do candidato, fica proibida a sua divulgação, sob pena de cancelamento do respectivo registro."

Por derradeiro, importante registrar que, novamente com o intuito de evitar o desequilíbrio entre os candidatos, o legislador houve por bem proibir, desde a realização da convenção partidária, a veiculação de programas apresentados ou comentados por um dos pré-candidatos escolhidos, a teor do disposto no art. 45, § 1.º, da Lei das Eleições. Confira-se:

> "Art. 45. [...]
> § 1.º A partir do resultado da convenção, é vedado, ainda, às emissoras transmitir programa apresentado ou comentado por candidato escolhido em convenção."

12.3 DA PROPAGANDA NO HORÁRIO ELEITORAL GRATUITO

A propaganda eleitoral gratuita encontra-se disciplinada na Lei 9.504/1997, merecendo destaque, inicialmente, o seu período de veiculação, vale dizer, 45 dias antes da data marcada para o pleito eleitoral, a teor do disposto no art. 47, *caput*:

> "Art. 47. As emissoras de rádio e de televisão e os canais de televisão por assinatura mencionados no art. 57 reservarão, nos quarenta e cinco dias anteriores à antevéspera das eleições, horário destinado à divulgação, em rede, da propaganda eleitoral gratuita, na forma estabelecida neste artigo."

Sendo necessária a realização de segundo turno, o período de veiculação do horário eleitoral gratuito encontra-se disciplinado no art. 49, *caput*, desta Lei. Confira-se:

> "Art. 49. Se houver segundo turno, as emissoras de rádio e televisão reservarão, a partir de quarenta e oito horas da proclamação dos resultados do primeiro turno e até a antevéspera da eleição, horário destinado à divulgação da propaganda eleitoral gratuita, dividido em dois períodos diários de vinte minutos para cada eleição, iniciando-se às sete e às doze horas, no rádio, e às treze e às vinte horas e trinta minutos, na televisão".

De outra parte, o tempo reservado a cada partido durante esse horário eleitoral gratuito não é definido de forma aleatória e nem igualitária, mas de acordo com os critérios fixados na Lei 9.504/1997, em seu art. 47, § 2.º, alterado pela Lei 12.875/2013.[2] Confira-se:

> "Art. 47. [...]
> § 2.º Os horários reservados à propaganda de cada eleição, nos termos do § 1.º, serão distribuídos entre todos os partidos e coligações que tenham candidato, observados os seguintes critérios:
> I – 2/3 (dois terços) distribuídos proporcionalmente ao número de representantes na Câmara dos Deputados, considerado, no caso de coligação, o resultado da soma do número de representantes de todos os partidos que a integram;

---

2. Importante lembrar, conforme visto no Capítulo 2, Item 2.2.4 (Princípio da segurança das relações jurídicas em matéria eleitoral), que o TSE e o STF já decidiram que as Leis 12.875 e 12.891, ambas de 2013, não têm aplicabilidade para as eleições de 2014, tendo em vista que elas interferem no processo eleitoral e foram aprovadas a menos de um ano da realização das eleições.

II – do restante, 1/3 (um terço) distribuído igualitariamente e 2/3 (dois terços) proporcionalmente ao número de representantes eleitos no pleito imediatamente anterior para a Câmara dos Deputados, considerado, no caso de coligação, o resultado da soma do número de representantes de todos os partidos que a integram."

Aliás, exatamente por força dos critérios adotados é que o tempo de participação atribuído a cada partido representa item de capital importância para a consolidação ou não de coligações partidárias.

Em relação a este tema, importante anotar outras alterações promovidas pela Lei 12.891/2013, destacando-se inicialmente a questão relacionada aos prazos de entrega das mídias com as gravações da propaganda eleitoral no rádio e televisão, a teor do disposto no art. 47, § 8.º, da Lei 9.504/1997:

"Art. 47. [...]
§ 8.º As mídias com as gravações da propaganda eleitoral no rádio e na televisão serão entregues às emissoras, inclusive nos sábados, domingos e feriados, com a antecedência mínima:
I – de 6 (seis) horas do horário previsto para o início da transmissão, no caso dos programas em rede;
II – de 12 (doze) horas do horário previsto para o início da transmissão, no caso das inserções.

Da mesma forma, oportuna a reprodução das restrições estabelecidas na Lei 9.504/1997, em seus arts. 51, IV, parágrafo único e 53-A, *caput*, com a redação dada pela Lei 12.891/2013. Confira-se:

"Art. 51. [...]
IV – Na veiculação das inserções, é vedada a divulgação de mensagens que possam degradar ou ridicularizar candidato, partido ou coligação, aplicando-se-lhes, ainda, todas as demais regras aplicadas ao horário de propaganda eleitoral, previstas no art. 47.
Parágrafo único. É vedada a veiculação de inserções idênticas no mesmo intervalo de programação, exceto se o número de inserções de que dispuser o partido exceder os intervalos disponíveis, sendo vedada a transmissão em sequência para o mesmo partido político."

"Art. 53-A. É vedado aos partidos políticos e às coligações incluir no horário destinado aos candidatos às eleições proporcionais propaganda das candidaturas a eleições majoritárias ou vice-versa, ressalvada a utilização, durante a exibição do programa, de legendas com referência aos candidatos majoritários ou, ao fundo, de cartazes ou fotografias desses candidatos, ficando autorizada a menção ao nome e ao número de qualquer candidato do partido ou da coligação."

Oportuno também comentar que durante o período do horário eleitoral gratuito acabam por incidir as vedações estabelecidas no art. 45 da Lei 9.504/97, conforme já analisado no item 12.2.13, de acordo com a previsão estabelecida no art. 55, da mesma Lei.

Nesse sentido, o descumprimento dessas restrições abre a oportunidade da aplicação de penalidades aos partidos e coligações, de acordo com a previsão estabelecida no art. 55, parágrafo único, com a alteração promovida pela Lei 12.891/2013. Confira-se:

> "Art. 55. [...]
> Parágrafo único. A inobservância do disposto neste artigo sujeita o partido ou coligação à perda de tempo equivalente ao dobro do usado na prática do ilícito, no período do horário gratuito subsequente, dobrada a cada reincidência, devendo o tempo correspondente ser veiculado após o programa dos demais candidatos com a informação de que a não veiculação do programa resulta de infração da lei eleitoral."

Ainda em relação a essas sanções, atingem elas enorme repercussão, tendo em vista a possibilidade aberta pelo art. 56, da Lei 9.504/1997, com as alterações promovidas pela Lei 12.891/2013, em relação ao período de suspensão da programação das emissoras de rádio e televisão. Confira-se:

> "Art. 56. A requerimento de partido, coligação ou candidato, a Justiça Eleitoral poderá determinar a suspensão, por vinte e quatro horas, da programação normal de emissora que deixar de cumprir as disposições desta Lei sobre propaganda.
> § 1.º No período de suspensão a que se refere este artigo, a Justiça Eleitoral veiculará mensagem de orientação ao eleitor, intercalada, a cada 15 (quinze) minutos.
> § 2.º Em cada reiteração de conduta, o período de suspensão será duplicado."

12.4 DEBATES ELEITORAIS

De forma a encerrar esse extenso capítulo relacionado à propaganda eleitoral, importante a referência às regras que permeiam a realização de debates, cuja previsão se encontra no art. 46 da Lei Eleitoral, nos seguintes termos:

"Art. 46. Independentemente da veiculação de propaganda eleitoral gratuita no horário definido nesta Lei, é facultada a transmissão, por emissora de rádio ou televisão, de debates sobre as eleições majoritária ou proporcional, sendo assegurada a participação de candidatos dos partidos com representação na Câmara dos Deputados, e facultada a dos demais, observado o seguinte:

I – nas eleições majoritárias, a apresentação dos debates poderá ser feita:

a) em conjunto, estando presentes todos os candidatos a um mesmo cargo eletivo;

b) em grupos, estando presentes, no mínimo, três candidatos;

II – nas eleições proporcionais, os debates deverão ser organizados de modo que assegurem a presença de número equivalente de candidatos de todos os partidos e coligações a um mesmo cargo eletivo, podendo desdobrar-se em mais de um dia;

III – os debates deverão ser parte de programação previamente estabelecida e divulgada pela emissora, fazendo-se mediante sorteio a escolha do dia e da ordem de fala de cada candidato, salvo se celebrado acordo em outro sentido entre os partidos e coligações interessados.

§ 1.º Será admitida a realização de debate sem a presença de candidato de algum partido, desde que o veículo de comunicação responsável comprove havê-lo convidado com a antecedência mínima de setenta e duas horas da realização do debate.

§ 2.º É vedada a presença de um mesmo candidato a eleição proporcional em mais de um debate da mesma emissora.

§ 3.º O descumprimento do disposto neste artigo sujeita a empresa infratora às penalidades previstas no art. 56.

§ 4.º O debate será realizado segundo as regras estabelecidas em acordo celebrado entre os partidos políticos e a pessoa jurídica interessada na realização do evento, dando-se ciência à Justiça Eleitoral.

§ 5.º Para os debates que se realizarem no primeiro turno das eleições, serão consideradas aprovadas as regras que obtiverem a concordância de pelo menos 2/3 (dois terços) dos candidatos aptos no caso de eleição majoritária, e de pelo menos 2/3 (dois terços) dos partidos ou coligações com candidatos aptos, no caso de eleição proporcional."

A leitura do dispositivo reproduzido permite visualizar a preocupação do legislador em assegurar, em homenagem ao pluralismo político, a participação de todas as agremiações políticas nesses debates.

Dentro desse contexto, percebe-se que esses debates poderão ser realizados em conjunto ou em grupos, haja vista os incs. I e II do art. 46 da Lei Eleitoral.

Nesse sentido, os debates realizar-se-ão em conjunto quando estiverem presentes todos os candidatos a cargo eletivo majoritário, não se aplicando para os candidatos a cargos proporcionais.

Direito de Resposta em Matéria Eleitoral

A matéria relacionada ao direito de resposta encontra-se veiculada na Lei 9.504/1997, em seu art 58.

13.1 PERFIL CONSTITUCIONAL

Antes da análise dos itens relacionados ao dispositivo da Lei Eleitoral, importante notar que essa matéria encontra sua origem na Constituição Federal, em especial no art. 5.º, IV e V. Confira-se:

> "Art. 5.º [...]
> V – é assegurado o direito de resposta, proporcional ao agravo, além da indenização por dano material, moral ou à imagem;
> VI – é inviolável a liberdade de consciência e de crença, sendo assegurado o livre exercício dos cultos religiosos e garantida, na forma da lei, a proteção aos locais de culto e a suas liturgias."

Percebe-se, pois, pela localização do tema dentro da Lei Maior, a maior importância a ele atribuída, uma vez que relacionado como direito fundamental.

A leitura do dispositivo reproduzido revela, de início, ter a Constituição assegurado no art. 5.º, IV, a livre manifestação do pensamento, como desdobramento do pluralismo político, que surge como um dos fundamentos da nossa República Federativa, relacionado no art. 1.º, V.

Com efeito, como já visto no capítulo relacionado aos princípios do Direito Eleitoral, não faria o menor sentido ter a Lei Maior consignado o pluralismo como fundamento de nosso ordenamento jurídico se tivesse ela deixado de assegurar, entre os direitos fundamentais, a liberdade de manifestação do pensamento, proibindo, outrossim, a censura de qualquer natureza, a teor do disposto no art. 5.º, IX.

Diante desse cenário, importante registrar que a Constituição cuidou tão somente de proibir o anonimato com o nítido objetivo de preservar aquele atingido pelo pensamento exteriorizado.

Em outras palavras, ao proibir o anonimato, criou a Lei Maior condições amplas para a identificação do responsável pelo pensamento emitido, de forma a permitir sua responsabilização em juízo.

Insistindo, ainda, a redação do inciso IV, acaba por consagrar o binômio liberdade com responsabilidade que, por óbvio, no campo eleitoral vai apresentar inúmeros desdobramentos, em especial no período compreendido entre os meses de julho e outubro, em que se desenvolve a campanha eleitoral.

Outrossim, ainda com o objetivo de preservar o atingido por pensamentos exteriorizados, no inciso V, a Constituição assegura o direito de resposta, consignando a necessidade de ser ele conferido de forma proporcional ao agravo cometido, ou seja, compatível com o dano experimentado.

Nesse sentido, importante notar não ter a Constituição estabelecido qualquer diretriz quanto ao conteúdo da expressão "proporcional ao agravo", deixando a matéria para regulamentação por via legal, ou mesmo através da doutrina e da jurisprudência.

Dentro desse contexto, a matéria encontrava-se regulada pela Lei de Imprensa (Lei 5.250/1967) até o momento em que nossa Suprema Corte houve por bem retirá-la do ordenamento jurídico, em razão de sua não recepção pela Constituição de 1988.

Desta forma, ainda que a lei tenha sido retirada do ordenamento jurídico, a ideia de proporcionalidade ao agravo foi mantida, consolidando-se o entendimento segundo o qual, para o cumprimento da diretriz constitucional, deve-se conferir ao atingido:

a. Igual espaço – Por este item, se, a título de exemplo, alguém for atingido por um pensamento exteriorizado através de matéria veiculada pela imprensa escrita em página inteira ou durante entrevista realizada por cinco minutos em programa de rádio ou TV, terá direito ao mesmo espaço;

b. Igual destaque - Neste particular, impõe-se a necessidade não só de oferecimento de igual espaço, como já visto no item anterior, mas, também, que seja ele oferecido com a mesma repercussão gerada pelo pensamento inicialmente exteriorizado.

Desta forma, supondo-se ofensa proferida durante 5 minutos no Jornal Nacional, o programa de maior audiência da emissora, há de se oferecer o mesmo espaço, e não simplesmente abrir-se a possibilidade de defesa durante 5 minutos em outro programa de menor apelo;

c. De forma neutra – Neste particular, o perfil do direito de resposta assume uma dupla vertente, uma vez que, incialmente dirigido àquele que foi atingido, que não poderá se utilizar deste instrumento para finalidade distinta que não a de responder ao agravo cometido.

Em outras palavras, não poderá lançar mão desse direito para fazer propaganda de si mesmo ou mesmo para elaborar ataques em relação àquele responsável pela emissão do pensamento que o atingiu.

De outra parte, a neutralidade dirige-se, também, para o órgão que irá oferecer espaço para que a resposta seja veiculada, uma vez que não poderá estabelecer qualquer sorte de comentário em relação à matéria.

Esse aspecto assume importância, tendo em vista que, com larga frequência, os órgãos de comunicação, ao final do texto contendo a resposta, não se furtam a fazer comentários do tipo: "a redação mantém integralmente as acusações inicialmente formuladas(...)".

13.2 DIREITO DE RESPOSTA NO CAMPO ELEITORAL

Conforme noticiado inicialmente, no campo eleitoral o direito de resposta encontra-se disciplinado no art. 58, da Lei 9.504/1997, com a alteração promovida pela Lei 12.891/2013.[1] Confira-se:

> "Art. 58. A partir da escolha de candidatos em convenção, é assegurado o direito de resposta a candidato, partido ou coligação atingidos, ainda que de forma indireta, por conceito, imagem ou afirmação caluniosa, difamatória, injuriosa ou sabidamente inverídica, difundidos por qualquer veículo de comunicação social.
>
> § 1.º O ofendido, ou seu representante legal, poderá pedir o exercício do direito de resposta à Justiça Eleitoral nos seguintes prazos, contados a partir da veiculação da ofensa:
>
> I – vinte e quatro horas, quando se tratar do horário eleitoral gratuito;
>
> II – quarenta e oito horas, quando se tratar da programação normal das emissoras de rádio e televisão;

---

1. Importante lembrar, conforme visto no Capítulo 2, Item 2.2.4 (Princípio da segurança das relações jurídicas em matéria eleitoral), que o TSE e o STF já decidiram que as Leis 12.875 e 12.891, ambas de 2013, não têm aplicabilidade para as eleições de 2014, tendo em vista que elas interferem no processo eleitoral e foram aprovadas a menos de um ano da realização das eleições.

III – setenta e duas horas, quando se tratar de órgão da imprensa escrita.

§ 2.º Recebido o pedido, a Justiça Eleitoral notificará imediatamente o ofensor para que se defenda em vinte e quatro horas, devendo a decisão ser prolatada no prazo máximo de setenta e duas horas da data da formulação do pedido.

§ 3.º Observar-se-ão, ainda, as seguintes regras no caso de pedido de resposta relativo a ofensa veiculada:

I – em órgão da imprensa escrita:

a) o pedido deverá ser instruído com um exemplar da publicação e o texto para resposta;

b) deferido o pedido, a divulgação da resposta dar-se-á no mesmo veículo, espaço, local, página, tamanho, caracteres e outros elementos de realce usados na ofensa, em até quarenta e oito horas após a decisão ou, tratando-se de veículo com periodicidade de circulação maior que quarenta e oito horas, na primeira vez em que circular;

c) por solicitação do ofendido, a divulgação da resposta será feita no mesmo dia da semana em que a ofensa foi divulgada, ainda que fora do prazo de quarenta e oito horas;

d) se a ofensa for produzida em dia e hora que inviabilizem sua reparação dentro dos prazos estabelecidos *nas alíneas anteriores, a Justiça Eleitoral determinará a imediata divulgação da resposta;*

e) o ofensor deverá comprovar nos autos o cumprimento da decisão, mediante dados sobre a regular distribuição dos exemplares, a quantidade impressa e o raio de abrangência na distribuição;

II – em programação normal das emissoras de rádio e de televisão:

a) a Justiça Eleitoral, à vista do pedido, deverá notificar imediatamente o responsável pela emissora que realizou o programa para que entregue em vinte e quatro horas, sob as penas do Art. 347 da Lei 4.737, de 15.07.1965 – Código Eleitoral, cópia da fita da transmissão, que será devolvida após a decisão;

b) o responsável pela emissora, ao ser notificado pela Justiça Eleitoral ou informado pelo reclamante ou representante, por cópia protocolada do pedido de resposta, preservará a gravação até a decisão final do processo;

c) deferido o pedido, a resposta será dada em até quarenta e oito horas após a decisão, em tempo igual ao da ofensa, porém nunca inferior a um minuto;

III – no horário eleitoral gratuito:

a) o ofendido usará, para a resposta, tempo igual ao da ofensa, nunca inferior, porém, a um minuto;

b) a resposta será veiculada no horário destinado ao partido ou coligação responsável pela ofensa, devendo necessariamente dirigir-se aos fatos nela veiculados;

c) se o tempo reservado ao partido ou coligação responsável pela ofensa for inferior a um minuto, a resposta será levada ao ar tantas vezes quantas sejam necessárias para a sua complementação;

d) deferido o pedido para resposta, a emissora geradora e o partido ou coligação atingidos deverão ser notificados imediatamente da decisão, na qual deverão estar indicados quais os períodos, diurno ou noturno, para a veiculação da resposta, que deverá ter lugar no início do programa do partido ou coligação;

e) o meio magnético com a resposta deverá ser entregue à emissora geradora, até trinta e seis horas após a ciência da decisão, para veiculação no programa subsequente do partido ou coligação em cujo horário se praticou a ofensa;

f) se o ofendido for candidato, partido ou coligação que tenha usado o tempo concedido sem responder aos fatos veiculados na ofensa, terá subtraído tempo idêntico do respectivo programa eleitoral; tratando-se de terceiros, ficarão sujeitos à suspensão de igual tempo em eventuais novos pedidos de resposta e à multa no valor de duas mil a cinco mil UFIR;

IV – em propaganda eleitoral na internet:

a) deferido o pedido, a divulgação da resposta dar-se-á no mesmo veículo, espaço, local, horário, página eletrônica, tamanho, caracteres e outros elementos de realce usados na ofensa, em até quarenta e oito horas após a entrega da mídia física com a resposta do ofendido;

b) a resposta ficará disponível para acesso pelos usuários do serviço de internet por tempo não inferior ao dobro em que esteve disponível a mensagem considerada ofensiva;

c) os custos de veiculação da resposta correrão por conta do responsável pela propaganda original.

§ 4.º Se a ofensa ocorrer em dia e hora que inviabilizem sua reparação dentro dos prazos estabelecidos nos parágrafos anteriores, a resposta será divulgada nos horários que a Justiça Eleitoral determinar, ainda que nas quarenta e oito horas anteriores ao pleito, em termos e forma previamente aprovados, de modo a não ensejar tréplica.

§ 5.º Da decisão sobre o exercício do direito de resposta cabe recurso às instâncias superiores, em vinte e quatro horas da data de sua publicação em cartório ou sessão, assegurado ao recorrido oferecer contrarrazões em igual prazo, a contar da sua notificação.

§ 6.º A Justiça Eleitoral deve proferir suas decisões no prazo máximo de vinte e quatro horas, observando-se o disposto nas alíneas *d* e *e* do inc. III do § 3.º para a restituição do tempo em caso de provimento de recurso.

§ 7.º A inobservância do prazo previsto no parágrafo anterior sujeita a autoridade judiciária às penas previstas no art. 345 da Lei 4.737, de 15.07.1965 – Código Eleitoral.

§ 8.º O não cumprimento integral ou em parte da decisão que conceder a resposta sujeitará o infrator ao pagamento de multa no valor de cinco mil a quinze mil UFIR, duplicada em caso de reiteração de conduta, sem prejuízo do disposto no art. 347 da Lei 4.737, de 15.07.1965 – Código Eleitoral.

§ 9.º Caso a decisão de que trata o § 2.º não seja prolatada em 72 (setenta e duas) horas da data da formulação do pedido, a Justiça Eleitoral, de ofício, providenciará a alocação de Juiz auxiliar."

13.2.1 Momento

De acordo com o art. 58, da Lei Eleitoral, reproduzido, o momento inicial para que se possa exercer o direito de resposta é a partir da escolha do candidato em convenção partidária.

Neste particular, observe-se, uma vez mais, ter o legislador cometido uma impropriedade, isto porque aqueles que tiveram o seu nome aprovado em convenção partidária apresentam-se ainda como pré-candidatos, dependendo, ainda, de confirmação do registro pela Justiça Eleitoral.

De toda sorte, a previsão legal assume importância, na medida em que impede a utilização desse direito em momento anterior à realização das convenções, vale dizer, no período compreendido entre 10 e 30 de junho do ano das eleições.

Em outras palavras, aquele que for atingido por algum pensamento exteriorizado, antes deste período, terá, sim, a possibilidade de lançar mão deste direito fundamental, mas não no campo eleitoral.

13.2.2 Legitimidade

Na forma do disposto no mesmo artigo reproduzido, apresentam-se como legitimados para o ajuizamento de direito de resposta o candidato, o partido ou a coligação.

13.2.3 Fato gerador

O fato gerador desse direito de resposta assegurado em geral pela CF e em especial pela Lei 9.504/1997 exige a comprovação, pela vítima, de ter sido atingida, ainda que de forma indireta, por conceito, imagem ou afirmação caluniosa, difamatória, injuriosa ou sabidamente inverídica difundida por qualquer veículo de comunicação social (rádio, televisão, imprensa escrita).

Nesse sentido, importante notar que não se pode confundir o fato gerador acima descrito com a mera realização de críticas a um determinado candidato, governo ou gestão.

Por fim, oportuno destacar a possibilidade de utilização desse direito de resposta também por terceiros que não se candidatam a mandato eletivo, mas que tiveram sua reputação atingida.

Assim é que, perfeitamente possível que um determinado prefeito ou governador impossibilitados de se candidatar por já terem cumprido dois mandatos possam lançar mão desse direito, em razão de pensamentos exteriorizados durante a campanha eleitoral que os tenham atingido.

13.2.4 Prazos

Em razão da enorme repercussão que pode resultar de um pensamento exteriorizado, em especial durante uma campanha eleitoral, os prazos estabelecidos pela legislação eleitoral não só para o ajuizamento do direito de resposta, mas também para as manifestações subsequentes, são extremamente curtos.

De outra parte, importante destacar que, em razão do art. 58 da Lei 9.504/1997 reproduzido, esses prazos experimentam variações a depender do cenário em que o pensamento foi exteriorizado.

Assim sendo, no referido dispositivo, encontram-se consignadas as seguintes variações:

a. 24 horas, quando o agravo foi cometido durante o programa eleitoral gratuito, contadas a partir do instante em que foi ele praticado, conforme disposto no art. 58, § 1.º, da Lei Eleitoral;

b. 48 horas, se a ofensa foi veiculada na programação normal das emissoras de rádio ou televisão;

c. 72 horas, se a ofensa foi cometida através de matéria veiculada na imprensa escrita.

Nesse sentido, importante notar, ainda, que diante da necessidade de dinamismo em relação a esse tema, esses prazos são computados inclusive aos finais de semana, pelo menos durante os meses de julho a outubro, quando se desenvolve a campanha eleitoral.

De outra parte, apresentado o pedido de resposta perante a Justiça Eleitoral, no mesmo art. 58, § 2.º, fica consignado o prazo de 24 horas, em respeito ao contraditório, para que aquele que está sendo acusado possa produzir a sua defesa.

Apresentada a defesa, terá a Justiça Eleitoral o prazo de 72 horas para proferir a sua decisão, contadas a partir da data da formulação do pedido, conforme a previsão estabelecida no art. 58, § 2.º.

Por fim, importante consignar que o descumprimento dessas decisões também representa crime, conforme o que se pode verificar pela leitura do art. 58, § 7.º, desta Lei em conjugação com os arts. 345 e 347, do Código Eleitoral.

Condutas Vedadas aos Agentes Públicos

14

Essa matéria encontra-se disciplinada nos arts. 73 a 78 da Lei 9.504/1997 (Lei das Eleições).

14.1 OBJETIVO

O objetivo do legislador ao estabelecer tais vedações foi o de assegurar a igualdade de oportunidades entre os candidatos, de forma a preservar a normalidade e a legitimidade das eleições, principalmente contra abusos de poder político, consoante o disposto no art. 73, *caput*, da Lei 9.504/1997. Confira-se:

> "Art. 73. São proibidas aos agentes públicos, servidores ou não, as seguintes condutas tendentes a afetar a igualdade de oportunidades entre candidatos nos pleitos eleitorais [...]."

Nesse sentido, importante registrar que a necessidade de reserva de um capítulo apenas para trabalhar com esse tema resulta, em especial, da aprovação da EC 16/1997, que introduziu no art. 14, § 5.º, da CF/1988, a possibilidade de reeleição, sem afastamento do mandato, das autoridades ali relacionadas, vale dizer, o Presidente, governador, prefeito, bem como aqueles que os tiverem substituído ou sucedido no curso do mandato.

Com efeito, fácil imaginar que não se vendo obrigado a desincompatibilizar-se do mandato que titulariza, o candidato à reeleição terá amplas facilidades para a utilização da máquina administrativa que comanda em benefício de sua candidatura, promovendo desigualdade entre os candidatos, exatamente o que quis evitar o legislador.

14.2 EXTENSÃO

Nesse particular, importante destacar que no próprio *caput* do art. 73 da Lei 9.504/1997, o legislador, de uma forma correta, fez incidir estas vedações para os agentes públicos, abrangendo, desta forma, todas as pessoas que se encontram dentro da Administração, revelando-se secundário o saber de que forma nela ingressaram.

Assim sendo, fácil concluir que a intenção do legislador foi a de atingir não só o funcionário, o servidor, mas todos aqueles que se encontrem dentro da Administração, com o objetivo de assegurar a igualdade entre os candidatos e, como consequência, a normalidade e a legitimidade das eleições.

Nesse sentido, de forma a eliminar qualquer dúvida que se pudesse ainda ter em relação ao conteúdo da expressão "agentes públicos", cuidou o legislador de afastá-la descrevendo todos aqueles que se encontram por ela contemplados, consoante se verifica da redação estabelecida pelo art. 73, § 1.º, da Lei 9.504/1997. Confira-se:

> "Art. 73. [...]
> § 1.º Reputa-se agente público, para os efeitos deste artigo, quem exerce, ainda que transitoriamente ou sem remuneração, por eleição, nomeação, designação, contratação ou qualquer outra forma de investidura ou vínculo, mandato, cargo, emprego ou função nos órgãos ou entidades da administração pública direta, indireta, ou fundacional [...]."

A leitura do dispositivo reproduzido permite concluir que a vedação criada pelo legislador, embora atinja a todos, tem por objetivo alcançar, principalmente, os agentes políticos, em especial aqueles contemplados pela possibilidade de reeleição, sem a necessidade de desincompatibilização, a teor do disposto no art. 14, § 5.º, do Texto Constitucional.

14.3 VEDAÇÕES

Encontram-se elas previstas nos diversos incisos do art. 73 da Lei 9.504/1997, das quais destacaremos as principais.

Nesse sentido, a primeira observação refere-se à impossibilidade de cessão de bens públicos móveis ou imóveis para partidos, candidatos e coligações (art. 73, I, da Lei 9.504/1997), apresentando-se como única exceção àquela que envolve a cessão desses bens para a realização de convenções partidárias, desde que concedida a todos os partidos, a teor do disposto no art. 8.º, § 2.º, da Lei 9.504/1997.

Em sequência, destaca-se a vedação estabelecida pelo legislador para a cessão de servidores para comitê de campanha eleitoral, durante o horário de expediente, conforme a disposição contida no art. 73, III, da Lei 9.504/1997.

Nesse sentido, não se deve confundir tal proibição com a possibilidade do servidor participar de campanha eleitoral, desde que o faça fora do horário de trabalho e sem lançar mão de eventuais prerrogativas relacionadas ao cargo que titulariza, servindo como exemplo a impossibilidade de utilização, para fins eleitorais, de documentos que deveriam ser mantidos sob sigilo.

Outra vedação importante estabelecida pelo legislador, de forma a evitar abuso de poder político resultante do uso da máquina administrativa, encontra-se relacionada no art. 73, V, da Lei 9.504/1997.

Consiste ela na proibição de nomeação, contratação, admissão, demissão (sem justa causa) ou, ainda, exoneração na circunscrição do pleito eleitoral, a partir do dia 5 de julho (início da campanha eleitoral) do ano das eleições até o dia primeiro de janeiro do ano seguinte, data marcada para a posse dos eleitos.

Desta previsão legal, destaca-se, de início, que a vedação ali imposta para a nomeação, contratação ou demissão, incide tão somente para aquelas veiculadas sem justa causa, como anteriormente visto.

Esse detalhe assume importância, na medida em que não afasta a possibilidade de demissão com justa causa, impedindo que o servidor responsável pelo cometimento de um ilícito pudesse se amparar nesse dispositivo, para evitar a incidência da sanção.

Outro detalhe a ser destacado, refere-se à incidência desta proibição tão somente na circunscrição do pleito eleitoral, liberando as demais esferas de governo.

Assim é que, para pleitos municipais a vedação aqui estabelecida não incide sobre as esferas estadual e federal, que poderão nomear, contratar, demitir, exonerar, livremente.

De outra parte, a vedação aqui estabelecida encontra exceções nas quatro alíneas do art. 73, V, da Lei 9.504/1997. Confira-se:

> "Art. 73. [...]
> V – nomear, contratar ou de qualquer forma admitir, demitir sem justa causa, suprimir ou readaptar vantagens ou por outros meios dificultar ou impedir o exercício funcional e, ainda, ex officio, remover, transferir ou exonerar servidor público, na circunscrição do pleito, nos três meses que o antecedem e até a posse dos eleitos, sob pena de nulidade de pleno direito, ressalvados:
> a) a nomeação ou exoneração de cargos em comissão e designação ou dispensa de funções de confiança;

b) a nomeação para cargos do Poder Judiciário, do Ministério Público, dos Tribunais ou Conselhos de Contas e dos órgãos da Presidência da República;

c) a nomeação dos aprovados em concursos públicos homologados até o início daquele prazo;

d) a nomeação ou contratação necessária à instalação ou ao funcionamento inadiável de serviços públicos essenciais, com prévia e expressa autorização do Chefe do Poder Executivo;

e) a transferência ou remoção *ex officio* de militares, policiais civis e de agentes penitenciários [...]."

Da leitura do dispositivo legal reproduzido, destacamos a hipótese estabelecida na alínea *c*, relacionada à nomeação dos aprovados em concurso público, homologados até três meses antes da realização das eleições.

O destaque se justifica, na medida em que os aprovados nesses certames, cuja homologação ocorreu posteriormente a esta data, poderão ser nomeados apenas prorrogando-se esse ato para depois do dia primeiro de janeiro do ano seguinte ao das eleições.

De outra parte, com o mesmo objetivo de evitar desigualdade de oportunidades entre os candidatos, o legislador eleitoral estabeleceu, no art. 73, VI, da Lei 9.504/1997 uma limitação dirigida em particular para os agentes políticos candidatos à reeleição, tendo em vista a desnecessidade de se desincompatibilizarem do mandato que titularizam.

Assim é que, durante a campanha eleitoral, em que pese a obrigação de veicularem publicidade institucional dos atos de governo, a teor do disposto no art. 37, § 1.º, da CF/1988, passam a experimentar limites por acumularem mandato e serem candidatos à reeleição.

Em outras palavras, durante o período eleitoral terão que acumular as funções governamentais, sem deixar de lado a candidatura à reeleição.

Para uma melhor visualização desta aparente contradição entre os dispositivos constitucional e legal, reproduzimos os dois:

"Art. 37. [...]
§ 1.º A publicidade dos atos, programas, obras, serviços e campanhas dos órgãos públicos deverá ter caráter educativo, informativo ou de orientação social, dela não podendo constar nomes, símbolos ou imagens que caracterizem promoção pessoal de autoridades ou servidores públicos [...]."

Lei 9.504/1997
"Art. 73. [...]
VI – nos três meses que antecedem o pleito:
a) realizar transferência voluntária de recursos da União aos Estados e Municípios, e dos Estados aos Municípios, sob pena de nulidade de pleno direito, ressalvados os recursos destinados a cumprir obrigação formal preexistente para execução de obra ou serviço em andamento e com cronograma prefixado, e os destinados a atender situações de emergência e de calamidade pública;
b) com exceção da propaganda de produtos e serviços que tenham concorrência no mercado, autorizar publicidade institucional dos atos, programas, obras, serviços e campanhas dos órgãos públicos federais, estaduais ou municipais, ou das respectivas entidades da administração indireta, salvo em caso de grave e urgente necessidade pública, assim reconhecida pela Justiça Eleitoral;
c) fazer pronunciamento em cadeia de rádio e televisão, fora do horário eleitoral gratuito, salvo quando, a critério da Justiça Eleitoral, tratar-se de matéria urgente, relevante e característica das funções de governo."

Com efeito, a leitura dos dispositivos reproduzidos demonstra que a diretriz constitucional aponta para a necessidade de realização de propaganda institucional dos atos de governo, até mesmo para se oferecer transparência a eles.

Por sua vez, o dispositivo legal, de forma a assegurar a igualdade entre os candidatos, evitando-se o uso da máquina administrativa a favor de determinada candidatura, proíbe a publicidade institucional dos atos de governo, abrindo exceção somente para situações de grave e urgente necessidade pública, reconhecida pela Justiça Eleitoral.

A aparente contradição entre os dois dispositivos, a nosso entender, não resiste a uma análise aprofundada e sistemática, uma vez que a própria Constituição proíbe a veiculação de propaganda que represente publicidade pessoal do administrador.

Assim, de forma a harmonizar os dois comandos, quer nos parecer que durante a campanha eleitoral está o agente político candidato à reeleição proibido de fazer propaganda dos atos institucionais que não atendam ao interesse público e que representem propaganda pessoal.

Sempre com o mesmo objetivo, restou proibida, no art. 73, VIII, da Lei 9.504/1997, ao agente público promover, na circunscrição do pleito, revisão geral na remuneração dos servidores, para evitar qualquer sorte de pressão sobre esta categoria.

De outra parte, proibiu o legislador, nos três meses que antecedem às eleições, a contratação de *shows* artísticos pagos com recursos públicos, a teor do disposto no art. 75 da Lei 9504/1997, proibição que, se desrespeitada, poderá levar à cassação do registro da candidatura ou do diploma.

Por derradeiro, proíbe-se que qualquer candidato compareça nos três meses anteriores ao pleito a inaugurações de obras públicas, sendo irrelevante para a caracterização da conduta ter o candidato comparecido como mero expectador ou tendo posição de destaque na solenidade.

Eleições   15

15.1 PROIBIÇÕES E AUTORIZAÇÕES ESTABELECIDAS PELA LEGISLAÇÃO ELEITORAL PARA O DIA DAS ELEIÇÕES

A legislação eleitoral, com o objetivo de assegurar a normalidade e a legitimidade do pleito, teve o cuidado de relacionar situações permitidas e proibidas no dia marcado para a sua realização.

Assim é que, de início, cumpre destacar que o Código Eleitoral reservou um capítulo para relacionar as chamadas garantias eleitorais, com o objetivo de evitar qualquer possibilidade de embaraço ao exercício do sufrágio.

Trata-se, pois, de garantias asseguradas ao eleitor para que possa exercer o direito de voto, sem nenhuma sorte de interferência externa.

Neste particular, cumpre registrar que o embaraçamento indevido ao sufrágio configura crime eleitoral.

Dentro desse contexto é que o Código Eleitoral, em seu art. 236, proíbe, como regra geral, a prisão do eleitor no intervalo de cinco dias antes e 48 horas posteriores às eleições. Confira-se:

> "Art. 236. Nenhuma autoridade poderá, desde 5 (cinco) dias antes e até 48 (quarenta e oito) horas depois do encerramento da eleição, prender ou deter qualquer eleitor, salvo em flagrante delito ou em virtude de sentença criminal condenatória por crime inafiançável, ou, ainda, por desrespeito a salvo-conduto."

A leitura do dispositivo reproduzido permite visualizar a regra geral anteriormente comentada, bem como as exceções estabelecidas pelo legislador, vale dizer, flagrante delito; sentença criminal condenatória; por crime inafiançável ou por desrespeito a salvo-conduto.

Outrossim, ocorrendo qualquer prisão neste período, o preso será imediatamente conduzido à presença do juiz competente, que a relaxará se vislumbrar qualquer sorte de ilegalidade.

De outra parte, ainda com o objetivo de impedir ou embaraçar o exercício do sufrágio, o legislador, agora de forma subjetiva, proíbe qualquer sorte de interferência do poder econômico, bem como o desvio ou abuso do poder de autoridade, a teor do disposto no art. 237. Confira-se:

> "Art. 237. A interferência do poder econômico e o desvio ou abuso do poder de autoridade, em desfavor da liberdade do voto, serão coibidos e punidos."

Outrossim, proíbe ainda o legislador a presença de força pública, tanto no local onde são realizadas as eleições, quanto em suas imediações, devendo o efetivo policial permanecer no máximo a cem metros da seção eleitoral, a menos que seja solicitada a sua presença.

Esta conclusão não se revela gratuita, uma vez que resultante da interpretação conjunta dos arts. 238 e 141, ambos do Código Eleitoral. Confira-se:

> "Art. 238. É proibida, durante o ato eleitoral, a presença de força pública no edifício em que funcionar mesa receptora, ou nas imediações, observado o disposto no art. 141."

> "Art. 141. A força armada conservar-se-á a cem metros da seção eleitoral e não poderá aproximar-se do lugar da votação, ou dele penetrar, sem ordem do presidente da mesa."

Como se observa, a referida proibição encontrava justificativa em razão do período em que foi editado o Código Eleitoral, por conta da intensa repressão vigente.

Nesse sentido, a proibição de presença de força policial não só na seção eleitoral, mas também nas imediações, tinha por claro objetivo impedir qualquer tipo de pressão que pudesse incidir sobre o eleitor, de forma a embaraçar o exercício do sufrágio.

Hoje, por óbvio, sendo diversa a situação institucional do país, a presença de aparato policial se apresenta com objetivo diverso, vale dizer, para garantir a segurança do pleito e, como consequência, a liberdade de voto ao eleitor.

De toda sorte, necessário o registro para esta vedação, que surge relacionada entre as garantias eleitorais e se desrespeitada leva à configuração de crime eleitoral, a teor do disposto no art. 297 do Código Eleitoral.

Por derradeiro, necessária a referência para a garantia eleitoral estabelecida no art. 239, que assegura aos partidos políticos prioridade postal durante os 60 dias anteriores ao pleito, representando o descumprimento desta diretriz crime eleitoral, a teor do disposto no art. 338. Confira-se o disposto no art. 239 do Código Eleitoral:

> "Art. 239. Aos partidos políticos é assegurada a prioridade postal durante os 60 (sessenta) dias anteriores à realização das eleições, para remessa de material de propaganda de seus candidatos registrados."

De outra parte, além destas garantias eleitorais, o legislador, agora na Lei 9.504/1997, estabelece outra sorte de limitações, com o mesmo objetivo.

Assim é que, no dia das eleições, proíbe a aglomeração de pessoas portando vestuário padronizado que possa caracterizar uma manifestação coletiva.

Esta previsão se encontra no art. 39-A, § 1.º, da Lei 9.504/1997, *in verbis*:

> "Art. 39-A. [...]
> § 1.º É vedada, no dia do pleito, até o término do horário de votação, a aglomeração de pessoas portando vestuário padronizado, bem como os instrumentos de propaganda referidos no *caput*, de modo a caracterizar manifestação coletiva, com ou sem utilização de veículos."

Além disso, no dia das eleições proíbe-se a realização de carreata, passeata, comícios, carros de som de forma isolada e, ainda, a boca de urna.

Dentro desse contexto, importante destacar, ainda, que a legislação eleitoral estabelece proibição para o transporte de eleitores que se apresenta na Lei 6.091/1974.

A referida legislação, em seu art. 1.º, estabelece a obrigatoriedade de oferecimento de transporte gratuito pelo Poder Público aos eleitores localizados em zonas rurais.

Diante desse cenário, autoriza a utilização de veículos e embarcações particulares caso a oferta de transporte público seja insuficiente e desde que requisitados pela Justiça Eleitoral, a teor do disposto no art. 2.º, do referido diploma legal.

Por derradeiro, importante notar que a indisponibilidade ou as deficiências no oferecimento de transporte coletivo não eximem o eleitor do dever de votar, conforme disposição estabelecida no art. 6.º.

Por outro lado, aliada a esta série de proibições, o legislador cuidou também de relacionar situações que são permitidas no dia de realização do pleito, por não vislumbrar nelas qualquer sorte de coação ao eleitor.

Assim é que, a teor do disposto no art. 39-A, *caput*, da Lei 9.504/1997, permite-se a manifestação individual e silenciosa, através de bandeiras, broches, adesivos ou outros adereços. Confira-se:

> "Art. 39-A. É permitida, no dia das eleições, a manifestação individual e silenciosa da preferência do eleitor por partido político, coligação ou candidato, revelada exclusivamente pelo uso de bandeiras, broches, dísticos e adesivos."

Outrossim, importante mencionar que no dia das eleições, tendo em vista a necessidade de preservação do direito ao sufrágio, fica proibida a realização de propaganda partidária e de pesquisas eleitorais.

O objetivo, da mesma forma, repita-se, uma vez mais, foi o de assegurar o livre exercício do voto ao eleitor.

Assim, a única possibilidade que se apresenta aqui é para a realização de pesquisa eleitoral apenas depois de encerrado o horário de votação, que apresenta desdobramentos, em especial para as eleições de âmbito nacional, por conta não só do fuso horário de alguns Estados da federação, mas, também, por força do horário de verão.

Com efeito, não se pode esquecer a previsão constitucional para a realização do segundo turno das eleições, no último domingo do mês de outubro, data em que muitos Estados da federação já adotam o horário de verão.

15.2 CRITÉRIOS PARA A ELEIÇÃO

Outro aspecto importante a ser observado neste capítulo refere-se aos critérios previstos pela legislação eleitoral, para se apontar os vencedores aos cargos majoritários e cargos proporcionais.

Nesse sentido, não se pode perder de vista ter a Constituição Federal estabelecido, em seu art. 77, que o pleito eleitoral, em primeiro turno, será realizado no primeiro domingo do mês de outubro.

Em se tratando de eleição para cargos majoritários, estabelece a Lei Maior que se um dos candidatos obtiver maioria absoluta dos votos válidos, excluindo-se os brancos e nulos, a eleição estará encerrada.

Em caso contrário, se nenhum dos candidatos consegue atingir esse quórum qualificado estabelecido pela Constituição Federal, parte-se, então, para a realização de um segundo turno, no último domingo do mês de outubro.

Para este segundo turno, são convocados os dois candidatos com maior votação, sagrando-se vencedor aquele que obtiver maioria simples dos votos, a teor do disposto no art. 77, § 3.º, da CF/1988.

Trata-se, aqui, de aplicação do critério majoritário que leva em consideração a quantidade de votos obtida por cada candidato, apresentando-se de importância secundária aqueles votos atribuídos à legenda.

Este critério se aplica também às eleições para o Senado Federal, a teor do disposto no art. 46 da CF/1988.

De outra parte, em relação aos cargos proporcionais, a sistemática adotada é outra, eis que se privilegia, aqui, os votos obtidos pela legenda e não pelo candidato.

Este critério aplica-se para a Câmara dos Deputados (art. 45 da CF/1988); para as Assembleias Legislativas e Câmara de Vereadores.

A utilização desse critério é responsável, como já visto no capítulo inicial em que se abordou a questão dos sistemas eleitorais, por inúmeras distorções ocorridas durante a realização dos pleitos.

Com efeito, abre espaço para os candidatos chamados de "puxadores de votos" que, em razão da votação expressiva que conseguem, aumentam a participação da agremiação partidária na composição das Casas Legislativas.

Outrossim, permitem a eleição de candidatos que tenham obtido votação pífia, que acabam por alcançar a vaga na Casa Legislativa, em razão da quantidade de votos conquistados pela legenda.

E isto, enquanto outros que obtiveram votação expressiva não conseguem conquistar o mandato eletivo, em razão da pouca quantidade de votos obtida pelo partido, não ultrapassando o chamado quociente eleitoral estabelecido no art. 106 do Código Eleitoral.

Prestação de Contas para a Justiça Eleitoral 16

Encerradas as eleições, todos os candidatos, vitoriosos ou derrotados nas urnas, deverão prestar contas para a Justiça Eleitoral, tendo em vista os limites legais estabelecidos quanto à origem dos recursos e quanto à sua destinação.

Assim é que, mesmo aqueles candidatos vitoriosos, poderão não conseguir sua diplomação e, como consequência, a posse no mandato se tiverem suas contas rejeitadas pela Justiça Eleitoral.

Tal matéria, que se encontra disciplinada nos arts. 28 a 32 da Lei 9.504/1997, revela-se, pois, de extrema importância, na medida em que pode interferir, diretamente, no resultado das urnas.

16.1 QUEM TEM A OBRIGAÇÃO DE PRESTAR CONTAS PARA A JUSTIÇA ELEITORAL?

A resposta a esta pergunta, desdobra-se a depender da natureza do cargo eletivo.

Assim é que, para eleições majoritárias, a legislação eleitoral, em seu art. 28, § 1.º, dispõe que será responsável pela prestação de contas o comitê financeiro, órgão que tem de ser constituído depois da realização da convenção partidária e deve ser registrado antes do início da campanha, como já visto no capítulo correspondente. Confira-se:

> "Art. 28. [...]
> § 1.º As prestações de contas dos candidatos às eleições majoritárias serão feitas por intermédio do comitê financeiro, devendo ser acompanhadas dos extratos das contas bancárias referentes à movimentação dos recursos financeiros usados na campanha e da relação dos cheques recebidos, com a indicação dos respectivos números, valores e emitentes [...]."

Em outras palavras, a responsabilidade do Comitê Financeiro abrange o oferecimento de informações em relação à origem das verbas percebidas, respeitados os limites do art. 24 da Lei 9.504/1997, bem como a sua destinação, atendidas as condições estabelecidas pelo art. 26 do mesmo diploma legal.

De outra parte, em relação aos cargos proporcionais, a previsão legal é aquela estabelecida no art. 28, § 2.º, segundo a qual as informações poderão ser prestadas pelo Comitê Financeiro ou pelo próprio candidato. Confira-se:

> "Art. 28 [...]
> § 2.º As prestações de contas dos candidatos às eleições proporcionais serão feitas pelo comitê financeiro ou pelo próprio candidato [...]."

De qualquer maneira, importante registrar que o candidato, quando da prestação de contas perante a Justiça Eleitoral, não pode alegar ignorância sobre os dados apresentados em relação a gastos feitos e recursos obtidos durante a campanha eleitoral.

Outrossim, oportuno consignar que a ausência de movimentação financeira durante a campanha, também não isenta o candidato do dever de prestação de contas para a Justiça Eleitoral.

16.2 O QUE DEVE CONSTAR DA PRESTAÇÃO DE CONTAS?

Deve constar da prestação de contas toda a movimentação financeira verificada durante a campanha eleitoral, envolvendo entradas e saídas, para que se possa apurar sua legitimidade em face dos limites estabelecidos pela Lei 9.504/1997, em seus arts. 24 e 26.

Devem estar incluídas nesta prestação de contas também as sobras de campanha, caso tenham ocorrido, a teor do disposto no art. 31 da Lei 9.504/1997, alterado pela Lei 12.891/2013.[1] Confira-se:

> "Art. 31. Se, ao final da campanha, ocorrer sobra de recursos financeiros, esta deve ser declarada na prestação de contas e, após julgados todos os recursos, transferida ao partido, obedecendo aos seguintes critérios.

---

1. Importante lembrar, conforme visto no Capítulo 2, Item 2.2.4 (Princípio da segurança das relações jurídicas em matéria eleitoral), que o TSE e o STF já decidiram que as Leis 12.875 e 12.891, ambas de 2013, não têm aplicabilidade para as eleições de 2014, tendo em vista que elas interferem no processo eleitoral e foram aprovadas a menos de um ano da realização das eleições.

Parágrafo único. As sobras de recursos financeiros de campanha serão utilizadas pelos partidos políticos, devendo tais valores ser declarados em suas prestações de contas perante a Justiça Eleitoral, com a identificação dos candidatos."

Dentro desse contexto, para que a Justiça Eleitoral possa ter facilitado seu trabalho na análise das contas apresentadas, importante relembrar que toda essa movimentação financeira deve ser considerada apenas na conta eleitoral, especificamente aberta para esta finalidade.

Outrossim, também oportuno registrar que surge como elemento facilitador desta fiscalização, a necessidade de que toda esta movimentação financeira tenha sido registrada em talonário eleitoral.

Por fim, também com o objetivo de facilitar esta fiscalização, oportuno destacar a necessidade de inserção em página criada pela Justiça Eleitoral na *internet*, da movimentação financeira da campanha em duas datas distintas, 8 de agosto e 8 de setembro, a teor do disposto no art. 28, § 4.º, da Lei 9.504/1997, com a redação promovida pela Lei 12.891/2013. Confira-se:

"Art. 28. [...]
§ 4.º Os partidos políticos, as coligações e os candidatos são obrigados, durante a campanha eleitoral, a divulgar, pela rede mundial de computadores (internet), nos dias 8 de agosto e 8 de setembro, relatório discriminando os recursos em dinheiro ou estimáveis em dinheiro que tenham recebido para financiamento da campanha eleitoral e os gastos que realizarem, em sítio criado pela Justiça Eleitoral para esse fim, exigindo-se a indicação dos nomes dos doadores e os respectivos valores doados somente na prestação de contas final de que tratam os incisos III e IV do art. 29 desta Lei. [...]."

Tais datas assumem extrema importância, pois após a prestação das contas serão as mesmas comparadas com os dados oferecidos pelo candidato, de forma a verificar a identidade dos números apresentados na página da internet com o que consta de recibos, de extratos e da conta bancária eleitoral.

Trata-se de outra poderosa arma para que a Justiça Eleitoral avalie as contas apresentadas.

Também no art. 28, agora em seu § 6.º, vale a pena a reprodução de alterações produzidas pela Lei 12.891/2013, em relação a itens dispensados de comprovação por ocasião da prestação de contas perante a Justiça Eleitoral. Confira-se:

"Art. 28. [...]

§ 6.º Ficam também dispensadas de comprovação na prestação de contas:

I – a cessão de bens móveis, limitada ao valor de R$ 4.000,00 (quatro mil reais) por pessoa cedente;

II – doações estimáveis em dinheiro entre candidatos, partidos ou comitês financeiros, decorrentes do uso comum tanto de sedes quanto de materiais de propaganda eleitoral, cujo gasto deverá ser registrado na prestação de contas do responsável pelo pagamento da despesa."

Por outro lado, em relação ao tema sobras de recursos financeiros, oportuna a reprodução do art. 31 da Lei 9.504/1997, com as alterações promovidas pela Lei 12.891/2013:

"Art. 31. Se, ao final da campanha, ocorrer sobra de recursos financeiros, esta deve ser declarada na prestação de contas e, após julgados todos os recursos, transferida ao partido, obedecendo aos seguintes critérios:

I – no caso de candidato a Prefeito, Vice-Prefeito e Vereador, esses recursos deverão ser transferidos para o órgão diretivo municipal do partido na cidade onde ocorreu a eleição, o qual será responsável exclusivo pela identificação desses recursos, sua utilização, contabilização e respectiva prestação de contas perante o juízo eleitoral correspondente;

II – no caso de candidato a Governador, Vice-Governador, Senador, Deputado Federal e Deputado Estadual ou Distrital, esses recursos deverão ser transferidos para o órgão diretivo regional do partido no Estado onde ocorreu a eleição ou no Distrito Federal, se for o caso, o qual será responsável exclusivo pela identificação desses recursos, sua utilização, contabilização e respectiva prestação de contas perante o Tribunal Regional Eleitoral correspondente;

III – no caso de candidato a Presidente e Vice-Presidente da República, esses recursos deverão ser transferidos para o órgão diretivo nacional do partido, o qual será responsável exclusivo pela identificação desses recursos, sua utilização, contabilização e respectiva prestação de contas perante o Tribunal Superior Eleitoral;

IV – o órgão diretivo nacional do partido não poderá ser responsabilizado nem penalizado pelo descumprimento do disposto neste artigo por parte dos órgãos diretivos municipais e regionais.

Parágrafo único. As sobras de recursos financeiros de campanha serão utilizadas pelos partidos políticos, devendo tais valores ser declarados em suas prestações de contas perante a Justiça Eleitoral, com a identificação dos candidatos."

16.3 PRAZO PARA QUE A PRESTAÇÃO DE CONTAS SEJA ENTREGUE PARA A JUSTIÇA ELEITORAL

Encerradas as eleições, todos os candidatos, vitoriosos ou derrotados, como visto, deverão prestar suas contas para a Justiça Eleitoral no prazo limite de 30 dias, contados da data da realização das eleições, conforme se verifica do disposto no art. 29, III e IV, da Lei 9.504/1997. Confira-se:

> "Art. 29. Ao receber as prestações de contas e demais informações dos candidatos às eleições majoritárias e dos candidatos às eleições proporcionais que optarem por prestar contas por seu intermédio, os comitês deverão:
> [...]
> III – encaminhar à Justiça Eleitoral, até o trigésimo dia posterior à realização das eleições, o conjunto das prestações de contas dos candidatos e do próprio comitê, na forma do artigo anterior, ressalvada a hipótese do inciso seguinte;
> IV – havendo segundo turno, encaminhar a prestação de contas dos candidatos que o disputem, referente aos dois turnos, até o trigésimo dia posterior a sua realização [...]."

Assim sendo, tem-se que para aqueles que se candidataram para cargos proporcionais ou mesmo para aqueles que se candidataram para cargos majoritários, cuja eleição se encerrou no primeiro turno, o prazo limite para a prestação de contas encerra-se 30 dias após o primeiro domingo do mês de outubro.

De outra parte, para aqueles que se candidataram a cargo majoritário, cuja eleição se resolveu em segundo turno, o prazo de 30 dias se estende para o final do mês de novembro, eis que contado a partir do último domingo do mês de outubro.

16.4 DA DECISÃO A SER PROFERIDA PELA JUSTIÇA ELEITORAL DIANTE DAS CONTAS APRESENTADAS PELOS CANDIDATOS

Diante das contas apresentadas, as possibilidades de decisão pela Justiça Eleitoral encontram-se relacionadas nos incisos do art. 30 da Lei 9.504/1997. Confira-se:

"Art. 30. A Justiça Eleitoral verificará a regularidade das contas de campanha, decidindo:
I – pela aprovação, quando estiverem regulares;
II – pela aprovação com ressalvas, quando verificadas falhas que não lhes comprometam a regularidade;
III – pela desaprovação, quando verificadas falhas que lhes comprometam a regularidade;
IV – pela não prestação, quando não apresentadas as contas após a notificação emitida pela Justiça Eleitoral, na qual constará a obrigação expressa de prestar as suas contas, no prazo de setenta e duas horas [...]."

A leitura do dispositivo legal reproduzido demonstra não existir nenhuma dificuldade para a compreensão do seu conteúdo, sendo oportuno apenas o esclarecimento no sentido de que se desaprovadas as contas, quer por sua não apresentação, quer por irregularidades constatadas, não poderá o candidato ser diplomado e nem, como consequência, tomar posse do mandato conquistado nas urnas.

Diante desse cenário, importante ainda notar que também o legislador atribuiu um prazo limite para que a Justiça Eleitoral apresente sua decisão, vale dizer, 8 dias antes da data marcada para a diplomação, a teor do disposto no art. 30, § 1.º, da Lei 9.504/1997. Confira-se:

"Art. 30. [...]
§ 1.º A decisão que julgar as contas dos candidatos eleitos será publicada em sessão até 8 (oito) dias antes da diplomação [...]."

Esta constatação assume importância, na medida em que autoriza a conclusão pelo prazo extremamente exíguo que o legislador conferiu para a Justiça Eleitoral apreciar as contas apresentadas.

Com efeito, em regra, o ato de diplomação dos candidatos é marcado para o mês de dezembro, em especial para a segunda quinzena, o que deixa para a Justiça Eleitoral um prazo de aproximadamente 20 dias para apreciar as contas daqueles que participaram de segundo turno.

Por óbvio, esta decisão proferida pela Justiça Eleitoral não tem força de coisa julgada, podendo ser combatida através de recurso, nos prazos e nas condições estabelecidas no art. 30, §§ 5.º e 6.º, da Lei 9.504/1997. Confira-se:

"Art. 30. [...]

§ 5.º Da decisão que julgar as contas prestadas pelos candidatos e comitês financeiros caberá recurso ao órgão superior da Justiça Eleitoral, no prazo de 3 (três) dias, a contar da publicação no Diário Oficial.

§ 6.º No mesmo prazo previsto no § 5º, caberá recurso especial para o Tribunal Superior Eleitoral, nas hipóteses previstas nos incisos I e II do § 4º do art. 121 da Constituição Federal [...]."

Diplomação dos Candidatos 17

Encerrada a fase de prestação de contas, aqueles que as tiveram aprovadas partem para a etapa seguinte, consistente na sua diplomação pela Justiça Eleitoral, matéria que se encontra disciplinada nos arts. 215 a 218 do Código Eleitoral.

17.1 DEFINIÇÃO

Diplomação é o ato pelo qual a Justiça Eleitoral habilita os candidatos eleitos e os seus suplentes a exercerem o mandato. Em outras palavras, é o ato declaratório pelo qual a Justiça Eleitoral reconhece o resultado das eleições.

De outra parte, importante consignar que este ato de diplomação não pode ser realizado aleatoriamente por qualquer instância da Justiça Eleitoral.

Ao revés, devem ser seguidas as regras de competência estabelecidas pela legislação, em especial pelo Código Eleitoral, a teor do disposto no art. 89:

> "Art. 89. Serão registrados:
> I – no Tribunal Superior Eleitoral os candidatos a presidente e vice-presidente da República;
> II – nos Tribunais Regionais Eleitorais os candidatos a senador, deputado federal, governador e vice-governador e deputado estadual;
> III – nos Juízos Eleitorais os candidatos a vereador, prefeito e vice-prefeito e juiz de paz."

Assim, da leitura do dispositivo legal reproduzido, conclui-se que o órgão competente para a diplomação dos eleitos varia conforme tratar-se de eleição de âmbito nacional, em que a diplomação é feita pelo TSE; de âmbito estadual, em que a diplomação é realizada pelo TRE; e as municipais, em que a diplomação é feita pelos Juízes e Juntas Eleitorais.

Ainda que o referido dispositivo cuide da competência para o registro de candidaturas, por óbvio estende-se ela em relação ao ato de diplomação, outra, aliás, não sendo a diretriz estabelecida pelo art. 215, *caput*, do mesmo diploma legal:

> "Art. 215. Os candidatos eleitos, assim como os suplentes, receberão diploma assinado pelo Presidente do Tribunal Regional ou da Junta Eleitoral, conforme o caso [...]."

Por fim, importante notar que este ato de diplomação pode ser objeto de recurso, caso se verifique alguma sorte de ilegalidade, consoante se verifica da redação oferecida pelo art. 262 do Código Eleitoral, alterado pela Lei 12.891/2013.[1] Confira-se:

> "Art. 262. O recurso contra expedição de diploma caberá somente nos casos de inelegibilidade superveniente ou de natureza constitucional e de falta de condição de elegibilidade."

A propositura do presente recurso, além da necessidade de se restringir a uma das hipóteses relacionadas no dispositivo reproduzido, também apresenta uma limitação de prazo, conforme a previsão estabelecida no art. 264 do Código Eleitoral. Confira-se:

> "Art. 264. Para os Tribunais Regionais e para o Tribunal Superior caberá, dentro de 3 (três) dias, recurso dos atos, resoluções ou despachos dos respectivos presidentes."

Por fim, cumpre consignar que, mesmo com a diplomação, vale dizer, com o reconhecimento do resultado das eleições pela Justiça Eleitoral, o candidato ainda não poderá ser considerado titular do mandato, eis que dependente, ainda, da posse.

Sem embargo, a partir da diplomação, ainda que o candidato não possa ser considerado titular do mandato, passa ele a experimentar uma série de prerrogativas e restrições, estabelecidas na Constituição Federal.

---

1. Importante lembrar, conforme visto no Capítulo 2, Item 2.2.4 (Princípio da segurança das relações jurídicas em matéria eleitoral), que o TSE e o STF já decidiram que as Leis 12.875 e 12.891, ambas de 2013, não têm aplicabilidade para as eleições de 2014, tendo em vista que elas interferem no processo eleitoral e foram aprovadas a menos de um ano da realização das eleições.

17.2 REFLEXOS DA DIPLOMAÇÃO

Como visto no item anterior, a partir do instante em que o candidato é diplomado pela Justiça Eleitoral, passa ele a experimentar uma série de prerrogativas e restrições estipuladas pela Lei Maior.

Dentro desse contexto, importante destacar, inicialmente, que a teor do disposto no art. 54, I, da CF/1988, tem-se que a partir da diplomação algumas restrições surgem em relação aos que foram diplomados. Confira-se:

> "Art. 54. Os Deputados e Senadores não poderão:
> I – desde a expedição do diploma:
> a) firmar ou manter contrato com pessoa jurídica de direito público, autarquia, empresa pública, sociedade de economia mista ou empresa concessionária de serviço público, salvo quando o contrato obedecer a cláusulas uniformes;
> b) aceitar ou exercer cargo, função ou emprego remunerado, inclusive os de que sejam demissíveis *ad nutum*, nas entidades constantes da alínea anterior [...]."

Estas restrições, curiosamente surgem para impedir que o candidato eleito possa tirar qualquer tipo de vantagem do mandato conquistado.

Assim sendo, se aquele que foi diplomado incidir em uma dessas duas situações impeditivas previstas no art. 54 da CF/1988, ficará sujeito à perda do mandato, ainda que formalmente nem o tenha adquirido, uma vez que dependente ainda da posse.

De resto, a sanção de cassação do mandato, encontra-se estipulada no art. 55, I, da CF/1988. Confira-se:

> "Art. 55. Perderá o mandato o Deputado ou Senador:
> I – que infringir qualquer das proibições estabelecidas no artigo anterior [...]."

De outra parte, para a preservação do mesmo objetivo, vale dizer, do mandato, a Constituição Federal atribui prerrogativas para os parlamentares, conhecidas por imunidades, que se encontram relacionadas em seu art. 53.

Dentro desse contexto, estabelece a Lei Maior, no art. 53, § 1.º, que desde a expedição do diploma, deputados e senadores serão submetidos a julgamento perante o STF, ou seja, serão dotados de prerrogativa de foro. Confira-se:

"Art. 53. [...]
§ 1.º Os Deputados e Senadores, desde a expedição do diploma, serão submetidos a julgamento perante o Supremo Tribunal Federal [...]."

Por sua vez, no § 2.º do mesmo dispositivo, a Lei Maior cuida de atribuir aos parlamentares a chamada imunidade formal.

Assim é que, desde a expedição do diploma, deputados e senadores não poderão ser presos, como regra geral.

Isto porque no próprio dispositivo, a Constituição Federal cuidou de estabelecer exceção, relacionada à configuração de flagrante de crime inafiançável. Confira-se:

"Art. 53. [...]
§ 2.º Desde a expedição do diploma, os membros do Congresso Nacional não poderão ser presos, salvo em flagrante de crime inafiançável. Nesse caso, os autos serão remetidos dentro de vinte e quatro horas à Casa respectiva, para que, pelo voto da maioria de seus membros, resolva sobre a prisão [...]."

A leitura do dispositivo reproduzido permite concluir que, para que incida a exceção relacionada à prisão, as três exigências ali estabelecidas devem estar configuradas, vale dizer, configuração de flagrante; por crime; de natureza inafiançável.

Outrossim, se preenchidas as exigências apontadas no parágrafo anterior, importante notar que a prisão do parlamentar não será imediata.

Com efeito, estabelece a Constituição, no mesmo dispositivo, que neste caso os autos serão remetidos em 24 horas, à Casa respectiva, para que pelo voto da maioria resolva-se sobre a prisão.

De outra parte, ainda acerca da imunidade formal, a Constituição atribui aos parlamentares, desde a sua diplomação, a impossibilidade, como regra geral, de serem processados, a teor do disposto no art. 53, §§ 3.º, 4.º e 5.º. Confira-se:

"Art. 53. [...]
§ 3.º Recebida a denúncia contra o Senador ou Deputado, por crime ocorrido *após a diplomação*, o Supremo Tribunal Federal dará ciência à Casa respectiva, que, por iniciativa de partido político nela representado e pelo voto da maioria de seus membros, poderá, até a decisão final, sustar o andamento da ação.

§ 4.º O pedido de sustação será apreciado pela Casa respectiva no prazo improrrogável de quarenta e cinco dias do seu recebimento pela Mesa Diretora.
§ 5.º A sustação do processo suspende a prescrição, enquanto durar o mandato (g.n.) [...]."

Por derradeiro, cumpre consignar, apenas a título de recordação, que este ato de diplomação poderá ser contestado através de medida judicial.

Diante desse cenário, duas medidas basicamente se apresentam. Em primeiro lugar, o recurso contra a diplomação (RCD), que se encontra previsto no art. 262 do Código Eleitoral e que será investido nos casos de inelegibilidade superveniente ou de natureza constitucional e de falta de condição de elegibilidade, no prazo de 3 dias após a diplomação.

De outra parte, a ação de impugnação de mandato eletivo (AIME), disciplinada no art. 14, §§ 10 e 11, da CF/1988, que tramita em segredo de justiça, devendo ser instruída com prova inequívoca de abuso de poder econômico ou político. Confira-se:

"Art. 14. [...]
§ 10. O mandato eletivo poderá ser impugnado ante a Justiça Eleitoral no prazo de quinze dias contados da diplomação, instruída a ação com provas de abuso do poder econômico, corrupção ou fraude.
§ 11. A ação de impugnação de mandato tramitará em segredo de justiça, respondendo o autor, na forma da lei, se temerária ou de manifesta má-fé."

Dentro desse contexto, importante notar, ainda, que o recurso contra a expedição do diploma não possui efeito suspensivo, ou seja, sua propositura não impede que aquele que foi diplomado possa tomar posse e exerça o mandato.

Por outro lado, em relação à ação de impugnação de mandato eletivo, a perda do mandato só ocorre mediante decisão judicial com trânsito em julgado.

Da Posse

Como visto no capítulo anterior, o candidato diplomado ainda não pode ser considerado titular do mandato, uma vez que dependente, ainda, de um derradeiro ato, vale dizer, a posse.

18.1 DEFINIÇÃO

É ato pelo qual o candidato eleito e diplomado passa a titularizar um mandato eletivo.

Assim sendo, diante desse cenário, fácil perceber, seguindo a sequência lógica proposta pelo legislador, que a posse pressupõe a conquista do mandato nas urnas (mês de outubro) bem como a aprovação das contas perante a Justiça Eleitoral (mês de novembro) e, ainda, a diplomação (mês de dezembro).

18.2 MOMENTO

A data marcada para que os candidatos eleitos e diplomados tomem posse, varia conforme a natureza do mandato.

Assim é que, para cargos majoritários, a posse ocorre no dia primeiro de janeiro do ano seguinte ao das eleições.

Já para cargos no Legislativo, o momento da posse varia conforme previsão contida na própria Constituição do Estado e/ou na Lei Orgânica do Município.

18.3 REFLEXOS

A partir do momento em que a posse se confirma, os titulares do mandato passam a experimentar prerrogativas e também restrições, com o objetivo único de preservar o mandato conquistado.

18.4 IMPEDIMENTOS

As restrições incidentes sobre os parlamentares já titulares de mandato eletivo encontram-se localizadas no art. 54, II, da CF/1988. Confira-se:

> "Art. 54. [...]
> II – desde a posse:
> a) ser proprietários, controladores ou diretores de empresa que goze de favor decorrente de contrato com pessoa jurídica de direito público, ou nela exercer função remunerada;
> b) ocupar cargo ou função de que sejam demissíveis *ad nutum*, nas entidades referidas no inciso I, *a*;
> c) patrocinar causa em que seja interessada qualquer das entidades a que se refere o inciso I, *a*;
> d) ser titulares de mais de um cargo ou mandato público eletivo."

Uma vez mais, importante notar que o descumprimento de qualquer uma dessas restrições, implicará em cassação do mandato, pela Casa respectiva, a teor do disposto no art. 55, I, e § 2.º, da Lei Maior. Confira-se:

> "Art. 55. Perderá o mandato o Deputado ou Senador:
> I – que infringir qualquer das proibições estabelecidas no artigo anterior;
> [...]
> § 2.º Nos casos dos incisos I, II e VI, a perda do mandato será decidida pela Câmara dos Deputados ou pelo Senado Federal, por maioria absoluta, mediante provocação da respectiva Mesa ou de partido político representado no Congresso Nacional, assegurada ampla defesa."

18.5 PRERROGATIVAS

De outra parte, com o intuito de preservação do mandato, a Constituição, como já visto, também estabeleceu prerrogativas, a teor do disposto no art. 53.

Nesse sentido, para evitar repetições desnecessárias, tendo em vista as imunidades parlamentares já abordadas no capítulo relativo à diplomação, nos limitaremos a apresentar as imunidades que não foram ali enfocadas, eis que incidentes tão somente a partir da posse.

Dentro desse contexto, importante destacar a chamada imunidade material estabelecida no art. 53, *caput*, da CF/1988. Confira-se:

"Art. 53. Os Deputados e Senadores são invioláveis, civil e penalmente, por quaisquer de suas opiniões, palavras e votos."

Tal imunidade possui por escopo preservar o exercício do mandato, impedindo que o parlamentar sofra algum tipo de coação em relação a palavras, opiniões que possa expedir em relação ao mandato que exerce.

Se esta inviolabilidade possui tal objetivo, é intuitivo que o parlamentar só as terá enquanto estiver à frente do mandato.

Assim sendo, tem-se que essa imunidade não subsiste se houver a perda do mandato.

De outa parte, importante notar que esta imunidade também não se apresenta quando, mesmo na vigência do mandato, o parlamentar não proferir as opiniões, palavras e votos, no exercício de suas atribuições.

Assim é que, o parlamentar não é protegido por opiniões, palavras e votos que emita em um campo de futebol, casa de espetáculo, pois aqui não estará à frente do mandato.

Dentro desse contexto, importante notar que esta imunidade tem aplicabilidade tanto no campo civil, quanto no campo penal, impedindo a configuração de qualquer sorte de crime.

Esta constatação assume reflexo importante, uma vez que impede seja o parlamentar processado, mesmo quando não mais estiver à frente do mandato, eis que o crime nem se configurou.

De outra parte, se em relação a deputados federais, estaduais e senadores, tal inviolabilidade não possui qualquer limitação de ordem geográfica, o mesmo não se dá em relação aos vereadores.

Com efeito, para estes, a Constituição impôs um limite geográfico, eis que só serão dotados dessa inviolabilidade nos limites da circunscrição do Município em que foram eleitos. Tal é a previsão do art. 29, VIII, da CF/1988. Confira-se:

"Art. 29. [...]
VIII – inviolabilidade dos Vereadores por suas opiniões, palavras e votos no exercício do mandato e na circunscrição do Município."

Por derradeiro, sempre para a preservação do mesmo objetivo, estipulou a Constituição aos parlamentares outras prerrogativas, relacionadas nos §§ 6.º, 7.º e 8.º, do art. 53. Confira-se:

"Art. 53. [...]

§ 6.º Os Deputados e Senadores não serão obrigados a testemunhar sobre informações recebidas ou prestadas em razão do exercício do mandato, nem sobre as pessoas que lhes confiaram ou deles receberam informações.

§ 7.º A incorporação às Forças Armadas de Deputados e Senadores, embora militares e ainda que em tempo de guerra, dependerá de prévia licença da Casa respectiva.

§ 8.º As imunidades de Deputados ou Senadores subsistirão durante o estado de sítio, só podendo ser suspensas mediante o voto de dois terços dos membros da Casa respectiva, nos casos de atos praticados fora do recinto do Congresso Nacional, que sejam incompatíveis com a execução da medida."

Ações Eleitorais

Neste capítulo, fiéis ao objetivo que norteou a elaboração desta obra, procuraremos abordar tão somente as ações específicas da área eleitoral, deixando de incluir nesses comentários as garantias constitucionais, como mandado de segurança, *habeas corpus*, habeas data e mandado de injunção.

Outrossim, de forma a facilitar um estudo comparativo, as ações serão analisadas em torno de três itens distintos, vale dizer, o seu objeto, a legitimidade para a sua propositura, bem como o prazo estabelecido pela legislação eleitoral.

19.1 REPRESENTAÇÃO ELEITORAL

As representações eleitorais são utilizadas em caráter residual, ou seja, sempre que não houver nenhuma outra ação específica no campo eleitoral para combater irregularidades verificadas durante a campanha, consoante se verifica da redação estabelecida no *caput*, do art. 96 da Lei 9.504/1997. Confira-se:

> "Art. 96. Salvo disposições específicas em contrário desta Lei, as reclamações ou representações relativas ao seu descumprimento podem ser feitas por qualquer partido político, coligação ou candidato, e devem dirigir-se (...)."

Dentro desse contexto, oportuno citar, a título meramente exemplificativo, as representações eleitorais propostas para combater irregularidades em relação à propaganda eleitoral e pesquisas eleitorais.

De outra parte, quanto à legitimidade para a sua propositura, foi ela entregue para candidatos, partidos, coligações e Ministério Público.

Por derradeiro, poderão essas representações ser propostas no período compreendido pela campanha eleitoral, vale dizer, do registro da candidatura até à realização do pleito.

19.2 AÇÃO DE IMPUGNAÇÃO DE REGISTRO DE CANDIDATURA

De início, seguindo a padronização proposta, o objeto desta ação refere-se a pedidos de cancelamento de candidaturas de inelegíveis.

Em outras palavras, esta ação apresenta objeto único, em que se procura excluir do pleito eleitoral, a candidatura daqueles que não consigam preencher as condições de elegibilidade previstas na no art. 14, § 3.º, da CF/1988, bem como no art. 11 da Lei 9.504/1997.

Esta matéria, que já se revelava de extrema importância, ganhou contornos de gravidade ainda maior, a partir da edição da LC 135/2010, a Lei da Ficha Limpa.

Dentro desse contexto, importante relembrar que o dia cinco de julho do ano das eleições se apresenta como data limite para que aqueles que pretendam concorrer possam registrar sua candidatura perante a Justiça Eleitoral.

Assim, feito o pedido de registro, caso a Justiça Eleitoral o acolha, aqueles que entendam ser a candidatura irregular, poderão lançar mão desta ação, com o objetivo único de impugná-la.

De outra parte, a legitimidade para a propositura desta ação foi entregue também para candidatos, partidos, coligações e Ministério Público.

Por derradeiro, o prazo para a propositura de uma ação dessa natureza é de cinco dias, contados a partir do registro da candidatura, a teor do disposto na LC 64/1990, que disciplina a matéria em seus arts. 3.º ao 17.

19.3 AÇÃO DE INVESTIGAÇÃO JUDICIAL ELEITORAL (AIJE)

Esta ação tem por objetivo combater ou investigar abusos de poder econômico ou político ocorridos durante a campanha eleitoral, de forma a impedir a desequiparação de candidatos e, como corolário, assegurar a normalidade das eleições.

A legitimidade para a sua propositura, da mesma forma, foi entregue para candidatos, partidos, coligações e Ministério Público, a teor do disposto na LC 64/1990, que a disciplina, em especial, em seu art. 22, *caput*. Confira-se:

> "Art. 22. Qualquer partido político, coligação, candidato ou Ministério Público Eleitoral poderá representar à Justiça Eleitoral, diretamente ao Corregedor-Geral ou Regional, relatando fatos e indicando provas, indícios e circunstâncias e pedir abertura de investigação judicial para apurar uso indevido, desvio ou abuso do poder econômico ou do

poder de autoridade, ou utilização indevida de veículos ou meios de comunicação social, em benefício de candidato ou de partido político, obedecido o seguinte rito: [...]."

Por derradeiro, importante destacar que a utilização desta ação tem lugar no período compreendido entre o registro da candidatura e a diplomação, podendo ser ajuizada até 15 dias antes desta última, conclusão que se extrai da leitura do art. 30-A, *caput*, da Lei 9.504/1997. Confira-se:

"Art. 30-A. Qualquer partido político ou coligação poderá representar à Justiça Eleitoral, no prazo de 15 (quinze) dias da diplomação, relatando fatos e indicando provas, e pedir a abertura de investigação judicial para apurar condutas em desacordo com as normas desta Lei, relativas à arrecadação e gastos de recursos."

19.4 AÇÃO POR CAPTAÇÃO IRREGULAR DE SUFRÁGIO

Esta ação apresenta objeto único, vale dizer, combater captação irregular de sufrágio, protegendo o eleitor contra tentativas ilegais de convencimento.

Encontra ela amparo no art. 41-A, *caput*, da Lei 9.504/1997, com a redação dada pela Lei de Iniciativa Popular 12.034/2009. Confira-se:

"Art. 41-A. Ressalvado o disposto no art. 26 e seus incisos, constitui captação de sufrágio, vedada por esta Lei, o candidato doar, oferecer, prometer, ou entregar, ao eleitor, com o fim de obter-lhe o voto, bem ou vantagem pessoal de qualquer natureza, inclusive emprego ou função pública, desde o registro da candidatura até o dia da eleição, inclusive, sob pena de multa de mil a cinquenta mil Ufir, e cassação do registro ou do diploma, observado o procedimento previsto no art. 22 da LC 64, de 18.05.1990."

A leitura do dispositivo legal reproduzido bem demonstra as inúmeras possibilidades contempladas, de forma a caracterizar a captação irregular de sufrágio.

Dentro desse contexto, importante notar que a aceitação ou não, pelo eleitor, da vantagem oferecida, bem como a forma pela qual ela foi apresentada, de forma explícita ou não, assume importância secundária para a caracterização deste crime, consoante se verifica da redação dos parágrafos do referido dispositivo legal. Confira-se:

"Art. 41-A. [...]

§ 1.º Para a caracterização da conduta ilícita, é desnecessário o pedido explícito de votos, bastando a evidência do dolo, consistente no especial fim de agir.

§ 2.º As sanções previstas no *caput* aplicam-se contra quem praticar atos de violência ou grave ameaça à pessoa, com o fim de obter-lhe o voto."

Quanto à legitimidade para sua utilização, foi ela da mesma forma entregue aos candidatos, partidos, coligações e Ministério Público.

Quanto ao prazo, importante notar que a irregularidade descrita no art. 41-A da Lei 9.504/1997, pode ter lugar do registro da candidatura até à data da eleição, podendo a respectiva ação ser ajuizada até à data da diplomação, a teor do disposto no art. 41-A, § 3.º, da Lei 9.504/1997. Confira-se:

"Art. 41-A. [...]
[...]
§ 3.º A representação contra as condutas vedadas no *caput* poderá ser ajuizada até a data da diplomação."

Por fim, proferida a decisão, apresenta-se prazo recursal de três dias, consoante se verifica da redação oferecida pelo § 4.º, do mesmo dispositivo legal. Confira-se:

"Art. 41-A. [...]
[...]
§ 4.º O prazo de recurso contra decisões proferidas com base neste artigo será de 3 (três) dias, a contar da data da publicação do julgamento no Diário Oficial."

19.5 AÇÃO DE IMPUGNAÇÃO DE MANDATO ELETIVO (AIME)

Esta ação, regulada no art. 14, §§ 10 e 11, do Texto Constitucional, tem por finalidade específica, a de impugnar mandato eletivo em face do cometimento de abuso de poder econômico, político, corrupção ou fraude, para preservar a normalidade das eleições.

Por óbvio, o pressuposto para a propositura desta ação é que o mandato eletivo já tenha sido conquistado.

A legitimidade desta ação também foi conferida aos candidatos, partidos, coligações e ao Ministério Público.

Por derradeiro, esta ação poderá ser proposta em até 15 dias, a partir da diplomação, a teor do disposto no art. 14, § 10, da CF/1988. Confira-se:

> "Art. 14. [...]
> [...]
> § 10. O mandato eletivo poderá ser impugnado ante a Justiça Eleitoral no prazo de quinze dias contados da diplomação, instruída a ação com provas de abuso do poder econômico, corrupção ou fraude."

19.6 RECURSO CONTRA A DIPLOMAÇÃO

Em que pese ser atribuída a ela a qualidade de recurso, trata-se, a bem da verdade, de ação judicial que tem por objetivo único suspender o ato da diplomação e o exercício do mandato.

Sua legitimidade igualmente foi atribuída aos candidatos, partidos, coligações e ao Ministério Público.

Por fim, sua propositura poderá ocorrer no prazo limite de três dias, contados a partir da diplomação, a teor do disposto no art. 258 do Código Eleitoral. Confira-se:

> "Art. 258. Sempre que a lei não fixar prazo especial, o recurso deverá ser interposto em três dias da publicação do ato, resolução ou despacho."

Apresentadas as principais ações a serem utilizadas na esfera eleitoral, importante, a título de encerramento, algumas ponderações em relação à ação de impugnação de mandato eletivo e o recurso contra a diplomação, que apresentam, de forma aparente, o mesmo objeto: punição do corrupto ou fraudador eleitoral após a diplomação.

Dentro desse contexto, importante notar, uma vez mais, que a ação de impugnação de mandato eletivo pode ser apresentada até 15 dias depois da diplomação, não se exigindo prova pré-constituída.

De outra parte, o recurso contra a diplomação pode ser apresentado em um prazo de até três dias da diplomação, exigindo-se prova pré-constituída, sendo que possui efeito suspensivo, a teor do disposto no art. 216 do Código Eleitoral.

Por derradeiro, de forma a facilitar uma melhor visualização das informações deduzidas neste capítulo, procuramos inseri-las no seguinte quadro comparativo:

AÇÕES	OBJETO	LEGITIMIDADE	PRAZO
Representação eleitoral	Combate a irregularidades durante a campanha, na ausência de ação específica.	Candidatos, partidos, coligações e Ministério Público.	Do registro da candidatura à eleição.
Impugnação de registro de candidatura	Combate a candidaturas irregulares.	Candidatos, partidos, coligações e Ministério Público.	Cinco dias, contados do registro (arts. 3.º a 17 da LC 64/1990)
Investigação judicial eleitoral (AIJE)	Combate a abusos de poder econômico/ político durante a campanha.	Candidatos, partidos, coligações e Ministério Público.	15 dias da diplomação (art. 30-A da Lei 9.504/1997 e art. 22 da LC 64/1990).
Ação por captação irregular de sufrágio	Combater tentativas ilegais de convencimento do eleitor – Art. 41-A, da Lei 9.504/1997.	Candidatos, partidos, coligações e Ministério Público.	Do registro da candidatura até à diplomação.
Ação de impugnação de mandato eletivo (AIME)	Combater abusos de poder econômico e político.	Candidatos, partidos, coligações e Ministério Público.	15 dias, contados da diplomação (art. 14, § 10, da CF/1988).
Recurso X diplomação	Suspender a diplomação e o exercício do mandato.	Candidatos, partidos, coligações e Ministério Público.	Três dias, a partir da diplomação (art. 258 do Código Eleitoral)

Recursos em Matéria Eleitoral

20.1 NOÇÕES INTRODUTÓRIAS

A questão relacionada aos recursos eleitorais encontra-se disciplinada na, no art. 121, §§ 3.º e 4.º, da CF/1988, bem como nos arts. 257 a 282 do Código Eleitoral.

Inicialmente, importante observar a possibilidade de aplicação subsidiária das regras estabelecidas nos diplomas processuais civil e penal.

Outrossim, oportuno registrar que, como regra geral, eles não são dotados de efeito suspensivo, o que significa que sua propositura não impede que a decisão continue gerando seus efeitos. É o que se verifica da leitura do art. 257 do Código Eleitoral. Confira-se:

> "Art. 257. Os recursos eleitorais não terão efeito suspensivo.
> Parágrafo único. A execução de qualquer acórdão será feita imediatamente, através de comunicação por ofício, telegrama, ou, em casos especiais, a critério do presidente do Tribunal, através de cópia do acórdão."

Dentro desse contexto, a exceção que se apresenta, refere-se ao recurso contra a diplomação, a teor do disposto no art. 216, do mesmo diploma legal. Confira-se:

> "Art. 216. Enquanto o Tribunal Superior não decidir o recurso interposto contra a expedição do diploma, poderá o diplomado exercer o mandato em toda a sua plenitude."

De outra parte, tem-se que o prazo para a apresentação de tais recursos é, em regra, de três dias, salvo se existente qualquer disposição expressa em sentido contrário. Tal previsão se encontra no art. 258 do Código Eleitoral, *in verbis*:

"Art. 258. Sempre que a lei não fixar prazo especial, o recurso deverá ser interposto em três dias da publicação do ato, resolução ou despacho."

Nesse sentido, ainda, oportuno registrar que, perdido o prazo estabelecido em lei, configura-se preclusão, salvo se o objeto envolver matéria constitucional, conforme o disposto no art. 259, *caput*, do Código Eleitoral. Confira-se:

"Art. 259. São preclusivos os prazos para interposição de recurso, salvo quando neste se discutir matéria constitucional."

20.2 MODALIDADES

Como já visto no início desse capítulo, a perspectiva de aplicação subsidiária das regras estabelecidas no Código de Processo Civil e no Código de Processo Penal, abre a possibilidade de utilização de todos os recursos ali previstos, também no campo eleitoral.

Diante desse cenário, não sendo o objetivo desta obra o enfrentamento de detalhes de natureza processual, procuraremos abordar o tema levando em consideração a estrutura da Justiça Eleitoral.

Assim sendo, tem-se que das decisões proferidas pelos Juízes de primeira instância, o recurso cabível é o recurso inominado, dirigido ao Tribunal Regional Eleitoral, que se encontra previsto no art. 265, *caput*, do Código Eleitoral. Confira-se:

"Art. 265. Dos atos, resoluções ou despachos dos juízes ou juntas eleitorais caberá recurso para o Tribunal Regional."

De outra parte, em relação às decisões proferidas pelo TRE, em regra, são elas irrecorríveis, conforme dispõe o art. 121, § 4.º, da CF/1988, que se encarrega, também, de estabelecer as exceções. Confira-se:

"Art. 121. [...]
[...]
§ 4.º Das decisões dos Tribunais Regionais Eleitorais somente caberá recurso quando:
I – forem proferidas contra disposição expressa desta Constituição ou de lei;
II – ocorrer divergência na interpretação de lei entre dois ou mais tribunais eleitorais;
III – versarem sobre inelegibilidade ou expedição de diplomas nas eleições federais ou estaduais;

IV – anularem diplomas ou decretarem a perda de mandatos eletivos federais ou estaduais;

V – denegarem *habeas corpus*, mandado de segurança, *habeas data* ou mandado de injunção."

Sobre estes recursos, que são apresentados perante o TSE, a Constituição não fez qualquer sorte de discriminação quanto às modalidades, matéria que foi objeto de regulamentação pelo art. 276 do Código Eleitoral, respectivamente em seus incs. I e II. Confira-se:

"Art. 276. As decisões dos Tribunais Regionais são terminativas, salvo os casos seguintes em que cabe recurso para o Tribunal Superior:
I – especial:
a) quando forem proferidas contra expressa disposição de lei;
b) quando ocorrer divergência na interpretação de lei entre dois ou mais tribunais eleitorais;
II – ordinário:
a) quando versarem sobre expedição de diplomas nas eleições federais e estaduais;
b) quando denegarem *habeas corpus* ou mandado de segurança."

Dentro desse contexto, o prazo para apresentação desses recursos é de três dias, contados da sua publicação, conforme se verifica da previsão estabelecida em seu § 1.º. Confira-se:

"Art. 276. [...]
§ 1.º É de 3 (três) dias o prazo para a interposição do recurso, contado da publicação da decisão nos casos dos n. I, letras *a* e *b* e II, letra *b* e da sessão da diplomação no caso do n. II, letra *a*."

De outra parte, em relação às decisões proferidas pelo TSE, cumpre esclarecer serem elas, como regra geral, irrecorríveis, comportando exceções, dirigidas ao STF, a teor do disposto no art. 121, § 3.º, da CF/1988. Confira-se:

"Art. 121. [...]
[...]
§ 3.º São irrecorríveis as decisões do Tribunal Superior Eleitoral, salvo as que contrariarem esta Constituição e as denegatórias de *habeas corpus* ou mandado de segurança."

Dentro desse contexto, o Código Eleitoral, em seu art. 281, apresenta duas modalidades de recurso, vale dizer, o ordinário e o extraordinário. Confira-se:

"Art. 281. São irrecorríveis as decisões do Tribunal Superior, salvo as que declararem a invalidade de lei ou ato contrário à Constituição Federal e as denegatórias de *habeas corpus* ou mandado de segurança, das quais caberá recurso ordinário para o Supremo Tribunal Federal, interposto no prazo de 3 (três) dias."

Por derradeiro, de forma a permitir uma melhor visualização das informações veiculadas nesse capítulo, procuramos sistematizá-las através do seguinte organograma:

20.3 ORGANOGRAMA

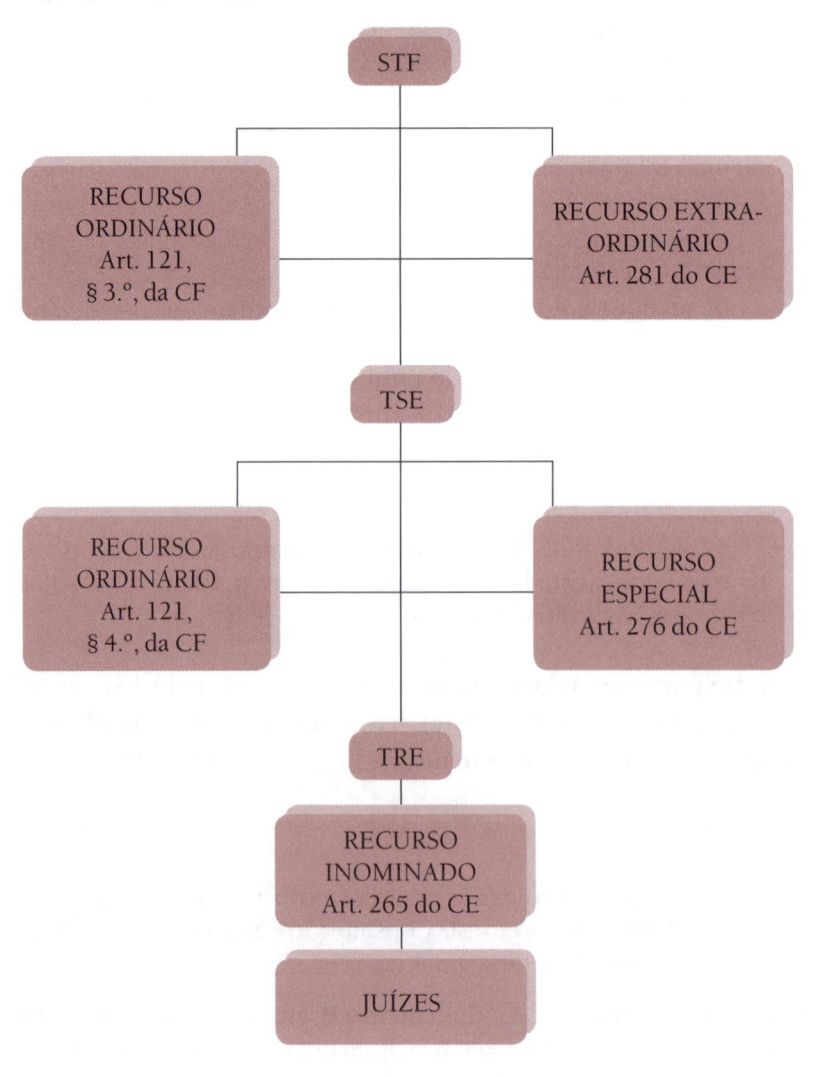

```
                          STF
                 ┌─────────┴─────────┐
         RECURSO                  RECURSO EXTRA-
        ORDINÁRIO                  ORDINÁRIO
         Art. 121,                 Art. 281 do CE
        § 3.º, da CF
                          TSE
                 ┌─────────┴─────────┐
         RECURSO                    RECURSO
        ORDINÁRIO                   ESPECIAL
         Art. 121,                Art. 276 do CE
        § 4.º, da CF
                          TRE
                           │
                       RECURSO
                      INOMINADO
                     Art. 265 do CE
                           │
                        JUÍZES
```

Crimes Eleitorais

21.1 NOÇÕES GERAIS

Inicialmente, cumpre esclarecer que essa matéria se encontra disciplinada no Código Eleitoral, nos arts. 289 a 354, apresentando, pois, dezenas de tipos penais, que serão analisados por amostragem, tendo em vista o objetivo desta obra.

De outra parte, importante consignar que surgem como destinatários destas normas os agentes públicos, conforme a previsão estabelecida no art. 283, §§ 1.º e 2.º, do Código Eleitoral. Confira-se:

> "Art. 283. [...]
> § 1.º Considera-se funcionário público, para os efeitos penais, além dos indicados no presente artigo, quem, embora transitoriamente ou sem remuneração, exerce cargo, emprego ou função pública.
> § 2.º Equipara-se a funcionário público quem exerce cargo, emprego ou função em entidade paraestatal ou em sociedade de economia mista."

Outrossim, importante relembrar a possibilidade de aplicação subsidiária sobre essa matéria, das disposições contidas no Código Penal, a teor do disposto no art. 287 do Código Eleitoral. Confira-se:

> "Art. 287. Aplicam-se aos fatos incriminados nesta lei as regras gerais do Código Penal."

21.2 CLASSIFICAÇÃO

Os crimes em matéria eleitoral podem ser classificados de diversas formas, sendo que a principal delas é a que os agrupa em (i) *crimes próprios* e (ii) *impróprios*.

Os *crimes eleitorais próprios* são aqueles que só têm previsão na legislação eleitoral, e.g., captação irregular de sufrágio.

De outra parte, os *crimes eleitorais impróprios* são aqueles que apresentam seu espelho também na legislação penal, surgindo como exemplo clássico os crimes contra a honra.

21.3 NATUREZA JURÍDICA

Os crimes eleitorais são de ação pública incondicionada, ou seja, não dependem de nenhuma iniciativa por parte do eventual ofendido, quer por representação, quer pela propositura de ação penal, o que amplia, sobremaneira, as possibilidades de atuação do Ministério Público.

21.4 MODALIDADES

Tendo em vista a extensão do tema no Código Eleitoral, por questões didáticas, para que se tenha uma visão geral sobre o tema, vamos agrupá-los na forma seguinte:

21.4.1 Crimes relativos à formação do corpo eleitoral

São aqueles que envolvem condutas que atentam contra a lisura, no momento do alistamento eleitoral, surgindo como exemplo a inscrição fraudulenta do eleitor, com previsão no art. 289 do Código Eleitoral.

21.4.2 Crimes que atentam contra a formação e funcionamento dos partidos

A previsão desses crimes tem por objetivo fortalecer essas agremiações políticas, impedindo sejam elas utilizadas de forma ilegal por aqueles pretendentes a mandatos políticos.

Nesse sentido, surge como exemplo a inscrição simultânea em dois ou mais partidos políticos, conforme previsto no art. 320 do Código Eleitoral.

21.4.3 Crimes que atentam contra a propaganda eleitoral

Esses crimes apresentam o elenco mais extenso, tendo em vista as inúmeras variações apresentadas na legislação eleitoral, em especial na Lei 9.504/1997.

Dentro desse contexto, surgem como exemplos a divulgação de fatos inverídicos durante a campanha, de acordo com o art. 323 do Código Eleitoral; a veiculação de propaganda no dia da eleição (art. 39, § 5.º, da Lei 9.504/1997); o aliciamento de eleitores (art. 334 do Código Eleitoral) e a pesquisa fraudulenta (art. 33, § 4.º, da Lei 9.504/1997)

21.4.4 Crimes contra a honra em matéria eleitoral

Representam, como já visto, exemplo clássico de crimes impróprios, eis que apresentam desdobramento tanto na área eleitoral, quanto na penal.

Surgem como exemplos a prática de calúnia, injúria ou difamação, conforme os arts. 324 a 326 do Código Eleitoral.

21.4.5 Crimes praticados no dia da eleição

Aqui, com o intuito de assegurar a normalidade e a legitimidade da votação, o legislador incluiu como crime causar embaraço ao exercício do sufrágio que, como visto, representa garantia eleitoral (arts. 298 e 236 do Código Eleitoral); concentração de eleitores para embaraçar o exercício do voto (art. 302 do Código Eleitoral).

21.4.6 Crimes contra a garantia do resultado das eleições

Nesse sentido, esses crimes foram relacionadas para assegurar a legitimidade das eleições, apresentando-se, como exemplos, devassar o sigilo da urna (art. 317 do Código Eleitoral), bem como a alteração de mapas e boletins eleitorais (art. 315 do Código Eleitoral).

21.4.7 Crimes contra a fé pública eleitoral

A previsão desses crimes tem por objetivo assegurar também a legitimidade das eleições, apresentando-se como exemplos os crimes de falsidade ideológica (art. 350 do Código Eleitoral), falsificação de documentos públicos ou particulares para fins eleitorais (arts. 348 e 349 do Código Eleitoral).

Diagramação eletrônica:
TCS – Tata Consultancy Services – CNPJ 04.266.331/0001-29.
Impressão e encadernação:
Edelbra Indústria Gráfica e Editora Ltda., CNPJ 87.639.761/0001-76.

A.S. L8715